徐歆毅 著

制土域民

先秦两汉土地制度研究一百年

广西师范大学出版社
GUANGXI NORMAL UNIVERSITY PRESS
·桂林·

制土域民
ZHITU YUMIN

责任编辑：梁鑫磊
责任技编：伍先林
封面设计：阳玳玮

图书在版编目（CIP）数据

制土域民：先秦两汉土地制度研究一百年 /
徐歆毅著. --桂林：广西师范大学出版社，2020.5
ISBN 978-7-5598-2873-6

Ⅰ. ①制… Ⅱ. ①徐… Ⅲ. ①土地制度－
研究－中国－先秦时代-汉代 Ⅳ. ①F329.02

中国版本图书馆 CIP 数据核字（2020）第 092366 号

广西师范大学出版社出版发行

（广西桂林市五里店路 9 号　邮政编码：541004）
（网址：http://www.bbtpress.com）
出版人：黄轩庄
全国新华书店经销
广西广大印务有限责任公司印刷
（桂林市临桂区秧塘工业园西城大道北侧广西师范大学出版社
集团有限公司创意产业园内　邮政编码：541199）
开本：880 mm × 1 240 mm　1/32
印张：9.875　　字数：202 千
2020 年 5 月第 1 版　　2020 年 5 月第 1 次印刷
定价：78.00 元

序

何为"显学"？热门之学之谓也。《荀子》特地拈出儒、墨之学，列入《显学》篇中，"显学"一词遂行于世。土地制度史这门学问，在相当长的时期——按照作者的索隐，从 20 世纪 20 年代初始一直延续到 20 世纪 90 年代以降，长达 70 多年——为许多学者和其他一些热心人所关注，可以说正是中国历史学领域中的"显学"。但随着研究者兴趣点的分散，这些年来，虽然仍有研究成果刊布，但总体上看，不仅土地制度史而且中国古代经济史的研究都日渐式微了。因此又可以说这个学科是"曾经的显学"。

由"显学"而成为"曾经的显学"，中国古代土地制度史当然不是唯一的例子，在历史学的其他领域以及历史学之外的其他学科，都有过类似的情形，其间当然有许多内容值得我们去细心品嚼。但中国古代土地制度史却有着两个特殊的内容。首先，这门学问不是沿着中国古代本有的学术理路发展出来的，它是在以唯物史观为主要理论和方法论,也有其他一些近代西方理论激发和引领下的产物,具有鲜明的"近代化"色彩。其次,它的研究指向是中国古代的土地制度,它依据的基本资料是古代中国,但它所瞻顾的目标却由古而及今,落脚于当下的中国,也就是说它兼具了学术和现实的双重元素,这个意义远非纯粹的学术范围所能涵盖。正因为如此,它的学理脉络和研究过程,是一个绝好的"再"研究标本。也正因为如此,对于中国古代土地制度史研究历程的回溯和评析,有着不言而喻的十分重要的价值。

《制土域民——先秦两汉土地制度研究一百年》是作者在其博士学位论文基础上增补和修订的成果。多年以前,在这部书稿撰写完成并进行答辩时我就读过。现在这部著作即将正式出版,这是对作者认真踏实、持之以恒的学术实践的必然回报,我感到由衷的欣慰。

这部著作给我印象最深刻的是,它是学术史脉络的一个清晰梳理者。清晰不仅意味着逻辑上的自洽和叙述上不冗杂,同时还要求叙述中不遗漏而且能够凸显出学术史脉络中的关键部分。作者将近现代学界关于先秦秦汉土地制度史的研究划分为三个阶段,即1920年代的发端期,1930和1940年代的发展转向阶段,以及1949年以后的走向深入时期。可以说这三个阶段较为准确地呈现出土地制度史研究在中国的学术和思想历程。其中,初始阶段即1920年代的土地制度史讨论,可以说不仅肇始了此后相关研究,而且在许多方面如土地制度在中国历史上的意义,如何把握古代史料对土地制度的陈述,古代土地制度史的资料范围,理论指引与具体研究的关系,等等,也是以后研究的一个预演。这一阶段土地制度史研究,学界虽有关注,但从无论细节观察到深度的提升,都还可以有所作为。作者敏锐地察觉到此点。从井田制的争论入手,本书相当全面地展现了这一过程,不仅将讨论的参与者如胡汉民、胡适、廖仲恺、朱执信等人的基本主张和讨论的要点一一陈说,而且对讨论者的表述也给予了要言不烦的评说。可以说,这是作者对相关研究的一个推进。

学术史研究如果止步于此,我们只能说它做了一个相对完备的编年史,许多学者其实更想看到的还有在学术历程上历史评论者与今天评论者之间的心灵碰撞。与我们通常研究的政治、经济等历史客体有所不同,学术史分析的对象是与我们相同的那些进行着学术研究的人们,是那些学术人的研究成果。从这个角度说,学术史的探讨既有着一般历史客体所共有的内容,如追寻真实;也包含着我们对研究工作的自我反思,相较于历史学致用中的"资治",这里主要是"资学"和"资思"。从而,学术史的研究可能有着特殊的要求和特殊的困难。本书第二章至第六章,是作者提交的研究规划:时代为线,有如前所述之三阶段说。专题为纬,有国有与私有、授田、名田、王权支配、官社经济等选项。篇幅所限,我就不再多啰嗦了,读者诸君读后当会自有判定。在这里我想强调的是,在上述这些方面,这部著作倾注了独立思考的学术精神,努力、认真地对学术史上那些研究者们的主体活动,如课题的选择、问题的选择、基本依据的选择和解决路径的选择，提出自己的分析。作者不仅让我们看到了一个时代的历史印迹下研究者们学术探索和活动的身影，也让我们看到了"我们"之间的对话和交往。这同样是作者对相关研究的推进。

中国的文明是人类历史上不曾间断的古老文明。近代以来，几乎所有重大理论问题的提出，都与中国历史，以及历史与现实息息相关，由此出现了许多重大历史问题的讨论，它们都值得我们认真面对。我不成熟的看法是：第一，我们要用历史主义的观点去观察过往的研究，要思考在这些讨论表象下潜动着的思想走向和学术走向。第二，对既往学术研究的梳理和总结，确实需要看到前人研究存在的不足，我们由此可以站得更高。但这种"功利性"（没有贬义）的追求并不是学术史研究的全部。我们还需要的是理解，理解来自于我们对学术尤其是人文学科学术进步的把握，理解交付给我们的是提高自己认识能力的精神基因。《制土域民——先秦两汉制度研究一百年》在这方面做了很好的尝试，我愿意借此机会向学界推荐。

彭卫

2020 年 2 月

目 录

第一章 绪 言

一、问 题

　　土地制度不仅是指人们开发、利用土地而形成的土地规划、疆理、分配、管理的制度体系，还包括人们以土地为中介而结成的各种关系，它包括土地所有制的形式和性质、劳动者和土地的结合方式（土地经营方式），以及由此所形成的阶级关系、劳动产品在不同阶级和社会集团间的分配和消费关系等。其中，土地所有制是土地制度的核心和基本内容，决定了一定社会生产方式的性质。这是土地制度史研究的主要内容。

　　马克思在 1859 年写的《〈政治经济学批判〉序言》中，对经济基础和上层建筑的基本含义和相互关系作了如下经典表述："人们在自己生活的社会生产中发生一定的、必然的、不以他们的意志为转移的关系，即同他们的物质生产力的一定发展阶段相适合的生产关系。这些生产关系的总和构成社会的经济结构，即有法律的和政治的上层建筑竖立其上并有一定的社会意识形式与之相适应的现实基础。"[1] 这个理论的核心是认为一定社会的基础是该社会的经济关系的体系,即生产关系的总和,主要包括生产资料所有制、生产过程中人与人之间的关系和分配关系等三个方面,其中生产资料所有制是首要的、决定的部分。在以农业为主的中国古代社会,土地是主要的生产资料,土地制度的性质决定了人们在生产中结成的相互关系、分配关系,决定了一定社会发展阶段的社会性质。土地制度成为古代史研究中的关键性问题,古史分期、阶级关系、赋役制度等问题都与之密切相关,也因之受到研究者的注目并展开了广泛深入的探讨。

20 世纪中国土地制度史研究从井田制有无的争论发端,贯穿了 20 世纪中国史学发展的过程,在 1950、1960 年代一度成为史学界探究的热点,作为中国历史研究的"五朵金花"之一,产生了巨大影响。故而,土地制度史研究在 20 世纪中国史学中占有一个重要的位置。

20 世纪中国历史学经历了从传统史学向新史学转变,再到马克思主义史学确立的曲折历程。与之相应,作为一个引起人们广泛关注并具有重大理论意义的史学问题——中国土地制度史研究也走过了相似的路程。土地制度史研究发轫于近代史学在中国确立的背景之下,它的深化又与近代史学向马克思主义史学的转型相关

---

[1]《马克思恩格斯选集》第 2 卷,人民出版社,1995 年,第 32 页。

联,可以说它是一个 20 世纪中国史学所提出的并长期持续的史学问题。反之,近百年来的中国土地制度史研究也为我们理解近现代史学的发展提供了线索,我们可以借此考察近代史学在中国的产生、嬗变,以及中国马克思主义史学的形成和确立的过程。

本书以近百年来的土地制度史研究为主要对象,但中国土地制度史时代跨度大,制度内容复杂,要全面把握中国土地制度史的研究状况殊为不易,因而本书主要着眼于战国秦汉土地制度史研究的发展状况。首先,因为战国秦汉是中国历史发展的重要阶段,关于中国社会发展阶段分期的各种看法都不可避免地要涉及战国秦汉时期。要判明战国秦汉时期的社会性质,战国秦汉土地制度是具有指标意义的问题。其次,战国秦汉土地制度上承先秦,下启魏晋,是中国古代土地制度演变中不可或缺的一环,对说明中国古代土地制度的源流和发展规律具有重要意义。从这个意义上,可以说战国秦汉土地制度史研究在整个中国土地制度史研究中占有显著的位置,是中国古代土地制度史研究的重点。因此,本书以近百年来的战国秦汉土地制度史研究为主要着眼点。就此而言,本书事实上是关于战国秦汉土地制度史研究的学术史。

二、理论基点

本书主要围绕近百年来中国土地制度史的研究而展开。本书的理论基点是马克思主义经典著作对土地问题所做的有关论述。

这是由本书的研究对象——土地制度史研究的特点所决定的。在中国土地制度史研究中,研究者之间存在着许多相互歧异的看法。对材料的不同解读是造成分歧的一个原因,而另一个原因则在于他们对于经典理论的不同理解,尽管这些研究都是依照经典作家所述的有关论断而做出的。因此,我们有必要引据马克思主义经典著作的有关论述,以期了解在中国土地制度史中引起分歧的理论根源。

首先,从土地所有权谈起。土地所有权是土地所有制的法律表现。马克思对土地所有权的定义是:"土地所有权的前提是,一些人垄断一定量的土地,把它作为排斥其他一切人的、只服从自己私人意志的领域。"又说:"法律观念本身只是说明,土地所有者可以像每个商品所有者处理自己的商品一样去处理土地。"[1]

列宁指出:"这种私有制的真正自由,没有土地买卖的自由是不行的。"[2]

马克思还指出占有权取得了法律的规定,才具有私有财产的性质。马克思在《黑格尔法哲学批判》中写道:"私有财产的真正基础,即占有,是一个事实,是无可解释的事实,而不是权利。只是由于社会赋予实际占有以法律的规定,实际占有才具有合法占有的性质,才具有私有财产的性质。"[3]

---

[1]　马克思:《资本论》第3卷,人民出版社,2004年,第695、696页。

[2]　列宁:《社会民主党在1905—1907年俄国第一次革命中的土地纲领》,《列宁全集》第13卷,人民出版社,1972年,第291页。

[3]　《马克思恩格斯全集》第3卷,人民出版社,2002年,第137页。

土地所有权还有一个标志，即地租的占有。马克思说："不论地租有什么独特的形式，它的一切类型有一个共同点：地租的占有是土地所有权借以实现的经济形式，而地租又是以土地所有权，以某些个人对某些地块的所有权为前提。"[1]因此，地租是土地所有权的经济实现。

根据马克思主义经典作家的论述，土地所有权就是得到法律承认的对土地占有的权利。对土地的使用、出租、转让、买卖、继承等支配权利是土地所有权的具体表现。

其次，马克思对东方或亚洲土地所有权的特点也提出了若干论述。1853年6月2日，马克思在给恩格斯的信中写道："贝尔尼埃完全正确地看到，东方（他指的是土耳其、波斯、印度斯坦）一切现象的基础是不存在土地私有制。这甚至是了解东方天国的一把真正的钥匙。"[2]

马克思说："如果不是私有土地的所有者，而像在亚洲那样，国家既作为土地所有者，同时又作为主权者而同直接生产者相对立，那么，地租和赋税就会合为一体，或者不如说，不会再有什么同这个地租形式不同的赋税。在这种情况下，依附关系在政治方面和经济方面，除了所有臣民对这个国家都有的臣属关系以外，不需要更严酷的形式。在这里，国家就是最高的地主。在这里，主权就是在全

---

[1]　马克思：《资本论》第3卷，第714页。
[2]　《马克思恩格斯全集》第28卷上，人民出版社，1972年，第256页。

国范围内集中的土地所有权。但因此那时也就没有私有土地的所有权，虽然存在着对土地的私人的和共同的占有权和使用权。"[1]

马克思在《资本主义生产以前的各种形式》中说："在亚细亚的（至少是占优势的）形式中，不存在个人所有，只有个人占有；公社是真正的实际所有者；所以，财产只是作为公共的土地财产而存在。"又说"在大多数亚细亚的基本形式中，凌驾于所有这一切小的共同体之上的总合的统一体表现为更高的所有者或唯一的所有者，实际的公社却只不过表现为世袭的占有者"[2]。

再次，马克思主义经典作家指出土地所有权具有各种历史形态。恩格斯在《反杜林论》中写道："一切文明民族都是从土地公有制开始的。在已经经历了某一原始阶段的一切民族那里，这种公有制在农业的发展进程中变成生产的桎梏。它被废除，被否定，经过了或短或长的中间阶段之后转变为私有制。但是在土地私有制本身所导致的较高的农业发展阶段上，私有制又反过来成为生产的桎梏——目前无论小地产或大地产方面的情况都是这样。因此就必然地产生出把私有制同样地加以否定并把它重新变为公有制的要求。但是，这一要求并不是要恢复原始的公有制，而是要建立高级得多、发达得多的共同占有形式，后者远不会成为生产的障碍，相反地，正是它使生产摆脱桎梏，并且将使现代化学上的发现和机械上

---

[1]　马克思：《资本论》第3卷，第891页。

[2]　《马克思恩格斯全集》第30卷上，人民出版社，1995年，第475、467页。

的发明在生产中得到充分的利用。"[1]

马克思在《资本论》中指出:"这种观念,这种关于土地自由私有权的法律观念,在古代世界,只是在有机的社会秩序解体的时期才出现;在现代世界,只是随着资本主义生产的发展才出现。在亚洲,这种观念只是在某些地方由欧洲人输入的。"[2]

他在《1844年经济学哲学手稿》中又说:"正像王国给自己的国王以称号一样,封建地产也给自己的领主以称号。他的宗族的历史,他的门第的历史等等——这一切对他来说都把它的地产个性化,把地产名正言顺地变成他的门第,变成一个人格。"[3]

马克思在《资本主义生产以前各形态》中对亚细亚的、古典的、日耳曼的三种所有制形式做了详尽的论述。在从土地公有制向土地私有制转变过程中所经过的或短或长的中间阶段,即马克思恩格斯所说的古代公社所有制和国家所有制,它是由土地公有制向土地私有制转变的过渡形式。

在不同民族不同生产方式的具体历史条件下,所有权又表现为各种不同的形态。在封建土地所有制形式问题论争中各家对此都有不同的理解,造成了观点的分歧。正如庞朴所言:"但是尤应引起我们重视的是,从三十多年来的讨论中,我们不时发现,同是一条史

[1] 恩格斯:《反杜林论》,《马克思恩格斯选集》第3卷,人民出版社,1995年,第480—481页。
[2] 马克思:《资本论》第3卷,第696页。
[3] 马克思:《1844年经济学哲学手稿》,人民出版社,1979年,第33页。

料,同是一条马克思主义原理,往往能得出迥然不同的结论,再现出形态各异的历史具体,并由此引起无穷争论。发生这种现象的重要原因之一,大概是由于'从抽象上升到具体'或'从理论再回到实践',本是一次能动的飞跃,其跃越的跨度愈大,失误的机会也就必然愈多,同时,抽象与具体、理论与实践这两极之间,越是缺乏中间层次,上升的难度也就必然越大。"[1]

三、研究背景与目标

本书是关于土地制度史研究的学术史,在展开研究之前,有必要对此学术史做一个学术史的回顾。大致来说,过去一百年的中国土地制度史研究经历了三个阶段的发展变化。第一个阶段是土地制度史研究的发端时期(1920年代)。第二个阶段是土地制度史研究的发展转向阶段(1930、1940年代)。第三阶段是1949年后,又可分为前后两个时期,前一时期是1950、1960年代,主要围绕封建土地所有制形式问题展开,后一时期是1970年代末至今,是繁荣发展的时期,取得了丰硕的成果。

自1930年代以来,一些学者陆续对土地制度史研究进行回顾和总结,如关于1920年代井田制有无之争,先后进行评述的文章有

---

[1] 《历史研究》编辑部:《建国以来史学理论问题讨论举要》,齐鲁书社,1983年,第3页。

万国鼎《井田制度有无之研究述评》(《地政月刊》第 1 卷第 1 期,1933 年),杨宽《重评 1920 年关于井田制有无的辩论》(《江海学刊》1982 年第 3 期,见《杨宽古史论文选集》,上海人民出版社,2003年),杨宽《1920 年井田制有无的辩论的启示》(载《历史激流中的动荡和曲折——杨宽自传》,时报出版文化企业有限公司,1993年),赵光贤《西周井田制争议述评》(人文杂志丛刊第二辑《西周史研究》,三秦出版社,1984 年),周新芳《关于井田制研究的回顾和展望》(《齐鲁学刊》1997 年第 5 期),陈峰《1920 年井田制辩论:唯物史观派和史料派的初次交锋》(《文史哲》2003 年第 3 期)等。杨宽指出了井田制有无之争与晚清今古文学争议之间的思想渊源关系,及其对 1930 年代社会史论战和社会经济史兴起的影响。陈峰认为井田制有无问题的争论是近代史学唯物史观派和史料派的初次交锋。他们将井田制有无之争放在近现代学术和史学史发展演变的背景下进行考察,这是可取的方向。

关于 1930—1940 年代土地制度史研究的情况,在有关这一时期的学术史著作中也有所涉及,主要有何干之《中国社会史问题论战》(收入《何干之文集》,中国人民大学出版社,1989 年),林甘泉、田人隆、李祖德《中国古代史分期讨论五十年》(上海人民出版社,1982 年),德里克《革命与历史》(江苏人民出版社,2008 年),郑学稼《社会史论战简史》(黎明文化事业公司,1978 年),温乐群《二三十年代中国社会性质和社会史论战》(百花洲文艺出版社,2004年),罗新慧《二十世纪中国古史分期问题论辩》(百花洲文艺出版社,2004年)等。土地制度史与社会史论战、古史分期问题讨论有着密切关联,这些总结之作或多或少地涉及了土地制度史研究的状况。

中国封建土地所有制形式问题是新中国成立后土地制度史研究的热点,关于这一问题也有若干文章进行了梳理、总结。主要有杜文凯、马汝珩《关于中国封建社会土地所有制问题的讨论》(《人民日报》1960年11月18日第7版),古澎《我国学者对中国封建土地所有制形式的看法》(《中国史研究动态》1986年第6期),谢保成《封建土地所有制问题的讨论》(载陈高华、张彤主编《20世纪中国社会科学·历史学卷》,广东教育出版社,2006年),王思治《"封建土地所有制形式"讨论概述》(载肖黎主编《20世纪史学重大问题论争》,北京师范大学出版社,2007年)等。这些文章有助于我们了解这一时期关于封建土地所有制形式问题论辩的情形。

具体到战国秦汉土地制度史研究的情况,有田人隆《秦汉史研究概述》(载《中国史研究》编辑部编《中国古代史研究概述》,江苏古籍出版社,1985年),姜镇庆《简介战后日本对先秦到秦汉时期土地制度史的研究》(《中国史研究动态》1984年第4期),丁光勋《建国四十年来秦汉土地制度研究述评》(《高等学校文科学报文摘》1991年第5期),郝建平《战国授田制研究综述》(《阴山学刊》2003年第2期),闫桂梅《近五十年来秦汉土地制度研究综述》(《中国史研究动态》2007年第7期);杨振红、徐歆毅《改革开放以来的秦汉史研究》(《文史哲》2010年第1期)等。这些文章对新中国成立以来的战国秦汉土地制度史研究做了或详或略的总结回顾。

通过以上回顾,可以看出学界对中国土地制度史研究情况做了不少的总结和述评,这是本书写作的重要参考。但以上所举文章多是就土地制度史研究的某一时段或某一方面进行的或详或略的研究、综述,而对于整个 20 世纪的中国土地制度史研究的发展脉络和研究状况尚未有一个系统的、全面的梳理总结。尤其需要在学术史演变的背景下,来审视土地制度史研究这一具有枢纽意义的专题史的演进脉络及其对中国史学发展的特殊意义。

这亦是一个有相当难度的选题,主要表现在以下三个方面。首先是材料的搜求。史料是历史研究的基础。本书是关于 20 世纪土地制度史研究状况的学术史综论,因此,20 世纪不同年代的众多研究者所撰写的研究中国土地制度史的论著是本书的原始材料。但其中许多论著流传不广,搜求不易。其次,土地制度史是一个理论性很强、牵涉面甚广的论题。20 世纪的中国土地制度史研究是在近代史学理论的逐步完善的基础上,在马克思主义理论的指引下,一步步走向深入的。对土地制度史研究整体进展的把握离不开对马克思主义经典作家有关土地制度论述的深刻理解,离不开经济学等学科的理论掌握。再者是对观点的把握。作为学术史研究,一个基本要求就是完整、准确地概括土地制度史研究相关论著的观点。如果对一篇论著观点的把握存在偏差和缺失,就不能给予其恰当的学术史位置。百年来有关土地制度史研究的论著,浩如烟海,要准确把握和提炼所有相关论著的观点,无疑是颇有难度的。

本书选择土地制度史作为研究对象,旨在探询和厘清下述问题:(1)土地制度史为何成为 20 世纪古史研究中最受关注的重要领域之一;(2)土地制度史研究中方法、概念的选择和使用,及其合理性;(3)关于中国土地制度史材料的理解;(4)土地制度史研究对重建古代中国社会结构的作用。基于以上考量,本书力求全面、准确地把握近百年来中国土地制度史研究的状况。

第二章　20 世纪的中国土地制度史研究

一、中国土地制度史研究的发端——井田制有无之争

从近代史学的角度看,1920 年代初的井田制有无的争论是中国古代土地制度史研究的开端。在此之前,中国传统史学有悠久的食货志传统,《汉书·食货志》专门记述了古代田制的演变,《通典》以"田制"为开篇;许多古代学者的著作、笔记之中也不乏对古代田制的考辨和议论。但这些都不是近代史学意义上的土地制度史研究,直至 1920 年代初的"井田制有无"的争论才代表了土地制度史研究的开端。

(一)论争的由来与经过

胡汉民《中国哲学史之唯物的研究》[1]开宗明义说:"我这篇

---

[1]　此文 1919 年 10 月至 11 月连续刊载于《建设》杂志一卷 3、4 号上。转见胡汉民《唯物史观与伦理之研究》,民智书局,1925 年,第 63—154 页。

文章,是拿唯物历史观应用到中国哲学史上。"接着又标识了研究的问题:"我们读中国哲学史,有一个很大的疑问,是中国哲学何以独盛于古代,秦汉以后再跟不来。"

他认为这个问题的根由在于:"晚周战国是社会经济的组织根本变动,牵连到社会一切关系,是空前绝后的时代。思想家受了这个影响,所以于学术上有空前绝后的建设。"在这个社会经济组织的根本变动中,胡汉民认为:"我看最重要的,就是井田制度崩坏。井田是计口授田、土地公有、古代相沿的一个共产制度。这个制度变坏,就使社会全体生活根本动摇";"由这个经济组织根本动摇,更引起社会上的压迫、政治上的专横,为人民生活最不安的时代";"我以为井田始坏,当在前八世纪,即周幽王以及平王东迁之际。"

至于井田制破坏的原因,胡汉民提出了自己的解答:"这井田制度为什么不能长久呢。大约是因为生齿日繁,生产交换的事业日多……田的分配,不能应于人口……这是井田制度崩坏的第一原因。"其次,"商人致富和农民受他掠夺……召旻诗说'民卒流亡,我居圉卒荒',则授田归田之际,国家无从处置。这是井田制度崩坏的第二原因"。此外,"在上者横征暴敛,使人民不能安于耕作。就与井田之坏,互为因果"。又因为诸侯兼并造成封建制度的破坏,"封建井田两个制度,当初是互相维系,及后也就牵连破坏"。

所以,胡汉民认为:"中国晚周时代的社会问题,是共产制度崩坏之后,最大多数人生活不安的问题,是有强权的人掠夺多数人的衣食,无强权的人衣食被夺不能生活的问题。社会思潮激出非常的反动,由是产生老子以次的哲学。"

在这篇文章中,胡汉民的主题并非研究井田制度,其中涉及井田制的内容主要即是上述部分,且在全文中只占很小的部分。正是这小部分却引起了胡适的注意。1919 年 11 月 8 日,他写信给《建设》杂志质疑胡汉民对井田制的看法,即胡适《井田辨——寄廖仲恺先生的信》,掀起了井田制有无的争论。[1] 信中,胡适由否定封建制度出发,进而否定井田制的存在。他的意见主要有两点:

(一)古代的封建制度绝不是像《孟子》《周官》《王制》所说的那样简单。古代从部落进为无数小国,境内境上还有无数半开化的民族。王室不过是各国中一个最强的国家,故能做一个名义上、宗教上、政治上的领袖。无论如何,那几千年中,绝不能有"豆腐干块"一般的封建制度。

(二)不但"豆腐干块"的封建制度是不可能的,豆腐干块的井田制度也是不可能的。井田的均产制乃是战国时代的乌托邦。战国以前从来没有人提及古代的井田制。孟子也只能说"诸侯恶其害己也,而皆去其籍"。这是"托古改制"的惯技。

此后,双方数度书信往还,争论达到高潮。继而,朱执信、季融五和吕思勉也参加进来。季融五是赞成胡适意见的。论争以胡适、季融五为一方,与胡汉民、廖仲恺、朱执信、吕思勉为另一方展开。

---

[1]　这次争论的文章,后来汇集为《井田制度有无之研究》一书,由上海华通书局于 1930 年出版。本文所提到双方观点主要引自此书,不再标注。

综合两方的意见,主要有以下几个争论点:

第一,井田制是真实存在,还是孟子的凭空杜撰。胡适认为孟子以前没有人提到过井田制。他认为,"井田的均产制乃是战国时代的乌托邦","孟子也只能说'诸侯恶其害己也,而皆去其籍'。这是'托古改制'的惯技"。

胡汉民则以为:"井田制虽不必尽照孟子所说那么整齐,却也断不至由孟子凭空杜撰。土旷人稀的时代,人民以一部落一地方,共有田地,不是希奇古怪的事。"并说:"孟子以前,确是没有什么人讲究井田制度。但是孟子以前的人,谈政治的,都只爱说简单抽象的,很少具体的说明一件政制的,不能因此就起疑心。"胡汉民还以《夏小正》为例,《夏小正》有"初服于公田"的话,而此书或者编纂在西周初年,可以作为孟子以前存在井田制的佐证。

胡适再次反驳说,孟子实在不知道周代的制度是什么,不过从《诗》云"雨我公田,遂及我私"里推想到一种公田制。这种证据已很薄弱了,故孟子只能含糊混说。

第二,由此引出井田制下的土地性质问题,即孟子以前有没有土地私有权。胡汉民认为,"那土地公有的古代,人民没有发生土地的所有权,人君也不曾拿私有财产的样子'所有'那些土地"。并举例说,秦国王翦为大将,请美田宅甚众,又如"萧何买民田自污",贡禹"卖田百亩以供车马",说明土地买卖和土地私有的事情战国末期之后才出现。所以,"井田法虽不可详考,总是土地私有权未发生的时代共有共用土地的习惯之整顿方法"。

　　胡适认为,无论《诗经》的"公田"应作何解,孟子的"私田"并不是农夫享有的公产,乃是贵族的禄田,是贵族的私产,不是农民的公产。种田的农夫乃是佃民,不是田主。孟子的井田制度不过是一种"经界"的计划,并不是"根本解决的"共产制度。胡适还据《诗经》"人有土田,女覆夺之"以及《左传》里的"赏田、赐田、与田"的记载,反驳胡汉民关于战国以前没有土地买卖和土地私有权的说法。

　　胡汉民则认为,食邑采地的受赐纷争,不能作为反证。还未发现私有财产的土地所有于孟子以前。农夫于一定时期,对于土地有用益权,无处分权。卿大夫对于采地食邑,亦只有一部分收益权,无处分权。

　　胡适回应说,正因为土地是私有的,故可以夺来夺去,可以拿来赏人,可以用作贿赂。这便是处分权。

　　第三,关于传世文献材料理解的争议。廖仲恺在代替胡汉民答复时,也提出了自己的看法。他认为,凡预想有信史以前的各种制度,第一要紧的是在本国地方上有这制度残留的痕迹,或有那时代政府的记录的直接证据。比较算是当时政府记录之一种的《春秋》,有"初税亩"(宣公十六年)一项记事。《春秋》"初税亩"这项记事,可以证明鲁国到宣公时,"初"坏井田。这个证据若确,就不能将井田制度都看作是孟子"托古改制"的产物或战国时代的"乌托邦"。他还列举了《左传》《公羊传》《穀梁传》对"初税亩"的解释,以及《论语》哀公曰"二吾犹不足,如之何其彻也"和《国语·鲁语》"季康子欲以田赋"的有关记载作为佐证。

胡适则对这些文献表示怀疑和否定。他认为,"初税亩"三个字本来和井田毫无关系。"初税亩"不过是鲁国第一次征收地租。《公羊传》《穀梁传》及何休等的长篇井田论,都是孟子的余毒。所以不能引《公羊》《穀梁》来证孟子,也不可拿来证古代有井田制。对此,胡适做了一番文献考辨的工作,他认为,《公羊传》是到汉景帝时公羊寿与胡毋生方才写定的;《穀梁传》大概也是汉初申公、江翁的时代写定的;《周礼》是伪书,固不可信;《王制》是汉朝的博士造的,自然曾受了孟子以后的井田论的影响。

做了文献考订之后,胡适提出一个井田论沿革史的大胆假设:

(1)孟子的井田论很不清楚,很不完全。

(2)《公羊传》只有"什一而藉"一句,也不清楚。

(3)《穀梁传》说得详细一点,但都是后人"望文生义"的注语,绝不是当时的记载。

(4)汉文帝时一班博士奉诏作《王制》。《王制》里分田制禄之法全是用《孟子》作底稿来做的,并无分明的"井田制"。

(5)汉文帝、景帝时,《韩诗外传》演述《穀梁传》的话,有了一种分明清楚的井田论。

(6)西汉末年《周礼》是用《孟子》《王制》作底本来扩大的。《周礼》里的井田制说得很详细,很繁复,很整齐,是中国统一以后的人的大胆悬想,是为了托古改制而伪造的。

(7)《韩诗》《周礼》出现以后,井田论的说法渐渐变精密。汉代的井田详说,约有下列各家:①《汉书·食货志》,这是参酌《韩诗外传》和《周礼》两书而成的；②何休《公羊解诂》，是参考《周礼》《孟子》《王制》《韩诗》《食货志》作的；③《春秋·井田记》，《后汉书·刘宠传》注引此书，所引一段多与何休说相同。

胡汉民则对胡适的文献考订一笔带过。他说："《王制》《周礼》《韩诗外传》《汉书食货》所说底同不同，精确不精确，我自始没有承认他。"因此，胡适费了功夫做的文献考订，与他的本旨无关。

第四，井田制的社会发展阶段问题。廖仲恺在使用直接证据的同时，也用了一些外国学者的民族志材料作为间接证据：

> 井田制度，我假定它是上古民族由游牧移到田园，由公有移到私有当中的一个过渡制度……试考究欧洲古代"均地制度"的沿革和经济农政学者对于土地公有私有问题相互聚讼的学说，便晓得中国古代的井田制度，似乎不是可以理想否认的事……不过各个原始的民族里，有那些相类似的例，那么井田制度在中国古代，如先生所谓"半部落半国家"之世，就不能说它是绝对不可能。至于豆腐干块不豆腐干块，到是不关紧要……人少地多的原始时代，拿土地来整齐均分，在各民族中，不是没有的。

胡适却回避了这一问题。他说："我的井田论研究，现在可以结束。仲恺先生的(2)(3)两条，我可以不辩了。因为(2)条所引西洋和日本的学者的话，都只是关系'原始社会'的讨论。我是不承认那有了二千多年政治生活的有史民族,还是在原始社会的。"

廖仲恺进行了追诘。他指出胡适的第一封来信中有"古代从部落进为无数小国,境内境上还有无数'半开化'的民族"的说法,因而他才引用民族志材料,证明各民族在这半部落半国家半开化的时代,是有类似的土地制度的。

胡适则分辨说,"古代从部落进为无数小国,境内境上还有无数半开化的民族"是说这些已成国家的小国之外还有那些戎狄,并不是说那时代的中国全是半开化的。

这个问题其实已经牵涉到中国古代社会发展阶段和性质问题,可惜双方都没有展开充分论证。

此后,朱执信、季融五、吕思勉也发表文章,提出了自己的看法。朱执信主要是指出了胡适在亩制计算中的错误。而季融五赞成胡适的观点,也认为中国古代不存在井田制,但是其论证以严译甄克思(E.Jenks,1861—1939,英国社会学家)的《社会通诠》为准绳,虽然洋洋洒洒数万言,所论却价值不大。值得一提的是吕思勉的看法。他从先秦学术源流角度,对胡适井田论沿革史的假设做了辩驳。他说:"谓汉代是一个造假书的时代,是一个托古改制的时代,井田论是汉代有心救世的学者,依据孟子的话,逐渐补添,则殊未必然也。"他认为古代学术流传是谨守师说,递相传述,并不是参以己意,时有增补。《孟子》、《韩诗》、《尚书大传》、《公羊传》、《穀梁传》、何休《公羊解诂》,虽词有详略,而义无同异,可见都是同祖一说,绝无逐渐增补的痕迹。吕思勉的论证在井田论的立说基础上,否定了胡适井田论的成立。只可惜他的观点在当时没有引起多少人的注意。在当时"科学整理国故"的潮流下,井田论借着胡适如日中天的声望,风靡草偃,终于引发了一场轰轰烈烈的"古史辨"运动。直到1930年代的社会史论战,在"新社会科学"理论的支撑下,井田制才被重新认识和肯定。

(二)论争的主要贡献和缺失

在近代史学发生、成长的背景下看待这次井田制有无的争论,双方都有自己的贡献与缺失。

首先,胡适的井田论有值得重视的地方。他以近代实证史学的方法审定史料,指出孟子井田说的主观构想的成分,并注意到了先秦文献之间的流传、演变关系,为以后井田制研究奠定了史料学的基础。以后的井田制研究或其他领域的历史研究,研究者自觉要做的第一步工作就是史料批判。这是胡适井田论的一大贡献。

胡适一生最注重的就是"方法"。在此前1919年出版的《中国哲学史大纲》导言中,他着重阐发了作史的方法论。在井田制有无的争论中,他最为自得的也是井田论的方法。几年后,1923年他在《古史讨论的读后感》[1]中提到,"我在几年前也曾用这个方法来

---

[1] 胡适:《胡适文存二集》,收入《民国丛书》第1编第94册,上海书店出版社,1989年,第149—164页。

研究一个历史问题——井田制度。我把关于井田制度的种种传说，依出现的先后，排成一种井田论的演进史"，又说"其实古史上的故事没有一件不曾经过这样的演进，也没有一件不可用这个历史演进的方法去研究"。可以看出，井田论和古史辨在研究方法上有直接渊源，井田论是古史辨的前导。正如顾颉刚自己所说，他发起古史辨是受了胡适井田论的启发，"想起本年（1920）春间适之先生在《建设》上发表的辨论井田的文字，方法正和《水浒》的考证一样，可见研究古史也尽可以应用研究故事的方法"[1]。在胡适的论述下，井田论是随着时间的推移而愈来愈精密、完备。顾颉刚提出"层累地造成的中国古史"说，即时代愈后，传说的古史期愈长；时代愈后，传说中的中心人物愈放愈大。可见，古史辨正是井田论在中国古史领域内的扩大运用。说白了，胡适井田论的方法其实是"故事演变法"。这个方法用来考辨史籍则可，用来考证历史则会把历史的演变视作人为的增补、伪造，进而导致抹杀、取消历史。高耘晖就曾指出："胡先生只是在考证古书，而不是研究历史，他对于这个问题只有消极的怀疑，而无积极的解释。"[2]胡适井田论在方法、逻辑上存在的问题，则正如张荫麟在批评古史辨派时指出的，是默证法的误用。[3] 历史事实大致可以分为三个层次，一是客观发生的历史事

---

[1] 顾颉刚:《〈古史辨〉第一册自序》,见氏著《古史辨自序》,河北教育出版社,2000 年,第 18—118 页。

[2] 高耘晖:《周代土地制度与井田》,《食货》第 1 卷第 7 期(1935 年)。

[3] 张荫麟:《评近人顾颉刚对于中国古史之讨论:古史决疑录之一》,《学衡》第 40 期(1925 年)。

实,二是为各类史料所留存下来的历史事实,三是通过史料被人们所认识的历史事实。三个层次所指涉的历史事实,前者大于并覆盖后者,后者小于等于前者。换言之,作为历史认识的出发点,我们并不能因史料阙佚、失载而推论客观的历史事实并未发生或存在过。

在论争中,值得注意的是廖仲恺的方法论。他在论证井田制存在时提出:"我以为凡预想有信史以前的各种制度,无论中国外国,都是一件极冒险的事。想免这个危险,第一要紧的是在本国地方上有这制度残留的痕迹,或有那时代政府的记录的直接证据。其次在外国同阶级时代中有类似制度的旁证。再次有证明反证之不符的反证。"这一"直接证据""旁证""反证"说其实是近代实证史学方法论的核心。其时,中国近代史学方法论仍在成型之中,1922年出版的梁启超《中国历史研究法》[1]被视为中国近代史学方法论形成的标志。梁著主要从理论上阐述史学方法论。而在此文中,廖仲恺虽然寥寥数语,却是近代史学方法难得的实践。特别是他以民族学材料为间接证据,论述井田制在社会发展史上所处阶段,开运用社会科学理论研究中国历史的先河。季融五据甄克思的《社会通诠》立说,亦大率如此。而史学研究中引入社会科学理论在1920年代末之后才渐成风气。

其次,论争双方围绕井田制有无问题费了大量笔墨,但双方只是在这个问题上打转,都没有触及井田制本身。井田制到底是一个

[1]　梁启超:《中国历史研究法》,上海商务印书馆,1922年。

什么样的制度，仍然是一团迷雾，只能留待后继者去探讨。如后来的嵇文甫曾批评道："他（胡适，笔者按）讲了千言万语，只是'方法'长，'方法'短，对于一个根本的实质问题，即古代土地制度到底是什么样子，却一点没有接触到。"[1]其实，何止胡适而已，他的论争对手也是如此。胡汉民、廖仲恺只是断言"井田是古代相沿的一个共产制度"，"井田制是中国古代土地私有制未发生以前的一种土地共有制"，井田制度"是上古民族由游牧移到田园，由公有移到私有当中的一个过渡制度"。胡适的反驳是，孟子的井田制度不过是一种"经界"的计划，并不是"根本解决的"共产制度。这一观点在1950年代的胡适思想批判中，被认为是"否定中国原始共产制的存在，否定土地公有的共产制度，否定社会发展的客观规律，并用此来进攻共产主义"[2]。这种倾向很长时期内是评价胡适思想的基调。这恐怕是胡适在提出井田论之时始料未及的。这样来否定胡适，未免求之过深。但提出井田共产论的又何曾是共产主义者呢？评价胡适井田论还是要回到胡适在1920年代初的思想重心上来。1922年，胡适在《我的歧路》一文中说："我这几年的言论文字，只是一种实验主义的态度在各方面的应用。我的唯一目的是要提倡一种新

[1] 嵇文甫：《胡适唯心论观点在史学中的流毒》，见生活·读书·新知三联书店编《胡适思想批判》第2辑，生活·读书·新知三联书店，1955年，第155页。

[2] 孙力行：《批判胡适的"井田辨"及其他》，见生活·读书·新知三联书店编《胡适思想批判》第6辑，生活·读书·新知三联书店，1955年，第167页。

的思想方法,要提倡一种注重事实,服从证验的思想方法。"[1]胡适井田论正是这一态度的具体应用。我们不必将其上纲到两种主义、两条道路的斗争上来。

最后,就双方在论争中的具体观点来看,也或多或少涉及了以后土地制度史研究中的一些基本问题。土地私有权和土地买卖的问题是双方争议的一个焦点。胡汉民主张,"井田法虽不可详考,总是土地私有权未发生的时代共有共用土地的习惯之整顿方法"。胡适则以《诗经》里"人有土田,女覆夺之"以及《左传》里的"赏田、赐田、与田、赂田"的例子,证明战国以前的时代已经出现了土地买卖和土地私有权。用益权、收益权、处分权等所有权相关概念也都提了出来。而所有权问题在以后的封建土地所有制形式讨论中还是一个聚讼不休的问题。再如,争论中也涉及了土地关系,土地所有者和直接生产者的关系,如"田主""佃户"。另外,双方的讨论都涉及了井田制所代表的社会发展阶段问题,"原始社会""半部落半国家""共产的社会""宗法社会""阶级制度"等名词已见诸他们的笔端,显示他们当时已具备了一定的社会进化史观,但他们的社会科学知识仍是初级的。概念虽然已经提出来了,但还很混乱。进一步的澄清则留待1930年代的社会史论战。

---

[1]　姜义华主编:《胡适学术文集(哲学与文化)》,中华书局,2001年,第556—561页。

二、1930—1940 年代的土地制度史研究

1930—1940 年代是土地制度史研究的发展、转向阶段。经过 1920 年代革命运动退潮后短暂的苦闷和消沉,一部分学者又将关注的重心由社会政治运动转向思想文化领域,把目光投向中国社会性质的研究,并由现实及于历史,探究中国古代社会发展的历史阶段及规律。郭沫若在《中国古代社会研究》自序中说道:"对于未来社会的待望逼迫着我们不能不生出清算过往社会的要求。古人说:'前事不忘,后事之师。'认清楚过往的来程正好决定我们未来的去向。"[1]这其实也是社会史论战大多数参与者的现实指向。

1930 年代的社会史论战主题有三:一是亚细亚生产方式问题,二是奴隶社会有无问题,三是前资本主义社会问题。论战的主题虽然着眼于古代,却无一不是指向当下。中国革命的出路何在? 现实变革的历史基础是什么? 能不能从前资本主义社会形态的历史命运中发现规律来解释当前的变化,预测未来的发展?

马克思在 1857 年的《〈政治经济学批判〉导言》中写道:"资产阶级经济只有在资产阶级社会的自我批判已经开始时,才能理解为封建的、古代的和东方的经济。"[2]在 1859 年发表的《〈政治经济

---

[1]　郭沫若:《中国古代社会研究》,河北教育出版社,2000 年,第 6 页。
[2]　《马克思恩格斯选集》第 2 卷,人民出版社,1995 年,第 24 页。

学批判〉序言》中说："大体来说,亚细亚的、古代的、封建的和现代资产阶级的生产方式可以看作是社会经济形态演进的几个时代。"[1]亚细亚生产方式的含义是什么? 它是仅仅适用于东方社会,还是人类社会发展普遍经历的一个历史阶段? 它是否构成一个独立的社会经济形态,或是相当于人类社会历史发展的某一阶段? 由于马克思本人并没有对亚细亚生产方式做过明确的说明,这一问题在社会史论战中引发了许多争议。1928 年召开的中国共产党第六次代表大会通过了《土地问题议案》,指出:"如果认为现代中国社会经济制度,完全是从亚洲生产方式进于资本主义之过渡的制度,那是错误的。亚洲的方法底主要特点是:(1)没有土地私有制度;(2)国家指导巨大的社会工程之建设(尤其是水利河道),这是形成集权的中央政府统治一般小生产者的组织(家住组织或农村公社)之物质基础;公社制度之巩固地存在(这种制度根据手工业与农业经过家庭而结合的现象)。这些条件,尤其是第一个条件,是和中国的实际情形相反的。"[2]在亚细亚生产方式的争论中,土地国有、农村公社、专制主义、水利灌溉被认为是亚细亚生产方式的主要特征。其中,井田制仍是讨论的热点,被认为是亚细亚生产方式土地国有特征的具体表现形式,关于井田制的探讨更多地与中国社会发展阶段及古代社会性质的认定联系在一起。

---

[1]　《马克思恩格斯选集》第 2 卷,人民出版社,1995 年,第 33 页。

[2]　《中国共产党第六次代表大会决议案》,《中国共产党第六次代表大会文件》,《中共中央文件选集》第 4 册(1928 年),中共中央党校出版社,1984 年,第 29 页。

（一）马克思主义史学家的土地制度史研究

对井田制有无的问题，郭沫若的看法前后有过变化。他在 1930 年出版的《中国古代社会研究》中断言："周代自始至终并无所谓井田制的施行。"理由便是："井田制是中国古代史上一个最大的疑问。其见于古代文献的最古的要算是《周礼》。然而《周礼》便是有问题的书……此外如《春秋》三传、《王制》等书都是后来的文献，而所说与《周官》亦互有出入。儒家以外如《管子》《司马法》诸书虽亦有类似的都鄙连里制度，然其制度亦各不相同。"再者，"论理所谓'方里而井，井九百亩，其中为公田，八家皆私百亩'的办法，要施诸实际是不可能的"，在周代彝铭中却寻不出有井田制的丝毫的痕迹。[1] 但是，这一看法在 1945 初版的《十批判书》中有了一百八十度的改变，他承认"井田制是断然存在过的，我们可以得到很多的证明"；"但孟子式的井田说，也并不是毫无根据：它所根据的应该是《考工记》的《匠人》职文，或与《匠人》职文同根据一种古代曾经有过的事实"。又说："这十进位的办法和古代罗马的百分田法极相类似。"所以，"我们确切地可以说：殷周两代是施行过豆腐干式的均田法的。"值得注意的是，他将井田制视为殷周奴隶社会生产关系的基础："为什么要施行这样豆腐干式的井田呢？ 这显然是由于两

---

[1]　郭沫若：《中国古代社会研究》，河北教育出版社，2000 年，第 244—245 页。

层用意所设计出来的:一是作为榨取奴隶劳力的工作单位,另一是作为赏赐奴隶管理者的报酬单位。"并认为私有土地的出现导致了井田制的破坏和崩溃,这与春秋战国时代社会的变革相同步,"井田制的危机是出现了,建立在这个基础上的社会关系也就开始动摇"[1]。

吕振羽在《殷周时代的中国社会》中则以井田制度来说明周代封建社会性质。他认为:"孟轲所说的'井田制度'却又正确地说明了西周庄园制度的内容。"而这正构成了封建领主制的生产基础,"在这种庄园制内部所构成的独特的剥削关系的基础,是以把农民束缚于土地上以及其对于地主的人格从属为前提的"。土地所有形态及土地所有者与直接生产者间关系的主要构成是,"土地名义上集中在各级领主的手中,但由于在各分邦封建领主的领区内,不只存在着原始公社制残留的自由农民的土地所有,并有着奴隶所有者的土地所有和他并存,因此,这种封建的土地所有形态,自公元前一千二百年代末开始发展;在西周至所谓'宣王中兴',在各分邦,大都至春秋时代,有的直到战国,才取得支配形态"。他还认为,"虽然自春秋时代便开始发现新兴地主的土地占有形态,然至公元前三世纪上半世纪止,都是领主土地占有者获得支配形态;自公元前三百年代上半世纪以后,才为新兴地主的土地占有形态所代替。不过

---

[1]　郭沫若:《十批判书》,收入《中国古代社会研究》,河北教育出版社,2000年,第621—635页。

两者虽然在形式上多少有其分别,然在本质的土地占有或所有的意义上却是同一的。"[1]

在另一篇文章中,吕振羽利用金文中的材料对井田制做了肯定的说明。他认为"井田制度"虽未必以整齐排列的井字形土地区划为形式,但类似这种制度的存在,则是十分可能的。所谓"井田制度"的私田,就是领主给予农民的"分与田",以此把农民束缚在土地上面。封建时代的土地财产观念,不是单纯意义上的自然的土地,而是包括了土地上的农奴。封建初期的土地,在名义上属于君主所有,他可以随意地赐予或收回。所以在西周的可靠文献中,大诸侯的土地,主要都由"周天子"所赐予,这在金文及《诗经》中都说得很明白,领有土地的领主,在初期还须向君主缴纳贡物。从《诗》"薄言采芑,于彼新田,于此菑亩"来看,当时还在行着"三圃制"的经营。因此《食货志》所谓上田、中田、下田,便是应当的情形。既然金文资料为庄园式"井田制"存在提供了证明,那么,"井田制"便可以看作是历史实际。[2]

主张周代封建论的还有王亚南。他认为周之封建制度,是以一种特殊的土地制即所谓井田制度为基础。井田制对于封建制度有几种作用:一、土地公有,按人分配,农民乃不致因过富过贫,离去乡

---

[1] 吕振羽:《殷周时代的中国社会》,不二书店,1936年初版;1946年修订版;1962年生活·读书·新知三联书店据1946年修订版再版。

[2] 吕振羽:《西周时代的中国社会》,原载《中山文化教育馆季刊》第2卷1期;收入钟离蒙、杨凤麟主编《中国现代哲学史资料汇编》第2集第4册《中国社会史论战(上)》,辽宁大学哲学系内部出版,1982年,第123—127页。

井,使诸侯赖以生存享乐之税收无着;二、获取公田收获,作为粟米之征,乃最省事之税法;三、周之兵制,即以井田为准。他认为周代的封建制,是与当时的井田制相为始终的。历史上一切所谓制度,都有其特殊的经济基础。[1]

虽然郭沫若与吕振羽、王亚南对井田制及殷周时代社会性质的认定有所不同,但我们可以明显地看到,这一阶段土地制度史研究与前一阶段相比,显现出一个最大的特点,即将马克思主义社会发展理论引入中国古史研究,将土地制度与中国古代社会发展形态联系起来,用以说明中国古代社会性质。整个学术氛围开始向唯物史观和辩证法转向。

1946年出版的侯外庐《中国古代社会史论》,直接从金文和《诗经》的材料来说明《周礼》的田制和孟子井田说。他认为,土地国有制是周代的特点,即所谓"莫非王土","受民受疆土"。这种受土的所有制形式是氏族贵族所有制,土地是不能自由买卖的。土地所有制在"建邦启土"的前提下,由氏族贵族独占,生产力难以发达,不能产生典型的生产资料私有的显族。所得形态便是"公食贡,大夫食邑,士食田,庶人食力",所以赋税和地租无法分别。并且,他认为甫(大)田、大田是鄙野的公田(氏族贵族所专有之田),起支配作用。南亩、十亩却可能是小生产市民如百姓、国人、士人所使用的田

---

[1] 王亚南:《封建制度论》,原载《读书杂志》中国社会史论战专号第1辑,1931年;收入钟离蒙、杨凤麟主编《中国现代哲学史资料汇编》第2集第4册《中国社会史论战(上)》,辽宁大学哲学系内部出版,1982年,第210—215页。

（即使有所谓授田制度,恐怕也只限于国中）,是从属的制度。春秋时代的生产资料所有形态,基本上还是继承"周公之藉",所起的变化乃是由大氏族转向小宗族的土地所有。土地生产资料所有制经历了长期转变,产生了不合法的土地私有制。这种制度在地域上是由晋楚秦三国开始的,渐渐普及于各国,在时间上是从春秋中叶以至秦并六国慢慢地发展而来的。不到商鞅变法,这种制度也不能看成是支配的形态。商鞅变法废井田,一方面推翻氏族贵族,使土地不合法地私有,并且进到小生产制,另一方面使生产者由奴隶逐渐变成隶农,来维持劳动力的再生产。[1] 值得注意的是,他在1950年代提出的封建土地国有制观点,在这里已经初见端倪。侯外庐在《中国古代社会史论》自序中说道,"在一般的历史规律上,我们既要遵循着社会发展的普遍性,但在特殊的历史规律上,我们又要判别具体的社会发展的具体路径"。封建土地国有说是在此书基础上的进一步升华,其中涵括了他对中国古代社会独特性的深入思考。

（二）非马克思主义学者对土地制度史的看法

这一时期对土地制度史研究有所涉及的还有一些其他学派的学者,如"新生命派"的陶希圣等,"托派"的李季等。他们在论证中国古代社会性质时,或多或少对土地制度的社会形态属性有所

---

[1]　侯外庐:《中国古代社会史论》,河北教育出版社,2003年,第60—75页。

阐释。

陶希圣在分析中国社会史时,把井田制看成是原始共产制度:

> 井田制度无论何人俱承认是原始共产制度的一种。设果为原始共产制度的一种,则建设在井田制度上的社会,便确是原始共产社会,无贵族与庶人之分,每个人民都是社会生产的一份子。然而儒家所主张的井田制度,决不是没有阶级的社会经济制度,而是与贵族庶人阶级对立状态同时并存的一种奇妙的理想……整个的贵族阶级剥削整个的庶人阶级,而使庶人不得据有土地以树立其经济基础,这便是井田制度的精神。井田制度不是土地私有制而是土地的阶级独占制。
>
> 土地的阶级独占制是中国土地税法的基调。无论是贡助彻,或是租庸调,或是两税法,都不外是庶人依土地或户口而纳租税或出劳力,以资给国家,而所谓国家者,在古代为贵族的私有物,在后世为士大夫的独占品。

进而,他认定:"春秋战国时期,贵族政治一变为官僚政治,贵族阶级被代替于士大夫阶级。""我们由《史记》可以看出商业资本主义的发达,同时可以看得出土地私有制度的完成。"[1]

---

[1] 陶希圣:《从中国社会史上观察中国国民党》,《新生命》第 1 卷第 9 号,1928 年;收入钟离蒙、杨凤麟主编《中国现代哲学史资料汇编》第 2 集第 5 册《中国社会史论战(下)》,辽宁大学哲学系内部出版,1982 年,第 25 页。

　　李麦麦（刘胤）认为西周和东周初年完全是自然经济占统治。封建经济的基础是所谓井田。井田制之发生，应当是中国的氏族社会崩溃的结果。氏族分解，产生农村公社。此时的土地还不是各个家庭的私有财产，而是整个公社的公产。此种公社之破坏是在商品生产和土地私有财产发生之后。中国封建时代的经济形式除了井田以外，还有两种经济形式，便是直接剥削农奴劳动的采邑经济和剥削农民生产品的佃租和小农经济。他也对孟子的井田说做了解释。他认为，孟子所说"方里而井，井九百亩，其中为公田，八家皆私百亩"这段话，不能太信以为真，也不能说全是虚构。原来公社制度只在氏族社会末期，它是保护公社社员利益的，一到了封建时代，特别是封建的末期，因为商业的发达和地主剥削农民的加深，此种公社组织有时成为地主的榨取机关，在与地主的利益相冲突时，地主便要求废去公社制而代以土地私有制或农奴公社制。孟子因为要反对当时封主破坏公社，对于公社不免多少加了一些润饰。[1]

　　梁园东认为西周是封建社会。他认为封建社会所行使的是等级支配制。自天子至于庶人对于土地的所有，虽有邦国采邑五亩之宅的分别，然大的小的都各有其支配权。"普天之下莫非王土"，天子是最大的地主了。诸侯在自己国内，却又是自为地主。至于大夫

---

　　[1]　李麦麦：《中国封建制度之崩溃与专制君主制之完成》，《读书杂志》第1卷，第11、12期合刊，1932年；见钟离蒙、杨凤麟主编《中国现代哲学史资料汇编续集》第13册《社会史和社会性质论战（上）》，辽宁大学哲学系内部出版，1984年，第274—278页。

家臣分别有采邑食邑,在其庄园内也各自为主人。下至农奴也各有私田,在受耕的期间也是私有制。所以封建时代的各等级,都互相隶属,而互有一点支配权。有这种支配权的,对上层阶级都有服役纳贡赋的义务,这也是互为隶属互有支配权的表现。这种等级支配制,也就是等级的隶属关系,在春秋战国间全部动摇,到秦后完全破除。[1]

王伯平《中国古代社会研究之发轫》认为,奴隶制度不能列作社会进化的一个独立阶段。奴隶制度在中国没有存在过。因而,他认为井田制是氏族公社瓦解后的农村公社,与德国之马克、俄国之米尔是类似的历史事实。[2]

参加社会史论战的还有所谓的"自由马克思主义者",如胡秋原等。在古代社会阶段的划分上,胡秋原认为西周是封建社会的形成期,战国时代已是封建社会与专制主义社会之过渡期。对于井田制,胡秋原持肯定态度。他认为,井田制、农村公社制不仅是可能的,而且是由氏族社会到封建社会之必经桥梁。他说:

由各国的社会史看来,农村公社实存在于各国封建时代的

---

[1] 梁园东:《中国社会各阶段的讨论》,《读书杂志》中国社会史论战专号第3辑,1932年;见钟离蒙、杨凤麟主编《中国现代哲学史资料汇编续集》第14册《社会史和社会性质论战(下)》,辽宁大学哲学系内部出版,1984年,第169页。

[2] 王伯平:《中国古代社会研究之发轫》,《读书杂志》中国社会史论战专号第3辑,1932年;见钟离蒙、杨凤麟主编《中国现代哲学史资料汇编续集》第14册《社会史和社会性质论战(下)》,第202页。

初期。孟子、《王制》所言,是将理想的井田制看作农村公社的
理想化,不必怀疑……这是到封建制必经之过程,只有经过这
种形式才能蓄积封建社会初期之剩余生产物,而巩固封建国
家。这是农奴制初期,剥削得不现痕迹。

他认为,中国之井田制应为殷代之物,朱子谓商人始为井田之制是
可信的。至于周代实行的乃是班田制度,完成了封建的土地国有。
商鞅之废井田开阡陌者,是确定土地私有及土地买卖权。[1]
　　胡秋原在另一篇文章中,又对商鞅的田制改革做了说明:

　　　　商鞅废井田者,即是废止这农村公社制度之意,所谓"阡
陌",正如朱子所解释的井田"经界"之意,"开"非"开置",实即
废除,盖使"地皆为田,田皆出税"(《开阡陌辩》见《通考》)。
这样就是承认田地私有了。在以前,当然非绝无土地私有,但
只有使用权,而领有权尚未明定于法制,而商君乃在法制上奖
励土地之私有而已。[2]

　　[1]　胡秋原:《中国社会＝文化发展草书》,《读书杂志》1933 年第 3 卷第 3、4
期;该文节选本见钟离蒙、杨凤麟主编《中国现代哲学史资料汇编续集》第 13 册《社
会史和社会性质论战(上)》,辽宁大学哲学系内部出版,1984 年,第 33—36 页。
　　[2]　胡秋原:《专制主义论——专制主义之理论与中国专制主义之实际》,《读
书杂志》1932 年第 2 卷第 11—12 期,见钟离蒙、杨凤麟主编《中国现代哲学史资料
汇编续集》第 13 册《社会史和社会性质论战(上)》,第 66 页。

周谷城描述了土地私有制的发展阶段。他认为,土地私有制并不是成于一朝,乃经长期的历史渐渐演成的。可分为四个阶段:一曰绝对公有的阶段,二曰半公有半私有的阶段,三曰私有的阶段,四曰土地兼并的阶段。半公有半私有的制度,乃继绝对公有制之后,因应环境而产生。所谓半公有半私有,乃土地所有权归公,使用及收益权归私的意思。这样的制度,与中国历史上的井田制度相当。中国究竟有无井田制,就社会进化的事实推论,可以断定为有此种制度,不过始于何时,终于何时,很难确定。中国之井田制,或半公有半私有制在历史上占据一个时期,起而代兴者,是完全的土地私有制。[1]

康生以生产技术和生产工具的发展为标准划分中国古代社会。他认为,中国神农以前的社会可叫作原始共产社会,由神农以至唐虞之间可叫作氏族共产社会,由虞夏以至于周可叫作封建社会。他认为井田制度是氏族共产社会的组织。他说:

> 然则当时的氏族共产社会既属农耕,究竟是怎样的组织。
> 大概就是井田制度。兹据世界经济史比较的研究,就越发明
> 白。考井田是方里而井,井九百亩,其中为公田,八家皆私百
> 亩,这本是儒家所说的。但这一个制度的原起,却不在儒家宣

[1] 周谷城:《现代中国经济变迁概论》,《读书杂志》中国社会史论战专号第3辑,1932年;见钟离蒙、杨凤麟主编《中国现代哲学史资料汇编续集》第14册《社会史和社会性质论战(下)》,辽宁大学哲学系内部出版,1984年,第21—22页。

传的封建时代,而是氏族共产社会时代,这里所谓私百亩的私,当然不是私有权的私,只是用益权的私,因为民年到二十是受田,到六十是要归田的。

他还征引了斯拉夫人的密尔(Mir)制度和日耳曼人的马克(Marks)制度来证明中国井田制,并断定虞夏是氏族共产社会的终局,是封建社会的开始。[1]

从上述介绍可以看到,1930—1940年代的土地制度史研究主要集中在井田制问题上。对于秦汉以后的土地制度史,研究者似乎有一个不言而喻的前提认识,即地主占有土地及租佃制盛行。对秦汉以后的历史阶段,聚讼的问题主要在于秦汉以降的中国社会到底是一个怎样的社会,而论证的重点在于商业或商品经济的发展程度。这造成了土地制度史研究偏重于井田制的状况。而且,土地制度史并不是社会史论战中的焦点,当时的注意力更多地集中于阐明中国古代社会的发展阶段和性质。土地制度史的研究一般是和社会性质的论定紧密关联在一起的,但基本上不构成独立的研究内容,也未对土地制度史展开详尽、深入的探讨。

自1920年代初"井田制有无"论争之后,受胡适否定井田制存在的影响,井田制一度被视为虚构的乌托邦。到了1930年代的社

---

[1] 康生:《中国社会的蠡测》,《新生命》第1卷第16号,1928年;见钟离蒙、杨凤麟主编《中国现代哲学史资料汇编续集》第14册《社会史和社会性质论战(下)》,辽宁大学哲学系内部出版,1984年,第43—45页。

会史论战,这种情况发生了逆转。井田制的存在被普遍认同,并用来说明中国古代社会的性质。郭沫若经过深入考察,改变了他最初认为井田制不存在的看法,将井田制视为殷周奴隶社会生产关系的基础。吕振羽和王亚南认为井田制是周代封建制的生产基础。侯外庐认为井田制是氏族贵族所有制。陶希圣认为井田制度是原始共产制度的一种。李麦麦(刘胤)也主周代封建说,认为封建经济的基础即是井田制。胡秋原认为井田制即农村公社制,是由氏族社会到封建社会之必经桥梁。康生认为井田制度是氏族共产社会的组织。可以看出,造成各家对井田制看法各异的原因,主要乃是在于他们对中国古代社会发展阶段的不同估定。

1930—1940 年代占据史坛主导地位的是史料(考据)派,这一派深受胡适方法论的影响,强调史料辨伪和史事考订。缺陷也在于拘泥于琐细考证,只有消极怀疑,没有积极建设。正是这一点在社会史论战中遭致了各方批判。郭沫若《中国古代社会研究》序言云:

> 胡适的《中国哲学史大纲》,在中国的新学界上也支配了几年,但那对于中国古代的实际情形,几曾摸着了一些儿边际?社会的来源既未认清,思想的发生自无从说起。所以我们对于他所"整理"过的一些过程,全部都有重新"批判"的必要。
>
> 我们的"批判"有异于他们的"整理"。
>
> "整理"的究极目标是在"实事求是",我们的"批判"精神是要在"实事之中求其所以是"。

　　"整理"的方法所能做到的是"知其然",我们的"批判"精神是要"知其所以然"。

　　"整理"自是"批判"过程所必经的一步,然而它不能成为我们所应该局限的一步。

社会史论战的另一代表人物李季也在《中国社会史论战批判序言》中批评道:"'俟河之清,人寿几何?'大家已经明白看出胡博士所领导的这一派人只能运用唯心而又浅薄的实验主义,做做校勘的工作,至于建设信史的责任不是他们所能担负的。"[1]社会史论战的兴起,不仅是因为1930年代社会实践要求从历史的源头上辨明近代社会性质,也是近代史学发展的内在逻辑所致。井田制也正是在"建设信史"的背景下被重新肯定。

　　中国史学近代化中一个基本趋向是"科学化"。1920年代胡适等人倡导的"科学方法"代表了在方法论上追求"科学化"的一种努力。到了1930年代,一般史学工作者已不满于停留在方法和史实层面,他们要揭示历史发展的规律,要使史学成为一门具备法则的"科学"。其努力的方向就是借鉴社会科学的理论来阐明中国社会历史的一般规律。马克思主义作为近代社会科学的集大成者,受到论战各方的普遍注意。在论战中大都以马克思主义唯物史观来论

　　[1]　李季:《中国社会史论战批判序言》,钟离蒙、杨凤麟主编:《中国现代哲学史资料汇编续集》第13册《社会史和社会性质论战(上)》,辽宁大学哲学系内部出版,1984年,第247页。

证中国社会的发展阶段。当然,马克思主义史家和非马克思主义论者在动机上和对经典理论的理解上,有着本质的差别。

随着社会史论战的进行,论战的缺点也逐渐暴露出来。论战中,各方都存在教条化、公式化的倾向,往往以理论代替作为讨论的前提,忽视了对中国历史实际的具体分析,社会史被"非史化"。为了弥补这一不足,有的学者开始注重史料的研究,为判明中国古代社会性质寻求史料的佐证。郭沫若以其深厚的文字学功底研究甲骨卜辞和青铜铭文,先后出版了《卜辞通纂》《两周金文辞大系图录考释》等书,为他的中国古代社会研究夯实了史料基础。值得一提的还有《食货》杂志,该刊是第一本"中国社会史专攻刊物",发表了大量社会经济史的论文;[1]注重材料的搜求和研究,代表了新兴的中国社会经济史的一种新趋向。

随着社会经济史的兴起,也出现了中国土地制度史的贯通性著作。如陈登原《中国土地制度》、万国鼎《中国田制史》、徐士圭《中国田制史略》等,大略是史料的排衍。对此,将在后文述及。

三、1949年以后的土地制度史研究

新中国成立后的土地制度史研究以1970年代末为界,分为两个阶段。第一阶段是土地制度史研究的深入开展阶段(1950、1960

---

[1] 陶希圣:《编辑的话》,《食货》第1卷第1期(创刊号),1934年。

年代）。1949 年马克思主义史学占据了主导地位。经过学习和思想改造，绝大多数史学家接受了马克思主义史学思想，并将之运用到史学实践中。1950、1960 年代展开的封建土地所有制形式的讨论就一定程度代表了这种努力。土地所有制形式是作为中国历史研究的重大问题之一提出并展开的，成为所谓的"五朵金花"中的一朵，其目的是为了最终"解决"中国古代历史的分期，以及封建国家、地主和农民的关系问题。在当时学者看来，在一定历史阶段里有什么样的生产资料（土地）所有制，就有什么样的生产关系下的对劳动力和劳动产品的支配制度；认识这一点，对认识封建社会阶级斗争的形式和发展具有非常重要的意义。正是在这样的背景下，土地所有制形态在学术界引起了广泛的关注和讨论。在研究中普遍以马克思主义理论为指导，是新中国建立后土地制度史研究最主要和最基本的特征，但是也出现了以论带史的风气。

关于封建土地所有制形式问题，主要分歧在于封建土地国有制和地主土地所有制何者占统治的、支配的地位。

侯外庐首先提出了封建土地国有制说。《历史研究》1954 年第 1 期发表了侯外庐《中国封建社会土地所有制形式的问题》一文，从而引发了对土地制度史的热烈讨论。在文中，他认为："中国中古封建是以皇族地主的土地垄断制为主要内容，而土地私有权的法律观念是没有的。这里所谓法律观念是指所有权在法律上的规定，至于法律之外的事实如由于特权而得到的占有权，是另外一件事。"他依据马克思关于亚细亚没有土地私有权的论断，认为中国的最高地主就是皇族地主,也即马克思指的"国家(例如东方专制帝王)",或"君王是主要的土地所有者"。秦汉以来这种土地所有制形式是以一条线贯串着全部封建史的,居于支配的地位。这种主要的土地所有制形式,是和许多领主占有制以及一定的私有制并存的。首先是豪强地主的"占有权",其次是农民当作自己土地的"使用权",甚至有一定的土地买卖权。他认为在中国封建社会史上,皇族土地所有制形式分作两个阶段,前一阶段从秦汉起到唐代开元、天宝之末,后一阶段从唐代安史之乱到清初。前一阶段的这种土地所有制是以军事的政治的统治形式为主,汉之垦田、屯田、公田、营田是不完全制度化的,魏晋屯田、占田以至北魏、北齐、北周、隋、唐的均田是制度化的。后一阶段的这种土地所有制是以经济的所有形式为主(军事屯田除外),唐中叶两税制开其端,至宋、元、明的宫田、皇田、官庄、皇庄是制度化的。前者是以实物地租为外表而实质上以劳役地租为主要的形态,垦田屯田则是劳役地租形态;后者是以实物地租为主要的形态,并配合着屯田制度的劳役地租形态。

接着,在1956年发表的《论中国封建制的形式及其法典化》中,侯外庐分析了从古代的奴隶制怎样转化而为中世纪的封建制,中国的封建化过程及其特殊的转化路径。他把中国中世纪封建化的过程划在战国末以至秦汉之际。他认为农业和家庭手工业的结合形式,既是东方封建制的生产方式的条件,又是巩固东方专制政治的基础,是中国封建制生产方式的广阔基础。在该文中,侯外庐还阐述了秦汉时代土地国有制的法典化过程。他认为,汉代土地所有制的支配形式是土地国有制,皇帝是最高的土地所有者。在秦始皇时,已有"六合之内,皇帝之土"的法律形式的规定。在汉代土地国有的形态之下,握有土地占有权的是封建贵族与豪强地主。前者是在军事体制的影响下产生的,而此种制度可溯源于秦的法令;后者是由六国旧贵族转化而来,相当于身份性地主,但他们的土地占有权是在法律上受限制的。在土地国有形态之下,人民的财产和劳动人口须要经国家来"占"的,因此,土地私有的法律观念的缺乏,是东方世界的特点。汉代"专地盗土"的科条和户口组织的法令即意味着土地国有制形式的法典化。秦汉制度为中世纪社会奠定了基础。[1]

1959年侯外庐又发表了《关于封建主义生产关系的一些普遍原理》,对封建的土地所有权和资本主义的自由的土地私有权,以及封建的土地所有权、占有权、使用权做了区别,指出封建的所有权的历史特点,是"非运动的"土地所有权,而不是"运动的"土地所有权或自由的土地私有权。这是属于封建主义普遍规律的原理。中世纪,私有财产就不具有"真正的私有权"性质,而实质上是特权、例外权的同义语,封建的土地占有者,即领主或特权的品级地主,他的占有权是和他的政治的、社会的权力结合在一起的。中国封建主义在土地权力上的品级结构,首先是依法律的虚构而受命于天的君主的名器,是所谓传统式的"普天之下,莫非王土"的最高主权作为最

---

[1]　侯外庐:《论中国封建制的形式及其法典化》,《历史研究》1956年第8期。

高地主(即主权者)的皇权。其次,宝塔式的地主对土地的占有是
通过各种名分的赐予才取得相对合法的权力,而这种相对合法的权
力又基于家族、门第、身份、勋爵,等等。他们是身份性地主或品级
性地主。农民处于封建的依附性和隶属性的政治条件之下,只有土
地占有权而没有土地所有权。[1]

主张封建土地国有制占主导地位的还有贺昌群、韩国磐等人,
但他们不同意侯外庐所说的"以一条红线贯串着明清以前的全部封
建史",认为其只在汉唐时期占支配地位。

贺昌群从汉代"重农抑商"的经济政策入手,分析了两汉土地
国有制和地主土地私有制的消长变化,他认为汉初社会是建筑在占
有生产资料的地主阶级对于被剥夺了生产资料的直接生产者农民
阶级实行剥削的基础上的,地主和农民两大阶级之间的矛盾是当时
社会上的基础矛盾。武帝时,豪强兼并势力对封建专制政权构成了
严重的威胁,汉政权采取措施打击地主豪强、富商大贾的势力,六国
以来强宗大族的土地,与富商大贾及新兴大地主所占有的土地,同
时陆续转入汉天子之手而为封建的土地国有形式。武帝时代,汉天
子掌握了遍布全国的大量公田,是形成封建专制主义中央集权的重
要物质条件。[2] 从汉初到唐玄宗的九百多年间的封建土地所有制
形式,如一条红线贯穿着,是以公田制为基础的封建国家土地所有

[1]　侯外庐:《关于封建主义生产关系的一些普遍原理》,《新建设》1959年第
4期。

[2]　贺昌群:《论西汉的土地占有形态》,《历史研究》1955年第2期。

制占主导地位,均田、屯田、占田、名田、限田等田制、田令的规定,都是建筑在这个基础之上的。这个时期各时代的历史发展虽然有差异,但作为经济关系的基础的封建土地国家所有制形式是始终贯穿着的。一直到安史之乱以后,两税法施行,才逐渐改变或缩小了它的形态。[1]

韩国磐认为在中国封建社会中确实存在着土地国有制,魏晋隋唐时还处于支配地位。韩国磐论述从西晋占田制和北魏隋唐的均田制,证明都是封建的土地国有制。并由《敦煌户籍残卷》中"除少数'自田'外,无不向封建国家受田",证明均田制被破坏后的大顺二年(891)"各户土地也都是受之于封建国家的"。地主占有广大田产的大土地占有制,也是一种私有,不过是在国有制前提下的私有。[2] 韩国磐在另一篇论文中还说:"均田制下官僚地主们对土地只有占有权。……至于一般农民,那只是从封建国家那里授予份地而已。到唐中叶,均田制破坏而庄园发达起来,……在庄园土地占有形态下,封建土地国有制并没有解体,……以另一种皇庄的形式出现。"[3]

李埏基本赞成侯外庐的观点,但认为侯外庐的"皇族土地所有制"提法是不够确切的,把"国家""专制帝王""君王"和"皇族"等

---

[1]　贺昌群:《汉唐间封建国家土地所有制和均田制》,见氏著《汉唐间封建土地所有制形式研究》,上海人民出版社,1964 年,第283—284 页。

[2]　韩国磐:《关于中国封建土地所有制的几点意见》,《新建设》1960 年第5 期。

[3]　韩国磐:《从均田制到庄园经济的变化》,《历史研究》1959 年第5 期。

概念等同起来了。李埏分析了封建土地国有制和封建土地占有制（或大土地占有制）的区别,指出封建专制帝王具有二重性:一方面,他是封建国家的唯一代表,握有无限的权威,和"国家"可以说是同义语;另一方面,他又是一个大土地占有者,和其他权贵一样,私人占有大量土地。专制帝王"私有主"的性质是可以和他的封建国家代表的性质明显地区别的。在我国历史上,封建的土地国有制、大土占有制、大土地所有制、小农土地所有制和残余的村社所有制长期并存,其中,大土地所有制"是我国封建社会构成的主要基础"。大土地占有制是在大土地国有制的范围内存在的。他致力最多的研究则集中于土地国有制,并且从理论上建立了土地国有制的明确概念与特征,修正了侯外庐的皇族土地所有制论。有论者将侯、李并称为"土地国有制派","经过李埏先生的论证后,更进一步肯定了国有土地占主要地位的论点的正确性"[1]。

　　针对把地租的占有视为封建地主土地私有权标志的看法,李埏分析说,不能把地租看作土地所有权实现自己的唯一形态,从地租的占有固然可以看到土地所有权,但从土地所有权却不一定能看到地租。假如土地所有权是在独立的自耕农民手里,那么他的剩余劳动或剩余产品就归他自己所有,地租就不出现。由此,封建的土地所有制和占有制就可以判别了:假如拥有土地的人们,能够把他们

---

　　[1]　朱绍侯:《关于中国封建土地所有制问题的讨论》,《史学月刊》1957 年第 4 期。

拥有的土地"当作他们的私人意志的专有领域",能够独占地、排他地支配它,那么,他们就是土地所有者,而这种土地占有形式就是"土地所有制";反之,假若他们虽然拥有土地,但不能对土地具备这样的支配能力,那么,他们就只能是土地的占有者——而这样的土地占有形式就是"土地占有制"。[1]

更多的学者主张中国封建社会是地主土地私有制占支配地位。其中,胡如雷、侯绍庄的看法比较有代表性。

胡如雷《试论中国封建社会的土地所有制形式》,从地租分配、阶级斗争、资产阶级民主主义革命与土地改革等方面肯定了地主土地所有制的支配地位。他认为地主对于土地不仅有占有权而且有所有权,这种所有权在我国封建社会占有支配地位,因为地主是剩余生产物的最主要占有者。从赋税的分配中,也可看出地主土地所有制的支配地位。由于地主政权是代表整个地主阶级来统治与剥削农民的,所以它所征收的赋税也就成了整个地主阶级所占有的地租。军费和行政费的开支是为了维持全部地主阶级的国家机器。从秦汉以后的阶级斗争中,也可看出我国封建土地所有制的支配形态是地主土地所有制,因为当时的阶级存在及阶级斗争是与生产关系密不可分的,农民起义主要打击的是封建地主阶级。胡如雷推论说,如果肯定皇族土地所有制或国家土地所有制的支配地位,那就

---

[1] 李埏:《论我国的"封建的土地国有制"》,《历史研究》1956 年第 8 期;见南开大学历史系中国古代史教研组编《中国封建社会土地所有制形式问题讨论集》上册,生活·读书·新知三联书店,1962 年,第 47—79 页。

必然认为,随着代表封建势力的地主政权的推翻,占支配地位的封建土地国有制也就消灭了。在这种说法的基础上,必然得出这样的错误结论:土地改革运动所消灭的只是封建残余而已,并非我国主要的封建剥削基础。那就必然要降低伟大土地改革运动的反封建意义,这种错误的论断既是违反历史事实及其发展规律的,也是对新民主主义的革命实践有害的。[1]

胡如雷在《试论中国封建社会的土地所有制形式》一文中认为封建社会自耕农民的土地也是具有国有性质的,农民只有占有权和使用权。对这一看法,侯绍庄提出不同意见。他指出从土地所有权上看来,自耕农在中国封建社会曾长期地存在着,它和封建的土地国有制下,从封建国家的手中分得一块"份地"的国家佃农是有区别的。侯绍庄还从地租与课税角度将两者做了区分。他认为,将土地国有制下面农民所缴纳的地租和自耕农民所受超经济的赋税剥削混为一谈,将封建社会中的依附农民和自耕农对土地的支配权力相提并论,这是不正确的。[2] 胡如雷接受了他的意见,进而指出:"侯绍庄先生肯定自耕农土地的私有性质就更有力地证明了,皇族土地所有制或国家土地所有制在我国历史上并不占支配地位,只有

---

[1] 胡如雷:《试论中国封建社会的土地所有制形式》,《光明日报》1956 年 9 月 13 日;见南开大学历史系中国古代史教研组编《中国封建社会土地所有制形式问题讨论集》上册,第 21—36 页。

[2] 侯绍庄:《试论我国封建主义时期的自耕农与国家佃农的区别》,《光明日报》1957 年 1 月 3 日;见南开大学历史系中国古代史教研组编《中国封建社会土地所有制形式问题讨论集》上册,第 37—46 页。

地主土地所有制才是我国封建社会的主要基础。"[1]

束世澂认为中国封建社会是有地主土地所有制的。他反驳封建土地国有制的论点,不同意使用"封建土地国有制"这一名词,尤其不同意侯外庐关于"皇族土地所有制"的提法,主张不能把中国的封建制特殊化起来。他认为从土地的性质看,皇庄、官庄是私有制;屯田、营田、课田属于国家占有制;公田、官田则一部分国家并不占有;王田、均田则属共有制范畴。[2]

高敏认为封建社会始终存在着土地私有制。如果没有土地私有制,就等于否定了封建社会有阶级的存在,封建社会剥削关系的实质即无从谈起,农民阶级反对地主阶级的斗争将不可理解。另外,如果没有土地私有制,即无法解释我国封建社会大量存在的土地买卖的事实和地租与课税的实际情况,也无法解释我国唐宋之际农民起义的特点。[3]

杨志玖认为土地国有制不是封建社会占支配地位的土地所有形态。春秋以前是以公社为基础的国家土地所有制——"井田制"。春秋战国期间,牛耕铁器的应用,商业发展,土地买卖,新兴地主出现,农民以佃农身份在地主的土地上耕种,土地私有制形成。

[1] 胡如雷:《试论中国封建社会的土地所有制形式》,见南开大学历史系中国古代史教研组编《中国封建社会土地所有制形式问题讨论集》上册,第36页。

[2] 束世澂:《论封建社会中土地国有制问题》,《华东师大学报(人文科学版)》1957年第4期。

[3] 高敏:《我国封建社会没有土地私有制吗?》,《光明日报》1960年3月31日。

秦汉时虽有"王田"国有制传统的存在,但土地私有制也在发展,"皇帝对私有权是不能触动的"。唐代均田制在法律上或名义上还是土地国有制,不过,"它仍然没有触动原来土地所有者的所有权",而"对土地买卖的限制较前放宽了,土地的私有性也越来也越大了";"均田制的破坏可以看作土地国有制传统的彻底消灭和土地私有制占绝对支配地位";"从均田制破坏后,再也没有在全国土地上实行土地国有制的事实"。[1]

对中国封建社会土地所有制形式问题有这样大相径庭的看法,主要原因是学者们对马克思主义经典理论的理解不同所造成的。有论者认为:"土地所有制形式的争议,首先反映了对土地所有权性质与内涵理解的分歧,特别是对马克思、恩格斯关于'东方''亚细亚'土地制度的理解分歧。其中对'主权''所有权''特权'等用语的认识,尤其不同。此外,人们对中国古代土地制度史料的掌握和分析,恐怕也是一个关键性的问题。"[2]在此,有必要对他们之间在理论上的主要分歧做一介绍。

第一,对马克思主义经典作家关于"亚细亚""东方"社会特征的论述有不同理解。

马克思在《资本论》第 3 卷写道:"如果不是私有土地的所有

[1] 杨志玖:《关于中国封建社会土地所有制的理论和史实问题的一般考察》,载南开大学历史系中国古代史教研组编《中国封建社会土地所有制形式问题讨论集》上册,1962 年,第 183 页。

[2] 郭正忠、魏林:《中国经济史》,《中国历史学四十年》,书目文献出版社,1989 年,第 411 页。

者,而像在亚洲那样,国家既作为土地所有者,同时又作为主权者而同直接生产者相对立,那末,地租和赋税就会合为一体,或者不如说,不会再有什么同这个地租形式不同的赋税。在这种情况下,依附关系在政治方面和经济方面,除了所有臣民对这个国家都有的臣属关系以外,不需要更严酷的形式。在这里,国家就是最高的地主。在这里,主权就是在全国范围内集中的土地所有权。但因此那时也就没有私有土地的所有权,虽然存在着对土地的私人的和共同的占有权和使用权。"[1]他还指出:"这种观念,这种关于土地自由私有权的法律观念,在古代世界,只是在有机的社会秩序解体的时期才出现;在现代世界,只是随着资本主义生产的发展才出现。在亚洲,这种观念只是在某些地方由欧洲人输入的。"[2]恩格斯也有相似的观点:"不存在土地私有制,的确是了解整个东方的一把钥匙。这是东方全部政治史和宗教史的基础。"[3]

　　这种论断成为封建土地国有制论者的理论出发点。侯外庐说:"马克思和恩格斯也曾提示过,自由的土地私有权的法律观念之缺乏,土地私有权的缺乏,甚至可以作为了解全东方世界的真正关键。政治和宗教史的根源都在这里。"[4]

　　封建地主土地所有制论者则指出,马克思所说的"亚细亚"和

---

[1]　马克思:《资本论》第 3 卷,第 891 页。

[2]　马克思:《资本论》第 3 卷,第 696 页。

[3]　《马克思恩格斯全集》第 49 卷,人民出版社,2016 年,第 421 页。

[4]　侯外庐:《中国封建社会土地所有制形式的问题》,见南开大学历史系中国古代史教研组编《中国封建社会土地所有制形式问题讨论集》上册,第 1—20 页。

"整个东方"是有一定地理范围的,是"由撒哈拉横贯阿拉伯、波斯、印度、鞑靼直至亚洲最高高地的大沙漠地带",并不一定包括中国在内。[1]

侯绍庄认为马克思在这里所指的是古代东方奴隶制社会农村公社的情况,而不是指的封建社会下的情况。[2]

田泽滨也认为,马克思主义经典著作中谈到的"亚细亚"或"东方"是包括古代中国在内的,但作为历史范畴而言,马克思通常是将"亚细亚"或"东方"一词与"古典的古代"并列的,它们都属于奴隶制社会的范畴。因此不能将这种理论用之于封建社会。[3]

第二,地租与所有权问题。

马克思指出:"不论地租有什么独特的形式,它的一切类型有一个共同点:地租的占有是土地所有权借以实现的经济形式,而地租又是以土地所有权,以某些个人对某些地块的所有权为前提。"又说:"地租是土地所有权在经济上的实现,即不同的人借以独占一定

---

[1] 华山:《关于我国封建社会土地所有制的一些意见》,见南开大学历史系中国古代史教研组编《中国封建社会土地所有制形式问题讨论集》上册,第236页;杨志玖:《关于中国封建社会土地所有制的理论和史实问题的一般考察》,见南开大学历史系中国古代史教研组编《中国封建社会土地所有制形式问题讨论集》上册,第184—188页。

[2] 侯绍庄:《试论我国封建主义时期的自耕农与国家佃农的区别——和胡如雷先生商榷》,见南开大学历史系中国古代史教研组编《中国封建社会土地所有制形式问题讨论集》上册,第44页。

[3] 田泽滨:《关于中国封建土地所有制讨论中的几个理论问题》,见南开大学历史系中国古代史教研组编《中国封建社会土地所有制形式问题讨论集》上册,第279页。

部分土地的法律虚构在经济上的实现。"[1]这段论述成为土地所有制讨论中的一个理论支点。

封建地主土地所有制论者认为封建地主土地私有权与封建地租是紧密相连的,他们以地租的占有来判明中国封建土地所有制中占支配地位的是地主土地所有制。胡如雷认为,因为中国封建社会的剩余生产物绝大部分是当作私租归地主阶级占有的,所以,应当肯定地主对于土地不仅有占有权而且有所有权,尤其应当肯定这种所有权在我国封建社会中占支配地位。[2]

李埏则指出,我们从地租的占有固然可以看到土地所有权,但从土地所有权却不一定能看到地租。假如土地所有权是在独立的自耕农民手里,那么他的剩余劳动或剩余产品就归他自己所有,地租就不出现;反之,若是不在他手里,那么他的剩余劳动或剩余产品就在"地租"的名义之下为土地所有者占有了。[3] 因此,土地占有形式分为两种:土地所有者占有土地的形式,即"土地所有制";拥有土地而不具备最终支配土地能力者占有土地的形式,即"土地占有制"。在此基础上明确区分了土地国有制与大土地占有制之间的差异。

---

[1] 马克思:《资本论》第 3 卷,第 714、715 页。

[2] 胡如雷:《试论中国封建社会的土地所有制形式——对侯外庐先生意见的商榷》,见南开大学历史系中国古代史教研组编《中国封建社会土地所有制形式问题讨论集》上册,第 24 页。

[3] 李埏:《论我国的"封建的土地国有制"》,见南开大学历史系中国古代史教研组编《中国封建社会土地所有制形式问题讨论集》上册,第 50 页。

　　韩国磐举例说,豪强地主占取或假借公田,历代官吏的菜田、禄田、职田、公廨田,租与农民,收取地租,这些人也没有土地所有权。因此,由地租的占取来说明土地所有权会遇到难以自解的困难。[1]

　　第三,关于土地买卖与土地所有权关系的问题。

　　马克思说:"土地所有权的前提是,一些人垄断一定量的土地,把它作为排斥其他一切人的、只服从自己个人意志的领域。"又说:"法律观念本身只是说明,土地所有者可以像每个商品所有者处理自己的商品一样去处理土地。"[2]

　　恩格斯说:"完全的、自由的土地所有权,不仅意味着不折不扣和毫无限制地占有土地的可能性,而且也意味着把它出让的可能性。"[3]

　　列宁说:"这种私有制的真正自由,没有土地买卖的自由是不行的。"[4]

　　侯外庐认为自由的土地私有权这一历史形态是古典的古代和近代的土地所有权的形态,而不是封建的土地所有权的形态。封建社会的土地买卖,以形式的不平等(超经济的)为依据,是"安定的

　　[1] 韩国磐:《关于中国封建土地所有制的几点意见》,见南开大学历史系中国古代史教研组编《中国封建社会土地所有制形式问题讨论集》上册,第320—321页。

　　[2] 马克思:《资本论》第3卷,第695、696页。

　　[3] 恩格斯:《家庭、私有制和国家的起源》,《马克思恩格斯选集》第4卷,人民出版社,1995年,第167页。

　　[4] 列宁:《社会民主党在1905—1907年俄国第一次革命中的土地纲领》,《列宁全集》第13卷,人民出版社,1972年,第291页。

垄断",即是如马克思所说的缺乏"自由的私有权"的表现,同时又是土地所有权依于军事的以及行政的特权的表现。中世纪的土地买卖还是在不同程度上和各种形式上受到法律的限制。封建社会的土地买卖是诡诈买卖,是利用特权巧取豪夺而来。土地和特权联结在一起,领地被禁止出卖。如果没有同时取得特权的地位,实质上便没有土地的权力。不能从表面上的现象,就渲染已经确立了所谓土地私有权。[1]

贺昌群认为所谓经过买卖的土地私有,只是在封建法律底下承认的,而封建法律是统治者所订。没有皇权承认的土地买卖是不允许的、非法的、不能成立的。[2]

田泽滨肯定了经买卖而来的土地私有权。他认为战国以来,过去"田里不鬻"局面改变为"民得买卖",这是土地私有权的具体表现。土地买卖须凭官府的"文券""文牒"才算合法,这一点并不意味着国家是土地的所有者,它不过是封建社会的某些"装饰品和混合物"而已。[3]

华山认为商鞅变法,"废井田,民得买卖",标志着地主土地所

[1] 侯外庐:《关于封建主义生产关系的一些普遍原理》,《新建设》1959 年第 4 期。

[2] 贺昌群:《关于封建的土地国有制问题的一些意见》,见南开大学历史系中国古代史教研组编《中国封建社会土地所有制形式问题讨论集》上册,第 251—252 页。

[3] 田泽滨:《关于封建土地所有制问题的商榷——对贺昌群先生〈关于封建的土地国有制问题的一些意见〉一文的意见》,见南开大学历史系中国古代史教研组编《中国封建社会土地所有制形式问题讨论集》上册,第 270 页。

有制的兴起，而完整的国有制从此遭到破坏。自从唐代均田制被破坏之后，土地买卖就再也没有限制了，私有制就占了主导地位。[1]

第四，关于如何看待国家主权对土地私有权的干预的问题。

马克思说："土地所有权的前提是，一些人垄断一定量的土地，把它作为排斥其他一切人的、只服从自己个人意志的领域。"[2]他在《黑格尔法哲学批判》中写道："私有财产的真正基础即占有，是一个事实，是不可解释的事实，而不是权利。只是由于社会赋予实际占有以法律的规定，实际占有才具有合法占有的性质，才具有私有财产的性质。"[3]

侯外庐认为，土地私有的法律观念的缺乏是东方世界的特点。君主是主要的土地所有者，豪族地主只有占有权。豪族地主从最初就是不合法的占有者，因为他们在一定的条件之下是和皇族地主的土地所有制相矛盾的，当他们威胁到皇帝政权的时候，他们的财产就可能被没收。豪族的土地占有权是不固定的，他们的土地占有权是在法律上受限制的。政府对占田逾制的豪族地主阶级常常加以处罚。[4]

贺昌群认为封建社会中皇帝是最高的地主，作为国家权力的代表，对任何人的生命、财产有充分的生杀予夺之权。田宅可以随时

[1]　华山：《关于我国封建社会土地所有制的一些意见》，第240页。

[2]　马克思：《资本论》第3卷，第695页。

[3]　《马克思恩格斯全集》第1卷，人民出版社，1972年，第382页。

[4]　侯外庐：《论中国封建制的形式及其法典化》，《历史研究》1956年第8期。

"没官"，皇帝的赐田可以随时收回。封建社会的君权是绝对的，土地私有只是相对的，这种土地私有的性质，归根到底说仅仅是封建政权凭借法律来虚构的假象。[1]

华山认为从法律意义上说，在封建社会中，只有最高主权者国家及其人格化的代表皇帝才对一切财产有绝对支配权，而其他一切人的私有财产都要受到国家或皇帝的最高支配权的或多或少的限制。在封建社会中是没有土地私有权的，有的只是占有权和使用权。从经济意义上说，封建社会又可能有土地私有制。中国封建社会只有土地国有制，只是说明一种法权观念；如果从经济角度看，就与历史事实不相符合。而重要的却是这种经济事实，而不是已经成为虚假的过时的法权观念。[2]

封建地主土地所有制论者认为，封建政权对土地所有权的干预并不表示国家是最高的所有者或唯一的所有者；恰恰相反，这种支配权正说明此前的土地私有权之存在，因为政治的、或者更明确说暴力的支配、限制的前提，正在于私有制之先已存在，决不能本末倒

---

　　[1]　贺昌群:《关于封建的土地国有制问题的一些意见》，见南开大学历史系中国古代史教研组编《中国封建社会土地所有制形式问题讨论集》上册，第250—251页。

　　[2]　华山:《关于我国封建社会土地所有制的一些意见》，见南开大学历史系中国古代史教研组编《中国封建社会土地所有制形式问题讨论集》上册，第238—239页。

置地从政治上的支配权导源出最高的所有权。[1]

唐陶华列举了古代罗马和近代美国土地私有制下的若干国家干预土地所有权的法律和事实,指出国家权力对于土地所有权和使用权加以若干限制的历史事实,是土地私有制下并非罕见的现象,不能因此认为封建土地所有制是属于土地国有制。[2]

第五,关于封建土地所有制和阶级斗争的关系问题。

贺昌群从阶级关系角度提出了一个问题:为什么唐以前的农民起义都没有提出土地要求呢? 关键还在于土地国有制。在这个历史阶段,作为直接生产者的农民,面临的不是要不要土地或要求平均土地的问题,而是因负有对封建主人身依附关系的缘故,被迫附着于封建的国有土地上无法脱离的问题。[3]

田泽滨认为农民被束缚于国有土地上无法脱离的观点,不能真正说明封建社会的基本矛盾,即农民阶级与地主阶级的矛盾。强调国家或皇帝是土地所有者,在逻辑上必然也认为官民是矛盾的基本方面,而掩盖了根本的阶级矛盾。国家不是阶级的国家,变成了既不代表封建地主又不代表农民,既夺取地主土地又掠夺农民的超阶

————————

[1]　田泽滨:《关于中国封建土地所有制讨论中的几个理论问题》,见南开大学历史系中国古代史教研组编《中国封建社会土地所有制形式问题讨论集》上册,第 283 页。

[2]　唐陶华:《向中国封建土地国有制论者质疑》,见南开大学历史系中国古代史教研组编《中国封建社会土地所有制形式问题讨论集》上册,第 334 页。

[3]　贺昌群:《关于封建的土地国有制问题的一些意见》,见南开大学历史系中国古代史教研组编《中国封建社会土地所有制形式问题讨论集》上册,第 259 页。

级机构。[1]

这个时期土地制度形态研究有以下几个特点:第一,无论是地主土地私有制说还是土地国有制说,双方的理论框架都是在唯物史观社会形态理论范围之内展开的,援引的理论证据也都是经典作家的有关论述,却又因为对经典作家的表述存在不同的理解,而人各言殊。第二,其中的一些讨论实际上并不是在同一概念下进行的,而是自说自话,对材料的理解也各取所需,有意无意漠视对自己不利的资料。土地所有制在这个阶段的讨论陷入瓶颈,无法得出定论,这也是一个很重要的原因。第三,研究者虽有不同朝代的侧重,但在思考问题时或多或少立足于从战国秦汉到明清的发展历程对封建土地所有制形式进行长时段考察。第四,研究的着眼点虽是土地制度史,但思考范围却远非局限于此。土地所有制是封建社会的经济基础,土地制度史研究是打开中国封建社会隐秘大门的钥匙;凭借土地制度史研究,可探索中国封建时代的社会结构和性质。这是大多数土地制度史研究者的认识出发点。后两个方面对 20 世纪 80 年代以后的相关研究依然产生着影响。

中国封建土地所有制形式问题的讨论,意义深远而影响甚大。其重要意义在于以下几个方面:

第一,深化了对唯物史观和马克思主义基本原理的认识。尽管

---

[1] 田泽滨:《关于封建土地所有制问题的商榷——对贺昌群先生〈关于封建的土地国有制问题的一些意见〉一文的意见》,见南开大学历史系中国古代史教研组编《中国封建社会土地所有制形式问题讨论集》上册,第 272 页。

参加讨论的学者观点各不相同,但都纷纷引经据典,用经典作家的论述来证成己说。讨论的过程也是加深对马列主义和唯物史观基本原理理解的过程。它使这一问题本身的理论探讨有了深入发展,使史学界的马克思主义理论总体水平得到提高。例如,侯外庐援引经典作家的论断作为封建土地国有制说的理论依据,他强调判断土地所有权的归属应按"法律的规定""法律虚构","马克思和恩格斯也曾提示过,自由的土地私有权的法律观念之缺乏,土地私有权的缺乏,甚至可以作为了解全东方世界的真正关键。政治和宗教史的根源都在这里"[1]。张传玺不同意他的看法,指出:"在中国的封建社会中,土地私有权、土地私有权的法律观念并不缺乏。其所以如此,是当时的土地私有制度决定的。诚如马克思所说的那样:'这种法权关系或意志关系的内容是由这种经济关系本身决定的。'既然如此,我认为中国的封建社会的土地所有制从战国到清朝这两千多年间,是以土地私有制为基本的土地所有制形式。与西欧、东欧的中世纪及所谓'古代东方'的土地所有制有极大的不同。马、恩对于欧洲中世纪和'古代东方'的具体论述,对研究中国封建社会的土地所有制,只能作为研究方法上的指导或参考,不能作为结论。"[2]作为封建制度的经济基础,封建土地所有制是研究封建社

[1]　侯外庐:《中国封建社会土地所有制形式的问题》,《历史研究》1954年第1期。

[2]　张传玺:《论中国封建社会土地所有权的法律观念》,《北京大学学报》1980年第6期。

会历史发展的出发点,马克思主义经典作家的论述又往往基于西欧历史经验,对于中国及东方封建社会缺乏系统论证。因此,对于马克思、恩格斯等经典作家的具体论述只能领会其实质和精神,在研究中国历史具体问题的时候,要具体问题具体地分析。

第二,标识着中国学者开始运用马克思主义唯物史观探索中国历史发展道路的特点。重视经济因素在历史发展进程中的作用,是马克思主义史学的特色之一。中国封建土地所有制形式问题的讨论,恰是这一特色生动和直接的反映。1949 年以前,中国马克思主义史学家用唯物史观基本原理阐释中国社会历史的发展,着重在阐明中国历史发展规律的"合法则性",对中国历史是否具有普遍性给以肯定的回答。新中国成立后,马克思主义唯物史观成为历史研究的指导思想。广大史学工作者运用马克思主义唯物史观基本原理,结合中国历史实际,探索中国历史发展道路的独特性。中国封建土地所有制形式问题讨论直接促进了唯物史观与中国历史研究的深入结合。中国封建社会土地所有制形式问题的讨论虽然观点歧异,但这些讨论在很大程度上可以看作是唯物史观与中国历史学进一步结合的产物。它从理论体系的深层次上促进了史学界对中国古史分期、资本主义萌芽、农民起义与农民战争、汉民族形成等问题的深入探讨,为这些重大问题的讨论提供了新的研究视角和理论基础。

第三,推动了对中国封建社会形态、发展道路的整体性认识。对于封建土地所有制发生、发展变化的认识必然涉及对封建社会结构、阶级关系及其发展演变的判断。中国封建社会土地所有制问题的讨论，从其发展方向上看，是在唯物史观的指导下进行的。它的意义首先在于促进了人们对中国封建社会的整体认识。贺昌群曾指出："如果正确地理解了封建国家土地所有制的历史意义，对于中国封建社会历史发展的阶段性，由初级阶段向高级阶段发展以及阶级斗争形势的推移，地主土地私有制的发生和发展，就有比较明确的认识。"[1]他还提出，研究秦汉农民革命，首先要求明确秦汉历史发展阶段的封建土地所有制形式。论秦汉农民起义的动因，就不能不涉及秦汉封建土地所有制形式与农民起义的关系，论秦末农民起义的历史作用又须结合两汉尤其是西汉的历史发展状况。[2] 侯绍庄探讨中国封建社会农民的身份、地位，认为自耕农民与国家佃农不同，自耕农是"自己有土地的农民"，"占有一小块土地的农民在中国全体农民中有相当的数量，乃是事实。明清以来更加巩固了这种私有土地的合法地位"，"自耕农民在我国漫长的封建社会中确曾长期的存在着"。[3] 封建社会主要的生产资料是土地，研究封建社会的社会结构、阶级、身份，应当从土地制度、土地关系（所有制形式）入手。正是通过中国封建社会土地所有制形式问题的深入研

---

[1] 贺昌群：《关于封建的土地国有制问题的一些意见》，《贺昌群文集》第2卷，商务印书馆，2003年，第294页。

[2] 贺昌群：《关于封建的土地国有制问题的一些意见》，《贺昌群文集》第2卷，商务印书馆，2003年，第288页。

[3] 侯绍庄：《试论我国封建主义时期的自耕农与国家佃农的区别——和胡如雷先生商榷》，《光明日报》1957年1月3日。

究,从而对中国封建社会形态形成更深刻的认识和理解。

第四,开创了中国经济史研究的新格局。林甘泉指出:"马克思主义唯物史观,包括它的社会经济形态理论,为我们分析错综复杂的社会历史现象提供了科学的依据。没有马克思主义的指导,单凭积累大量的材料,是不可能揭示历史发展的规律的。"[1]中国封建土地所有制形式问题的讨论,使中国经济史研究,在很大程度上摆脱了以往经济史研究重在描述事实的局限,开始重视纷繁的经济现象中生产者与生产资料相结合的条件及所处地位,从"物的关系"转向"人的关系"。中国封建社会土地所有制的研究,无疑推动了对中国社会经济史研究的发展,使之迈进到一个新阶段。

新中国成立后土地制度史研究的第二阶段是繁荣发展的时期(1970 年代末以后)。1980 年代"科学的春天"中,史学研究也逐渐从暗黯的局面中复苏。土地制度史研究也出现了几部总结之作。有赵俪生《中国土地制度史》(齐鲁书社,1984 年)、林甘泉主编的《中国封建土地制度史》(中国社会科学出版社,1990 年)、乌廷玉《历代土地制度史纲》(吉林大学出版社,1987 年)等,这些著作是此前土地制度史研究的延续和总结,此后这种与封建社会性质与社会结构的讨论紧密相关的宏大叙述的研究取向日渐消歇,研究者日益转向具体、微观的制度史研究。土地制度史的断代研究也取得丰硕成果:袁林《两周土地制度新论》(东北师范大学出版社,2000 年)、

---

[1]　林甘泉:《加强中国封建社会经济史的研究》,《光明日报》1982 年 11 月 3 日。

高敏《秦汉魏晋南北朝土地制度研究》(中州古籍出版社,1986 年)、朱绍侯《秦汉土地制度与阶级关系》(中州古籍出版社,1985 年)、《魏晋南北朝土地制度与阶级关系》(中州古籍出版社,1988 年)、霍俊江《中唐土地制度演变研究》、武建国《五代十国土地所有制研究》(中国社会科学出版社,2002 年)、伍丹戈《明代土地制度和赋役制度的发展》(福建人民出版社,1982 年)、李文治《明清时代封建土地关系的松解》(中国社会科学出版社,1993 年)等。傅衣凌在《明清封建土地所有制论纲》一书中对明清时期的封建土地所有制的特点,乃至整个封建土地所有制的特点进行了较为系统、深入的研究。他指出中国封建土地所有制的特点是:第一,在中国封建土地所有制里,国家的最高所有权观念虽然存在,但不是主流,而是国有与私有并存,以私有为主;第二,土地买卖;第三,地主、商人和官僚三位一体的结合;第四,在长期的中国封建社会里曾不断地爆发着规模巨大的农民战争,这种战争跟随着封建王朝的交替也对封建土地所有制的再分配起一定的作用。明清时期则具有三种形式:皇室所有;贵族所有;一般地主所有。[1]

而这一时期,土地制度史研究最重要的特点则是新材料的层出不穷,极大地促进了土地制度史研究的深入,从而使土地制度史的研究有了根本的改观。睡虎地秦简、青川秦牍《为田律》、银雀山汉简《田令》、张家山汉简《二年律令》等简牍材料的出土,修正了一般

---

[1]　傅衣凌:《明清封建土地所有制论纲》,上海人民出版社,1992 年,第 12 页。

认为秦汉时代封建地主土地私有制占支配地位的看法,填补了从井田制到均田制一脉发展的古代土地制度的中间缺环。下文将着重叙述 1970 年代以来改革开放新时期战国秦汉土地制度研究的状况。

第三章　出土简牍与战国秦汉土地制度史研究

一、概　说

20世纪的中国古代土地制度史研究发端于1920年代初的井田制有无的争论。其后,对各个历史时期土地制度的研究也随之展开。而秦汉土地制度史的研究以1949年为界,可以划分为前、后两大阶段。

前一阶段是20世纪30—40年代。这一阶段,专门的秦汉土地制度史研究总体来说是言者寥寥。但是也出现了一些零星的论著,如许宏杰《秦汉社会之土地制度与农业生产》(《食货》第3卷第7期,1936年)、刘兴唐《东汉的土地制度》(《文化批判》第4卷第3期,1937年)、谷霁光《秦汉隋唐间之田制》(《南开政治经济学报》第5卷第3期,1938年4月天津南开大学经济研究所编辑出版)、王恒编著《汉代土地制度》(正中书局,1947年)、周春元《秦废井田开阡陌置辕田辨》(《史地丛刊》1947年第2—3期)等。

　　许宏杰《秦汉社会之土地制度与农业生产》认为,在中国古代经济史上,土地的占有关系曾发生过一个很大的转变,由土地国有而转变为私有,这就是秦代商鞅废井田的事实。商鞅废井田的动因并不是人口过剩,已有土地不敷分配所致;而是由于内修功业,外事侵略的政策所发动的。一方面要兼并扩张,必需要很大笔经费;另一方面,要使人民家给人足,对国家的征税便容易担负。所谓贵粟并不是主要原因。秦始皇三十一年(前216),使黔首自实田。实田,是任民占田。从此兼并之风益厉。汉代土地制度很复杂,包括七种。1.公田,由国家所有,有时赐予功臣,有时赐些与贫民。2.藉田,国家特设以劝农。3.屯田,有军屯、民屯两种。军屯,将边境公田使军队耕种;民屯,是徙民屯田,是一种移民政策。4.私田,汉代大部分土地是私有的。土地兼并程度比秦代更甚。5.限田,限制占田,以杜兼并之风。但丝毫没有收到实际的效果。6.垦田,当时所谓垦田,是一种土地清丈的意思,借以明白国家土地的多少。7.王莽的土地改革,中国土地占有关系由私有而变为国有的第一个倡议者是王莽,只是昙花一现罢了。

　　刘兴唐《东汉的土地制度》认为,东汉的土地制度,一为封土制,是封建贵族所有;二为公有土地,是政府国有;三为私有,是个人的私有,可以自相买卖。其一,东汉的封土制有的是以县来计,有的则以户计,有的以租税计,更有的使之成为私产。以县封之侯国,是很自由的,自己可以置相,可以支配地方官吏人民,而以户封之列侯则不然,只准收租税,不得臣吏人,他们的租税,须由地方政府代为征收。其二，东汉国有的土地也广泛地存在着。大部分都是些没有开垦的草原和皇帝游猎的场所林园，以及军队屯垦的土地等。提封田在当日似乎是一种很重要的土地制。大体上看，此种土地是政府公有的已开垦的土地，是对草田而言。东汉初年，屯田制就已实行了，但不占重要地位。公田，是指已开垦的公有土地，或曰官田。假与赐是不相同的。假，是把公田租给贫民，是把贫民当作政府的佃农使用，对政府应纳假税；赐是永远地把土地分给他们，对政府只纳租税。其三，东汉初年的土地占有制，没有把财富集中的趋势完全消灭。大地主之所以能占有广大的土地，主要的是依靠收租大半的租佃制。封建的兼并及商业发展造成的农村的破产，使土地遂集中了。到了末年，一方面是大的土地所有者，一方面是失掉土地的农民，自由农向佃农转化。

谷霁光《秦汉隋唐间之田制》，对秦汉间田制演变做了考察。他认为秦国"名田"之施行，可说是春秋以后土地整理所产生的比较固定之田制。汉代田制法令的颁布，始于绥和二年（前7）哀帝即位后颁布的田制，称为限田。所谓限田，是指政府限制社会上广额土地的占领，也就是说一般对于地权的享受，须受相当限制。王莽始建国元年（9）颁行的田制，称为"井田"，"井田"内容，实际上为彻底的限田制度，因变乱不休，自然同于具文。新莽失败，东汉继兴。东汉百余年中，土地制度不闻变革。至于三国时代，除官地荒地有公营及私营之屯田规定外，仍然没有过整个的改革方案。

总体而言，上述研究还比较粗浅，不论是理论方法或是具体结论都存在很多问题,整体学术价值有限。之所以不厌其烦对它们逐一介绍,是因为它们代表了 20 世纪 30—40 年代秦汉土地制度史研究的水平。可以看出,这一时期秦汉土地制度史研究仍然处于准备期,呈现出比较初始、稚嫩的状态,秦汉土地制度史的很多问题虽已涉及,但没有得到充分讨论。认识也很混乱,研究水平不高。这是起步阶段的一般通病。但不管怎样,仍是秦汉土地制度史研究的可贵开始。

随着 20 世纪 30 年代社会经济史在中国的兴起,研究者在探讨中国古代土地制度史的同时,对秦汉土地制度史亦有所涉及,主要体现在一些古代土地制度史的专著之中。如聂国青《中国土地问题之史的发展》(上海华通书局,1930 年)、陈登原《中国土地制度》(商务印书馆,1932 年)、万国鼎《中国田制史》(正中书局,1934年)、徐士圭《中国田制史略》(中华学艺社,1935 年)及吴其昌的几篇长文《秦以前中国田制史》(《国立武汉大学社会科学季刊》1935年第 3、4 期)、《北魏均田以前中国田制史》(《国立武汉大学社会科学季刊》1936 第 3、4 期)、《宋以前中国田制史》(《国立武汉大学社会科学季刊》1936 第 2、3 期)等。这些著作都有专门章节阐述秦汉土地制度。其基本观点,试取陈登原和万国鼎两书有关章节目录可知一斑,参见下表。

书名	陈登原《中国土地制度》	万国鼎《中国田制史》
章名	第四章土地私有之发展及其反动	第二章两汉之均产运动[1]
节目录	一、李悝与商君	一一、传统的农本主义
	二、国家之积聚与土地私有	一二、秦汉之赋税
	三、豪强兼并之滥觞	一三、土地私有制弊害之暴露与均产运动之发生
	四、重农政策无补于土地之私有	一四、井田论之演进
	五、汉代之限人名田	一五、限民名田
	六、王莽之王田制度	一六、王莽之改革
	七、井田制理论的摇动	一七、均产运动之尾声
	八、东汉时土地兼并之一瞥	一八、政府救济贫弱无田之政策
		一九、屯田

　　由此可见，这些著作对秦汉土地制度关注的重点在于土地私有制的弊端、政府的土地政策等环节，就观点而言无多大新意。土地不均是近代一个严重和急迫的社会问题。这些学者研究古代土地制度史，一个基本的立足点就是救时之弊，切时之用。正如王恒自叙所言："因考索汉世存佚旧籍，述汉以来土地制度；及其放失旧闻；推隐之显，以明著得失。而于生民惨舒大情，尤致意焉。庶知平均地权见诸行事之不可以缓。则今世之治，殆将有贤于文景者乎！"[2]因此，带有强烈的现实关怀和致用精神是这一阶段古代土

---

　　[1]　此章曾单行发表，篇目亦为《两汉之均产运动》，《金陵学报》第1卷第1期，1931年。

　　[2]　王恒：《汉代土地制度》，正中书局，1947年，第1页。

地制度史研究的一大特点。但这也在一定程度上减弱了这些著作的学术性。当然,这些学者的治学风格也各异其趣。如陈登原一书主要是二十四史等文献中有关土地问题的史料钩辑,吴其昌的几篇文章亦大略如此。而万国鼎则以为,"言史者不可不穷源竟委,溯因寻果,否则杂录故实,人云亦云,史钞而已。不足言史也",表现出一定的近代史学意识和探寻土地制度史源流、演变规律的自觉。

在这一阶段,马克思主义史学家还处于成长和积蓄阶段,他们或置身于社会史论战的战场上,或献身于紧张的革命实践活动中,未及抽身来专门研究土地制度史,只是在讨论中国社会史分期时有所述及。但这一阶段,马克思主义史学已经在和正统史学的交锋中,站稳了阵脚,并展现出对中国历史很强的分析和解释能力;一旦条件成熟,必将使中国史学,乃及于中国土地制度史,迈入不同于以往的新阶段。因之,深入、完备的秦汉土地制度史研究要等到新中国成立后才出现。[1]

1949 年之后,秦汉土地制度史进入了一个全新的阶段,从研究的广度、深度而言,都远远超越了前一阶段。这一阶段又可以分为两个时期。一是从 1949 年到 1970 年代末,这一时期秦汉土地制度史研究主要是围绕土地所有制的形式而展开,并进而从土地制度来

---

[1] 吕振羽《秦代经济研究》认为,秦代经济由封建领主经济转变为封建地主经济,新兴地主随着土地私有制的发生而存在。秦代,土地私有制得到确定。地主对土地的兼并剧烈进行。原载《文史》第 1 卷第 3 期,1935 年;见《吕振羽集》,中国社会科学出版社,2001 年,第 134—144 页。

判定秦汉社会的性质。二是 1970 年代末以来改革开放的新时期，秦汉土地制度史研究呈现了崭新的面貌，借助大量新出土的简牍材料，许多问题得到了深化、细化。本章主要对 1949 年以来秦汉土地制度史研究的进展和主要观点进行介绍。

二、秦汉土地所有制形式问题的争论

侯外庐在《历史研究》1954 年第 1 期发表《中国封建社会土地所有制形式的问题》一文，引发了史学界对封建土地所有制形式问题的热烈讨论。战国秦汉时代是中国历史的重要转型期，一般也被认为是中国封建社会的形成时期，因此在中国封建土地所有制形式问题的讨论中，战国秦汉土地制度所有制形式的论定对阐明整个中国封建社会的性质具有重要意义。

对于秦汉土地所有制形式问题的看法，研究者意见纷纭。就总体研究而言，一般都认为秦汉时期的土地制度存在三种基本的所有制形式——封建土地国有制、封建地主土地所有制和小农土地所有制，后两者是私有性质。问题的关键是何种土地所有制形式占主导和支配地位。土地国有制论者主张封建土地国有制占主导地位，而土地私有制论者主张封建地主土地私有制支配和制约着其他的所有制形式。秦汉土地所有制形式问题的争论主要在这两种观点之间展开。此外，还有土地国有制和私有制并存说，此说是国有说和私有说的调和，并不构成秦汉土地所有制形式问题争论中的主要意见。

侯外庐认为在中国封建社会史上,君主或皇族"是主要的土地所有者",皇族土地所有制居于统治地位。秦汉以来这种土地所有制形式是以一条线贯串着全部封建史的,其所以是主要的,是指这种生产关系居于支配的地位,并不是说除此而外没有其他占有权的存在。相反地,这种主要的土地所有制形式,是和许多领主占有制以及一定的私有制并存的,首先是豪强地主的占有权,其次是农民当作自己土地的使用权,甚至有一定的土地买卖权。[1] 李埏基本上赞成侯外庐的意见,但认为应该称为"土地国有制"。[2] 贺昌群所著《汉唐间封建的土地国有制与均田制》一书认为,汉唐间封建的土地所有制形式,如一条红线贯穿着的是公田制,即封建的国有制占主导地位。[3]

封建土地国有制说一出,引起了史学界的热烈争论。秦汉史研究者纷纷就秦汉土地所有制形式问题各抒己见,参与到论争中。其中,封建地主土地私有制说是较多学者所主张的观点,并在相当长的一段时期内居主流地位。以下主要对封建土地私有说的观点做一介绍。

江泉(林甘泉)《试论汉代的土地所有制形式》认为,在汉代占

[1] 侯外庐:《中国封建社会土地所有制形式的问题》,《历史研究》1954年第1期。

[2] 李埏:《论我国的"封建土地国有制"》,《历史研究》1956年第8期。

[3] 贺昌群:《汉唐间封建的土地国有制与均田制》,上海人民出版社,1958年,第7页。

支配地位的不是封建土地国有制,而是封建地主土地所有制。商鞅变法,"除井田,民得买卖",可以看作是法制化了的土地私有权的出现。"民得买卖",正是以法律观念上的土地私有权为前提。尽管封建社会土地私有权不是"自由的",而是受到限制的、不稳固的,但也不能因此就把土地私有权完全否定了。汉代还存在国家土地所有制形式,如官田、草田、公田、苑囿园池等。这种封建的土地国有制,是古代社会公社土地所有制的延续。汉天子作为国家的代表,是全部国有土地的直接所有者。汉代存在三种土地所有制形式:封建的土地国有制、封建地主土地所有制和自耕农民的小土地所有制。判断封建土地国有制是不是汉代占支配地位的土地所有制形式,需要考察两个方面:第一,国有土地(耕地)在当时全部耕地中的比重,及其在农业生产中的地位;第二,更重要的是封建的土地国有制的发展是不是制约着其他土地所有制形式的发展,或者相反,是受其他土地所有制形式的制约。汉代社会经济发展的客观进程表明,土地是越来越集中在豪强地主手中,而不是集中在国家手中。应当如何理解马、恩所说的土地私有权的法律观念的缺乏是了解全东方情形的关键。"亚细亚的"或"东方的",不仅是地理的概念,更是历史的概念。马、恩提到这两个概念时,总是和公社的财产形态以及小农业和家庭手工业相结合的自然经济相联系。[1]

其后,林甘泉考察了封建地主土地所有制和自耕农民的小土地

---

[1]　江泉:《试论汉代的土地所有制形式》,《文史哲》1957 年第 9 期。

所有制的形成过程。认为封建土地国有制是古代的公社土地所有制(亦即是奴隶主的土地国有制)在封建社会中的延续。在凡是封建土地国有制所支配的地方,马克思关于亚细亚财产形态所做的一些说明,例如地租和赋税合一等,基本上都是适用的。只是在公社已经瓦解和地主土地所有制已经占主导地位的新的历史条件下,它在更多的场合是被后者所侵夺和削弱,而成为它直接的补充形式。中国封建社会基本的土地所有制形态是封建地主土地所有制,封建土地国有制是它的补充形式,自耕农民的小土地所有制则是它的附庸。[1]

张传玺《两汉地主土地所有制的发展》认为,两汉时期封建地主土地所有制已成为占主导、统治地位的所有制形式。构成和体现这一制度的一切必备条件和基本特征已大致具备。绝大部分田地为私人所有,称作"民田"或"私田";很少一部分属于国家,称作"官田"或"公田"。土地买卖的自由程度和土地买卖已制度化。将私有土地赠予他人或遗留给子孙,不受官府或他人的干涉,也是两汉土地私有制的重要特征之一。战国初年,封建地主大土地所有制还没有形成,租佃关系还不甚发展,佃农对于地主的依附关系不强,奴役也较轻。此后随着土地兼并的日益发展,大土地所有制确立了,租佃关系已成为生产关系的基本方面,人身依附与奴役关系也就越来越重了。武帝时,大土地所有制已在全国主要地区基本形成;元

---

[1] 林甘泉:《中国封建土地所有制的形成》,《历史研究》1963 年第 1 期。

帝时确立了下来。东汉一代,大土地所有制下的封建地主经济就向着带有世族门阀特点的庄园经济的方向发展。大土地所有制的形成和发展过程,是地主阶级残酷的掠夺农民和农民纷纷破产的过程。这是两汉时期阶级斗争和农民大起义的根本原因。[1]

可以看出,随着对封建土地所有制形式问题讨论的展开,秦汉土地制度史研究也开始受到研究者的注意。而关注的重点仍然在所有制问题上,这多少会造成对土地制度史其他内容的忽视,特别是在当时的环境下,在讨论中有以论带史和教条化倾向。1970 年代末,随着史学研究迈入正轨,学者们继续围绕秦汉封建土地所有制形式问题展开讨论。

张传玺《论中国古代土地私有制形成的三个阶段》认为,我国古代土地私有制的形成过程,共经历了九百年左右的时间。以宅圃买卖为标志的第一阶段开始于西周中期,到春秋末年止,其间约五百年。就整个土地私有制的形成来说,这是萌发时期。以耕地买卖为标志的第二阶段开始于战国前期,到西汉中期止,其间约四百年。由于耕地在社会经济生活中的特殊重要地位,耕地买卖关系的出现,意味着土地国有制基本瓦解,土地私有制基本确立。以山林川泽买卖为标志的第三阶段开始于西汉中期,它标志着土地国有制彻

---

[1]　张传玺:《两汉地主土地所有制的发展》,《北京大学学报(哲学社会科学版)》1961 年第 3 期。

底崩溃,土地私有制深入发展。[1]

韩连琪《东汉大土地所有制的发展和庄园制的兴起》认为,在腐朽的东汉统治集团中,世家豪族是一个新兴的发展阶层。它所由以形成和发展的基础,则是从西汉末年开始到东汉时代逐渐发展起来的在大土地所有制上形成的庄园制度。东汉庄园中的阶级关系,主要表现为大土地所有者——贵族、官僚、大姓、豪强和受他们奴役剥削的宗族、宾客、徒附、家兵、部曲和奴隶。[2] 随后,韩连琪还发表了《西汉的土地制度和阶级关系》一文,亦主汉代封建地主土地私有制说。[3]

姚澄宇《论秦汉土地所有制形式》认为,战国时期秦国商鞅变法,通过法律形式,承认土地私有,准许买卖,封建地主土地私有制产生和发展起来。秦汉时期,在地主土地私有制占支配地位的同时,国有土地制也存在,但不占重要地位。封建国家掌管了"山海川泽"或"山川园池"等大量土地。这类土地从表面上看是由中央政府中的少府掌管的官田,但在实质上它不是国有土地,而是以皇帝为首的皇室私有土地。西汉国有土地制破坏的原因有三:一是皇帝把大量的国有土地赏赐给贵族和亲信;二是贵族、官僚侵占和买卖

---

[1] 张传玺:《论中国古代土地私有制形成的三个阶段》,《北京大学学报(哲学社会科学版)》1978 年第 2 期。

[2] 韩连琪:《东汉大土地所有制的发展和庄园制的兴起》,《山东大学文科论文集刊》1979 年第 1 期。

[3] 韩连琪:《西汉的土地制度和阶级关系》,《山东大学文科论文集刊》1980 年第 2 期。

公田;三是西汉政府虽将大量公田赋与或假与贫民耕种,但既无完备的还授制度,又无限制地主兼并土地的措施,贫民一旦遇到天灾人祸,还有繁重的赋役,就很难保得住自己那一小块土地。秦汉时期,地主土地私有制一直占支配地位;国有土地制也是一直存在的,但它在封建经济中不占重要地位。国有土地制虽然不断遭到破坏,但它并未在西汉后期就彻底崩溃了,而是长期与地主土地私有制并存。[1]

1990 年,林甘泉主编的《中国封建土地制度史(第一卷)》出版。该书是封建地主土地私有制说的代表作,以封建土地国有制、封建地主土地所有制、自耕农的小土地所有制三种土地所有制基本形式的形成和发展为基本线索,考察了从战国到魏晋时期劳动者与生产资料的结合方式、地主与农民的关系、封建国家的土地管理制度和土地政策、地租与赋税形态的演变等土地制度史中的一系列重大问题。对史学界封建土地所有制形式的有关讨论做了全面清理,力图在理论与史料结合的基础上对以往论争的问题予以回答。这主要体现在该书的"绪论"部分。他主张:(1)要正确处理土地所有制的现实形态及其法律表现的关系,土地关系的现实形态是它的法律表现的真实基础,土地关系的法律不但概括不了其现实形态的全部内容,有时还会产生一种与现实形态不一致的"法律虚构"。要从研

---

[1] 姚澄宇:《论秦汉土地所有制形式》,《南京师大学报(社会科学版)》1980 年第 4 期。

究土地所有制的现实形态入手,再考察它的法律表现。(2)大土地所有制的性质,不取决于占有土地的数量,而是由它的经营方式和剥削方式所决定的。即它的性质取决于直接生产者与生产资料相结合的方式和方法。封建地租的占有可以看成是封建土地所有制形成的标志。(3)土地私有权在各个时代具有不同的历史形态。封建社会的土地所有权通常表现为有条件的、不自由的私有,并不具备纯粹的经济形式。封建国家对私人占有土地的限制和干预,并不能否定土地私有制及其法权观念的存在。在中国封建土地所有制形式问题上,他认为,秦汉以降,中国封建社会始终存在着三种基本的土地所有制形式:封建国家土地所有制、封建地主土地所有制和自耕农的小土地所有制。其中,封建地主土地所有制是占主导地位和制约封建社会土地关系发展的土地所有制形式。封建土地关系发展过程有四个阶段:从战国到西晋是第一阶段(东晋南朝的土地关系基本上是这个阶段的延伸),十六国到隋唐是第二阶段,宋辽金元是第三阶段,明清是第四阶段。在这四个阶段中,不仅土地所有制形式,而且土地经营方式和直接生产者的身份地位都有相应的变化。[1]

在土地国有说和土地私有说之外,也有一部分学者主张秦汉时期封建土地私有制和土地国有制并存。朱绍侯《秦汉时代土地制度

---

[1]　林甘泉:《中国封建土地制度史》第 1 卷,中国社会科学出版社,1990 年,第 1—18 页。

与生产关系》认为,秦汉时土地国有制——公社农民长期占有土地的名田制正在破坏,土地私有制正在发展。秦汉时代正是土地国有制与土地私有制进行斗争的时代,大土地所有者正在向公社农民所占有的土地疯狂进攻而国家正在想尽办法阻止土地私有制的发展,以保证国家租税赋役的来源。[1]

赵俪生认为两汉时期国家土地所有制、大土地私有制和小土地私有制并存。这三者在自然经济和古典经济潮流的交错中发生、发展,并相互影响,相互消长,成为一套完整的经济结构。国有制依然十分庞大,但已是建立在土地私有制基础之上的东西,无时无刻不在遭受私有制的侵蚀。大土地私有制已经出现,正经历着由奴隶主、商人、高利贷者三合一身份的土地所有者向单一的封建领主、封建地主过渡的历程,阶级属性尚未最后定局。小土地私有制达到了自身发展的鼎盛时期,但是极不稳固。三种所有制关系和在整个社会力量对比中的分量还在不断调配和调整之中。[2]

苏诚鑑考察了战国秦汉三百六十年间土地制度演变的过程,认为封建国家一方面征收“田赋”,保留土地国有权;一方面又容许私人所有,可以自由买卖,还容许地主向佃农剥取地租——就这一点来说,封建国家和地主又成了产品地租的共同分割者。这种封建国家和土地私有者对同一块土地具有共同所有权的现象,即土地所有

[1]　朱绍侯:《秦汉时代土地制度与生产关系》,《开封师院学报(社会科学版)》1960 年第 1 期。

[2]　赵俪生:《中国土地制度史》,齐鲁书社,1984 年,第 244、286 页。

权的两重性,是中国封建土地制度的一大特点。[1]

杨生民《汉代土地所有制两重性诸问题试探》认为,汉代土地私有制虽已发展起来,但周代的土地国有制仍然保存了下来。这不仅表现在国家对山川园林池泽、无主荒地和国家直接经营的耕地拥有所有权,而且对私有土地也拥有最高所有权。其一,从法权表现看,汉代土地可以转让、买卖、出租的私有制法权规范已经确立,而在此同时,土地国有制的法权规范仍然存在,这正是土地所有制具有两重性的表现。其二,从土地所有权的经济实现看,战国秦汉时土地私有制发展起来。土地私有权经济实现最明显的表现就是地主向佃农征收的地租。国家土地所有权经济实现最明显的表现就是国家征收的田赋。其三,从对土地的垄断权、支配权看,在土地私有者对土地的垄断权、支配权之上,还有国家对全国土地的最高的垄断权、支配权。因此,汉代土地所有制具有两重性。汉代土地所有权的运动主要是通过政治权力、政治手段进行的,土地所有权随着权力的运动而运动。地产与政治权力、特权的结合仍是其基本特点。当时的土地虽然可以作为商品而买卖,但这种买卖受着国家权力与宗法血缘关系的种种限制,而且在这种买卖过程中一般还存在着超经济强制。因此,用资本主义条件下商品自由买卖的运动规律解释汉代土地所有权的运动是超越了历史条件的限制,是对汉代土

---

[1] 苏诚鉴:《"名田宅"、"专地盗土"与"分田劫假"——战国秦汉三百六十年间土地制度的演变及其特点》,《中国经济史研究》1986 年第 3 期。

地私有制的发展估计过高的表现。[1]

汉代政府直接控制着相当数量的国有土地,主要为"公田"、苑囿、山川池泽等。这是土地国有制说的重要论据。如何看待这部分土地,是封建土地私有说需要辨明的重要问题。

江泉(林甘泉)《试论汉代的土地所有制形式》认为,汉代还存在国家土地所有制形式,如官田、草田、公田、苑囿园池等。这种封建的土地国有制,是古代社会公社土地所有制的延续。汉天子作为国家的代表,是全部国有土地的直接所有者。在汉代占支配地位的,不是封建土地国有制,而是封建地主土地所有制。[2] 其后,林甘泉进一步提出,土地所有制的实质,是劳动产品归谁所有的问题。在谈论封建社会中哪一种土地所有制占支配地位时,最重要的是要看具有经济效益的垦田归谁所有。汉代国家虽然名义上拥有大量的国有土地,但由于这些土地绝大部分处在尚未开发的自然状态,因而在国家经济生活中的地位和作用远不及已经开发的垦田。国有土地面积虽然占全国土地面积的94%以上,但其中92%并非垦田,没有经济效益。垦田数在全国土地总面积中约占6%,比例虽小,却是封建生产方式赖以存在的重要物质基础,其中恰恰是私有土地占了绝大部分。汉代国家土地所有制在全国的经济生活中并不占支配地位。国有土地以各种合法和非法的方式转化为私有土

---

[1] 杨生民:《汉代土地所有制两重性诸问题试探》,《中国史研究》1990 年第 4 期。

[2] 江泉:《试论汉代的土地所有制形式》,《文史哲》1957 年第 9 期。

地,这是当时土地关系发展的主要趋势。国有土地是封建国家财政收入的一个重要来源,但并不是最重要的来源,土地国有制也不是封建专制主义中央集权国家赖以建立的经济基础。[1]

　　一些学者强调汉代国有土地的运动状态,认为它受到土地私有制的制约,不断向私有土地转化。束世澂讨论了汉代公有土地占有和分配制。他认为,两汉公田占有,首先是皇帝利用其掌握的土地最高所有权,将一些土地赏赐或出卖给臣下,这就使大量公田变为私有。其次是政府、皇帝占有公地,有两种形态:一是划归少府的江海陂池和皇帝苑囿,出借给百姓征税,名为"假税",成为皇帝的特权收入;一是政府设置农官或田官,也同样假与人民,征收假税,用以进行剥削,为国家占有制。少府和田官所收的税率与国家征收的田租税率相同,均为三十税一。两汉还存留着公有土地分配制,但因当时已是私有制的社会,因而这种分配即为永业。[2]

　　王思治《论汉代的"公田"及其性质》考察了"公田"的种类、来源、经营方式。他认为,汉代存在大量"公田"或"官田",设田官进行管理,有的归职掌国库的大司农,有的归职掌皇帝财政的水衡、少府。从量上看,国家占有的土地并不居主导地位。"公田"的扩大主要是在汉武帝时期,其来源也是多种多样。皇帝常常把"公田"

---

　　[1]　林甘泉主编:《中国封建土地制度史》第1卷,中国社会科学出版社,1990年,第186—198页。

　　[2]　束世澂:《论汉以后公有土地分配制的存留——从汉到北魏土地制度演变的说明》,《历史教学问题》1957年第5期。

赏赐给贵族、大臣和皇帝的宠幸者。有时，贫民也受赐公田，但"贫民虽赐之田，犹贱卖以贾"，为地主所兼并。"公田"便由这两个途径转化为地主个人所有。尽管经营形式多种多样，但其本质相同，即均收取地租（利用奴隶耕种者不一定用地租形式剥削），而这又是以政府对"公田"的独占（即所谓"障"）为其前提。因此，完全有理由说"公田"实质上是私有制。[1]

祝瑞开认为，秦汉时期的所谓国有土地，相当大的部分是少府所掌管的"山海池泽"以及郡国各地的陂田、草田等，这是皇帝私人占有的土地，不能称为国有土地。而且，初期大部分采取"市井之税"的剥削形式。西汉中期以后，绝大多数公田都实行"假"的剥削方式。秦汉时期，大量存在的是封建地主和自耕农民的土地。而封建地主的土地所有制影响并决定着皇帝私人占有的"公田"、国有土地和自耕农民土地的发展。它使自耕农民分化、破产；而使国有土地与之合流，也采取私租、假税的剥削形式，并向新的农奴制——部曲佃客制发展。秦汉时期，封建地主土地所有制处于主导和支配地位，夸大秦汉时期的土地国有制是缺乏根据的。[2]

张传玺《战国秦汉三国时期的国有土地问题》，从土地的来源、使用状况、经营方式和发展方向等几个方面来考察国有土地问题。他认为，国有土地有多种来源，但这些来源和封建国家土地所有权

---

[1]　王思治：《论汉代的"公田"及其性质》，《教学与研究》1961 年第 2 期。

[2]　祝瑞开：《汉代的公田和假税——附说秦的"受田"和"租""赋"》，《西北大学学报（哲学社会科学版）》1980 年第 2 期。

没有关系,是凭借行政权或司法权获得的。国有土地的主要用途有五种:(1)赏赐;(2)苑囿、马苑;(3)救灾;(4)屯田;(5)征收假税。公田的经营主要有三种方式:(1)军屯;(2)民屯;(3)假民公田。国有土地不断向私有转化,主要有四条途径:(1)赏赐公田;(2)盗占公田;(3)赐民公田;(4)任民垦荒。国有土地明显地受土地私有制的制约,是私有土地再分配过程中的一种运动形态,是私有土地在特殊情况下采取的暂时的外在形式,即国有形式。[1]

江淳从秦汉时期赐田制度的变化分析国有土地的演变,强调秦代与汉代的土地国有存在本质差异。秦代土地虽赐给个人经营,所有权仍属国家。汉代土地一经赏赐,所有权就发生转移,国有土地转化为私有土地。由赐田制度在秦汉间发生的变化可知,汉代的土地所有制形式已不是完全的土地国有制,国家对土地的控制比秦代松得多,大量的国有土地不断以各种途径转为私有,赐田即为途径之一。国有土地在汉代依然存在(皇室苑囿池籞、各郡国公田、荒田、屯田等),但由于土地私有制的不断吞噬,土地国有制已不构成汉代土地所有制的主要形式。[2]

张荣芳《论两汉的"公田"》的看法与上述学者有所不同。他从公田的来源、公田的使用和经营方式,着重探讨国有土地中的可耕

---

[1]　张传玺:《战国秦汉三国时期的国有土地问题》,王仲荦主编:《历史论丛》第 2 辑,齐鲁书社,1981 年。

[2]　江淳:《从赐田制度的变化看秦汉间土地制度的演变》,《广西师范学院学报(哲学社会科学版)》1987 年第 2 期。

地(公田)问题。他认为,汉代封建土地私有制已基本确立,但封建政府仍控制着相当数量的国有土地,包括可耕种的耕地,封建帝王游乐、狩猎、牧养的苑囿和资源丰富的山林川泽,其中可耕地多称为"公田""官田""草田"。这些"公田"的来源主要是接收前代的"公田",没入商人、官吏的土地,人口逃亡的绝户田,兴修水利,变不可耕地为可耕地,向边疆用兵新开辟的土地。这些"公田"是客观存在的,不能以"公田实质上是统治阶级私有"而否定它的存在。[1]

总的来说,封建土地私有说虽然不否认汉代存在相当数量的国有土地,但认为国有土地在国家经济中并不占支配地位。在汉代占支配地位的,不是封建土地国有制,而是封建地主土地所有制。

以上是对1949年至1970年代末关于秦汉土地所有制形式问题讨论的择要介绍。实际讨论的情况远比上述介绍复杂得多,学者的观点也互有交叉,难以一一析分、剥离,此处只粗略加以分类叙述。

1970年代末以后,随着新材料的不断问世,出现了两次战国秦汉土地制度研究的热潮。一是睡虎地秦简、青川秦牍、银雀山汉简的出土,引发了对战国授田制的探讨,土地国有(授田)制说和土地私有说进行了激烈辩驳。从整体研究来看,1990年代后,封建土地所有制形式问题的讨论趋于沉寂。研究者关注的领域日益多元,秦汉土地制度史研究也在盘桓整理之中,等待新的突破。二是2001年张家山汉简公布,提供了前所未见的土地制度新材料。秦汉名田宅制

---

[1]　张荣芳:《论两汉的"公田"》,《中山大学学报(社会科学版)》1985年第1期。

说逐渐成为研究者的共识。有关研究情况,将在下文进行论述。

三、"授田制"——战国土地制度史研究综说

战国时期是中国古代土地制度发生深刻变化的关键时期。关于战国时期的土地制度,传统的观点是,随着各国的变法运动,井田制逐渐瓦解,以土地买卖为标志的土地私有制得以确立。以秦国土地制度的变化为例,郭沫若主编的《中国史稿》认为,商鞅变法"在秦国范围内废除了井田制,进一步承认所有的土地都可以私有和买卖,由国家统一收税","它标志着秦国封建土地所有制的确立"。[1] 翦伯赞《中国史纲要》论述道,商鞅"废井田、开阡陌,允许土地买卖,承认土地私有权,为地主经济的发展铺平道路"[2]。朱绍侯主编的《中国古代史》说,商鞅变法"用法令形式废除了奴隶制的井田制,开阡陌封疆","把土地授给农民,土地可以买卖。这就从法律上维护了封建土地私有制,有利于地主经济的发展"[3]。可见,在 20 世纪 80 年代以前的战国土地制度的研究中,封建土地私有说是史学界主导性的看法。

20 世纪 70 年代末,睡虎地秦简、青川秦牍、银雀山汉简等一批新出土材料陆续公布,引起广大研究者的关注,他们开始重新审视

[1]　郭沫若主编:《中国史稿》,人民出版社,1979 年,第 15 页。

[2]　翦伯赞:《中国史纲要》,北京大学出版社,1983 年,第 82 页。

[3]　朱绍侯主编:《中国古代史》上册,福建人民出版社,1985 年,第 178 页。

既往对战国土地制度的认识。在这个过程中,战国授田制说被提了出来,并逐渐得到研究者的认同。2001 年张家山汉简释文公布,其中有关汉代土地制度的材料,进一步为战国存在授田提供了佐证。下文将以战国授田制说的形成、发展为线索展开论述,然后介绍战国土地制度研究中的不同观点及其争议所在。

刘泽华首先提出战国授田制说。他在 1978 年发表的《论战国"授田"制下的"公民"》一文中指出,诸侯所占有的土地同时也就是封建国家的土地,可称之封建国有制。封建国家把土地分给农民,当时叫作"授田"("受田")、"行田"、"分地"、"均地"、"辕田"等,可总称之为"授田"制。受田的农民叫"公民"。"授田"是在奴隶制瓦解、封建生产关系萌芽过程中出现的,春秋后期至战国前期各国普遍实行。封建国家控制的"公民"不能买卖所受的土地。"公民"没有人身自由,完全依附于封建国家。封建国家向"公民"征收很重的赋税。对战国时期的"公民"来说,租、税是一个东西。战国时期的农民阶级大体可分为四类:一是依附于封建国家的农奴,当时称之为"公民";二是依附于私人地主的农民,这些人与"公民"相对,称为"私人";三是拥有一小块土地的自耕农;四是庸夫,即雇农。在战国,农民阶级的主要组成部分绝不是拥有一小块土地、身份较自由的自耕农。战国时期"公民"耕耘的土地是从封建国家手中领受来的,封建国家对他们有人身占有权,进行着超经济的残酷剥削。这些"公民"是隶属封建国家的农奴。[1]

此后,主张战国授田制的学者逐渐增多,从不同角度对战国授田制说进行补充论证。裘锡圭《战国时代社会性质试探》认为,秦商鞅变法后实行授田制。授田制下,土地基本上掌握在国家手中。战国时代,各国大概都实行授田制。但在社会性质上,其主张战国时代是奴隶社会。[2]

齐振翚认为,战国时期封建土地所有制的主要形式不是封建土地私有制,而是封建土地国有制。封建国家把国有土地以份地的形式授予农民,直接进行封建剥削。封建国家对农民的授田,以及封君占有的土地、官吏禄田及山林川泽未垦荒地都属于封建国有制土地。战国后期封建土地国有制衰落下去,地主土地所有制和农民小土地所有制发展起来。[3]

张金光《试论秦自商鞅变法后的土地制度》尝试构建普遍国有制说的完整体系。他认为,秦自商鞅变法后的土地制度是普遍国有制。秦土地有两种基本的占有形态和经营方式,一部分由国家政府机构直接经营管理,一部分则通过国家授田和军功赐田等方式转归私人占有和经营使用。秦的国营土地可分为三类:一为农业耕地,

[1] 刘泽华:《论战国"授田"制下的"公民"》,《南开大学学报》1978年第2期。

[2] 裘锡圭:《战国时代社会性质试探》,原载《社会科学战线》编辑部编《中国古史论集》,吉林人民出版社,1981年;收入氏著《古代文史研究新探》,江苏古籍出版社,1992年,第416、417页。

[3] 齐振翚:《试论战国封建土地所有制的主要形式》,《辽宁大学学报(哲学社会科学版)》1982年第4期。

二为苑囿、牧场、草地，三为山林川泽等资源。国家以广"造作夫"为目的，"制土分民"，实行按户计口授田制。秦国家对全国土地拥有普遍的最高所有权，而个人对土地并没有超过占有权与使用权的水准而达到私有权的地步。秦国家掌握全国土地所有权，通过各种不同形式的田宅授、赐制度，使作为主要生产资料的土地与直接生产者结合起来，以榨取直接生产者的剩余劳动或剩余生产物即地租。秦民租赋徭役负担的根据就是授田制，农民获得份地是以纳租赋给徭役为条件的，秦的租赋徭役就是土地国有制下的实物地租与劳役地租的结合。秦国家严格、直接控制人民，以保证土地国有制下租税合一经济内容的实现。"悉租税，专民力"，"撮粟尺布，一夫之役，尽专于己"，就是国家土地所有权的经济实现。秦土地制度具有普遍国有制形态与实际上的私人占有的二重性特点。秦自商鞅变法至秦统一前后，是普遍的真正的土地国有制的确立与强化发展的时期，同时也是土地私有制的胚育时期。秦由国家"制辕田、开阡陌"到"使黔首自实田"，正是秦百年间土地关系运动的两块里程碑。"制辕田、开阡陌"标志着土地国有制的高度发展，而"使黔首自实田"则意味着国家默认并"赋予实际占有以法律的规定"。土地私人占有权转变为土地私有权，第一次真正取得了国家立法的承认，标志着秦的普遍土地国有制被土地私有制打开了缺口。汉的土地关系运动的过程，就是承秦之末而来的土地私有制吞噬国有制的历史。[1]

唐明礼基本上赞同张金光的观点,认为商鞅"开阡陌封疆"并不意味着土地所有制的改变,秦国没有因为商鞅变法而从根本上改变中国古代传统的土地国有制。[2]

朱绍侯《商鞅变法所建立的土地制度》认为,所谓"辕田",就是睡虎地秦简所出《田律》中所讲的"受田",即"计口授田"。"制辕田"在形式上对井田制的亩制也进行了变动,这便是"坏井田,开阡陌"的实质所在。商鞅改革土地制度,与辕田制并行的是"名田制"。名田制是在辕田制基础上,因军功而加赐的土地制度。无论是辕田制还是名田制,都还不是严格意义上的土地私有制,而是由国家交付农民长期使用的土地私人长期占有制。[3]

袁林《战国授田制试论》认为,授田制是战国时期——起码是商鞅变法以后——基本的社会经济制度。战国授田制基本内容是全部土地归国家所有;国家按劳动力"夫"或"家"授予定量土地,一般是百亩;国家直接干预生产过程,一方面给农民以帮助,一方面以严酷手段督励农民生产,国家依据授田额向农民征收实物租税,即地租与国税的统一体,剥削阶级具体成员的剥削收入是采取不同形式对这个统一体的分割;为了授田制的实施,国家一方面设立严密

[1]　张金光:《试论秦自商鞅变法后的土地制度》,《中国史研究》1982年第2期。

[2]　唐明礼:《商鞅"开阡陌封疆"并不意味着土地所有制的改变》,《南都学坛》1983年第2期。

[3]　朱绍侯:《商鞅变法所建立的土地制度》,《教学通讯》1983年第10期。

的户籍制度,以控制劳动力,一方面设置阡、陌、封、疆(埒)配套的严密田界系统,以保证土地的授收。[1]

杜绍顺认为,秦代的土地分国家授给农民土地("授田")和国家赐给有爵者的土地("赐田")两种类型。赐田可以继承;授田制下,土地不能传给子孙,但几乎是终身占有。商鞅变法之后,秦代不大可能形成农民与私家地主的租佃关系,也看不出秦代存在把国有土地直接租佃给农民的租佃关系。[2]

李瑞兰系统论述了战国时代国家授田制的由来、特征及作用。认为战国国家授田制是在西周"井田制"的基础上,中经春秋时代的若干变异,适应战国时代特有的政治经济条件和需要,逐步演变而来的。各诸侯国地权的集中及小生产独立发展条件的成熟,是其由以形成的关键因素。除了庶民土地"受之于公"的传统一脉相承外,授田体制与经营方式,已有很大不同。战国国家授田制的历史作用是延缓了土地私有化的进程,保证了小农与土地的稳定结合;便于政府直接干预小农的生产过程;有利于政府凭借对全国土地的最高所有权,直接控制广大小农。具有国家所有、私人占有双重结构的战国国家授田制,成了中国古代土地"公"有制到普遍私有化的最后过渡形态。[3]

---

[1]　袁林:《战国授田制试论》,《甘肃社会科学》1983 年第 6 期。

[2]　杜绍顺:《关于秦代土地所有制的几个问题》,《华南师范大学学报(社会科学版)》1984 年第 3 期。

[3]　李瑞兰:《战国时代国家授田制的由来、特征及作用》,《天津师范大学学报(社会科学版)》1985 年第 3 期。

罗镇岳则认为商鞅"制辕田"就是授田。商鞅变法后在秦国推行的授田制,虽然农民对所受土地能长期占有和使用,但还不能继承、出卖,还不是私有土地。秦国授田制下的土地所有制正在朝着私有制急剧转化。秦始皇"使黔首自实田"标志着授田制的终止。[1]

苏诚鑑认为,商鞅实行按"夫"授田制,一"家"百亩。各家"田宅"也因军功多寡而有差别,都在"名"之列。从土地制度来说,商鞅实行"受田"制,土地所有权仍在国家,"受田"农民还须向国家交纳地租。"名田宅"登记制度保留了国家对土地的所有权,同时又保障了农民的永久使用权。到秦始皇三十一年(前216)"使黔首自实田",农民才取得土地所有权,土地也成了私有财产。[2]

吴荣曾《战国授田制研究》认为,国家授田制是战国时期各国普遍推行的土地制度。魏国的一夫百亩制及秦国"坏井田、开阡陌"等,是授田制模式下的不同发展阶段。授田制是在井田制遭到破坏,国家为保证税收、徭役和兵力来源所实行的土地制度。战国末期,由于商品经济的冲击,授田制已逐步走向衰亡,至西汉时,便已走到了它的历史尽头。[3]

张玉勤《论战国时期的国家授田制》认为,除了份地授受外,还

[1] 罗镇岳:《秦国授田制的几点辨析》,《求索》1985年第1期。

[2] 苏诚鑑:《"名田宅"、"专地盗土"与"分田劫假"——战国秦汉三百六十年间土地制度的演变及其特点》,《中国经济史研究》1986年第3期。

[3] 吴荣曾:《战国授田制研究》,《思想战线》1989年第3期。

有军功赏田,它建立在份地授予的基础上,军功赏田也属于国家授田制的内容。战国国家授田制是以国有的名义,直接把土地授予包括奴隶在内的个体农户和赏给军功贵族占有,从而普遍地确立了私人对土地的占有关系。这只是占有,不能买卖,但已受到法律保护,过渡到以个体农户为基础的封建土地私有制是必然的。战国国家授田制是奴隶社会向封建社会过渡阶段的土地制度,属于过渡阶段的社会性质,体现在土地归属、剥削方式和阶级状况诸方面的二重性、变革性。[1]

严宾对商鞅变法的田制改革进行了研究,认为商鞅授田制的原则是:分配对象是农村中正在从事农业生产的农户;授田单位由过去的“人”(成年男子)改成了“户”;授田年龄起点大约是二十岁;授田数量以每个农户占田百亩为限。商鞅授田制的一个主要土地特征,就是铲除了一切旧有形式的田界。秦经商鞅变法,国家仍然掌握着全国土地的所有权,实行的是土地国有制。[2]

晁福林《战国授田制简论》讨论了战国授田制与变法运动的关系、授田制的具体操作、封建国家如何管理授田等问题。他认为授田制并非如有些专家所论是各国变法运动的结果,而是早在变法之前就已经在不同程度上实行了的制度。当时的授田制是以户口登记为前提条件的。战国授田制采取的是按户授田的办法,受田的民

---

[1]　张玉勤:《论战国时期的国家授田制》,《山西师大学报(社会科学版)》1989 年第 4 期。

[2]　严宾:《商鞅授田制研究》,《复旦学报(社会科学版)》1991 年第 5 期。

众向国家出赋役是以户为单位的。战国授田制度下的赋税征收已经将谷物收成情况与地亩面积等情况结合起来。封建国家严格管理授田：第一，受田要纳入国家对田地的总体管理，农民没有权利私自处置；第二，国家保护农民对于所受田地的疆界；第三，国家依据授田情况和年成粮食产量向农民征收粮食、刍稾等赋税；第四，国家依一定期限对受田农民进行"换土易居"之事。战国时期是宗法封建制向地主封建制过渡的历史阶段。过渡的关键就是授田制的实施所带来的社会结构的巨大变迁。[1]

由于史料的限制，战国土地制度研究多聚焦于秦国的土地制度研究。山东临沂银雀山汉墓竹简公布后，齐国土地制度进入了学者的视野。研究者依据《管子》和银雀山汉墓竹简的《守法》《王法》《田法》等十三篇的有关材料，讨论了齐国土地制度。他们大多认为银雀山竹书《守法》《守令》等十三篇反应的是齐国实行的爰田制，其基本前提认识之一就是国家在全国范围内普遍实行授田。爰田制由古代爰土易居之制发展而来，是只定期更换授田而不复易居的制度。爰田制的实质就是国家授田制。[2]

袁林就《管子》一书所反映的国家授田制度，归纳出如下一些内容和特征：1.国家严密管理社会生产劳动者，按"夫"或"户"授予

[1] 晁福林：《战国授田制简论》，《中国历史文物》1999 第 1 期。
[2] 王恩田：《临沂竹书〈田法〉与爰田制》，《中国史研究》1989 年第 2 期；沈长云：《从银雀山竹书〈守法〉、〈守令〉等十三篇论及战国时期的爰田制》，《中国社会经济史研究》1991 年第 2 期。

定量土地;2.设立严密田界系统;3.以所授土地的质与量确定国家租税征收额;4.国家对农业生产的某些环节予以行政干涉。《管子》所反映的国家授田制度是一套完整的社会经济制度。这些制度互相关联,互为条件,构成一个严密的系统。《管子》所反映出来的齐国等东部地区的土地制度,与秦、三晋等中西部地区实行的国家授田制度几乎完全相同,说明战国时期国家授田制度普遍实行。[1]

陈逸光探讨了齐国土地制度的演变。他认为,春秋战国时,齐国仍实行受田制度。《银雀山汉墓竹简·田法》记载,齐国"州、乡以地次受(授)田于野,百人为区,千人为或(域)",即反映了这一点。齐国土地制度的变革在领主制经济向地主制经济的演变过程中,具有新、旧体制交替时期的二重性,处于过渡形态。[2]

张金光《从银雀山竹书〈田法〉等篇中看国家授田制》认为,战国社会经济体制的支配形态,乃是在土地国有制基础上,通过多种形式的国家授田制,将土地分授于民,建立起强制性极强的份地农分耕定产责任制。这些份地农对国家依附性甚强,带有极浓厚的国家农奴色彩。由于实行国家授田制,份地农分化并不大。当时不存在新兴地主阶级与佃户农民的阶级分野与对立。文中还分析了授田制中人、地因素的结合,定期还授制度等问题。[3]

---

[1]　袁林:《〈管子〉所反映的土地制度》,《管子学刊》1989 年第 4 期。

[2]　陈逸光:《〈管子〉与齐国土地制度的演变》,《管子学刊》1990 年第 1 期。

[3]　张金光:《从银雀山竹书〈田法〉等篇中看国家授田制》,《管子学刊》1990 年第 4 期。

宣兆琦《试谈齐国的土地制度》认为,从西周至战国,齐国土地制度经历了一个由封主领有下的公社土地所有制,到"公田""均田"双轨土地国有制,再到国家授田制的过程。战国时期,齐国的基本土地制度是国家授田制,即国家对直接生产者农民授予定量土地的制度。从土地所有权方面来看,是土地国有制。[1] 高思栋与他的观点相类,认为齐国的土地制度大体经历了长期居统治地位的井田制,由井田制向国家授田制过渡的公田、均田制和国家授田制这样几个阶段。[2]

因史籍阙载,学者对战国时期其他国家土地制度的论述不多。[3] 尽管所依据的史料多以秦国、齐国为主,但多数学者认为授田制是战国时期各国普遍施行的制度,是基本的土地制度,土地性质是国家所有。[4] 战国后期,授田制逐渐向土地私有制过渡。秦始皇"使黔首自实田"在全国范围内确立了土地私有权,授田制不再实行。

以新出土简牍材料中"受田"信息为基础建立起来的战国授田

[1]　宣兆琦:《试谈齐国的土地制度》,《管子学刊》1992 年第 1 期。

[2]　高思栋:《齐国土地制度浅议》,《管子学刊》1998 年第 2 期。

[3]　楚国土地制度也有若干研究,如殷崇浩《春秋战国时楚国土地制的变革》,《江汉论坛》1985 年第 4 期;刘玉堂《楚国井田制度管窥》,《湖北大学学报(哲学社会科学版)》1995 年第 2 期;刘玉堂《楚国土地制度综议》,《湖北大学学报(哲学社会科学版)》1996 年第 3 期。李学勤:《包山楚简中的土地买卖》(《中国文物报》1992 年 3 月 22 日),指出了包山楚简中一条土地买卖的史料。

[4]　也有的学者认为战国授田制具有国家所有和私人占有的双重性质,如李瑞兰。

制说,给过去长期占主导地位的封建土地私有说带来了严峻的挑战,如何认定战国"受田"存在的事实并重新解释这一存在,是持封建土地私有说学者面临的重要问题。

祝瑞开认为秦简中的土地授予只是封建国家对全国土地拥有主权的表现。秦自商鞅变法以来,"除井田,民得买卖",土地既经授予以后,就承认了士民对于土地的所有权,受田农民能将封建国家授予的土地、房屋出卖。秦汉时期,已不实行土地国有制,自耕农民是有土地私有权的。[1]

唐赞功坚持封建土地私有制说。他认为秦国不仅存在封建地主土地所有制,而且还存在封建国有土地所有制以及自耕农民的小块土地所有制。封建地主土地所有制是秦商鞅变法后占支配地位的土地所有制形式,制约着其他土地所有制形式的发展。他认为商鞅变法"制辕田"就是在一次授给之后,不再定期重新分配,各家从此受而不还,在自己的受田上进行轮流休耕。各家得以长期占有土地,实际上是把所受之田变为私有。与此同时,商鞅实行亩制改革,打破旧的田界,树立新的田界,这就叫作"开阡陌"。因此,所谓"制辕田,开阡陌"就是废除旧的授田制,实行新的田制,并承认土地的私有,即确立封建土地私有制。所以《田律》中的"授田",已经不是什么国有土地,而是私有土地了。土地的所有者不是国家佃农,而

[1]　祝瑞开:《汉代的公田和假税——附说秦的"受田"和"租""赋"》,《西北大学学报(哲学社会科学版)》1980 年第 2 期。

是地主或自耕农。他还用阶级分析的方法和所有权理论结合,对土地国有制说提出质疑:"'占有土地,自己不劳动,或只有附带的劳动,而靠剥削农民为生的,叫做地主'。如果认为全国耕地基本上属于国有,对于这种国有土地,地主既无占有权又无所有权,那么,仅仅拥有一小部分耕地的地主,又怎么能够形成为一个居于统治地位的阶级呢? 再说,在封建国家中,'依靠地主绅士作为全部封建统治的基础'。如果认为作为地主阶级赖以存在的地主土地所有制形式只居辅助地位,那么,封建国家的统治基础又在哪里?"[1]

同样,熊铁基与王瑞明也认为秦代封建土地所有制的主要形式是地主阶级的土地私有制,但并不排斥封建国家还直接控制着一些土地。云梦秦简中有"受田"字样,并不说明秦代存在"封建国家实行计口授田"的制度。政府授给土地之后,不再进行分配,各家已有的土地,即为私人所长期占用。名义上虽然还是"受田",实质上土地已为私人所有。国家经费的主要来源是从私有土地上(包括地主和自耕农民私有的)征收租税。[2]

高尚志认为,魏的"行田"和秦的"受田"是在废除井田旧制的同时,确立"名田制"所采取的土地分配制度。"名田"制包括爵秩名田和编户名田两方面内容。"受田"并非性质不同的单独存在的

---

[1] 唐赞功:《云梦秦简所涉及土地所有制形式问题初探》,中华书局编辑部编:《云梦秦简研究》,中华书局,1981 年,第 53—66 页。

[2] 熊铁基、王瑞明:《秦代的封建土地所有制》,中华书局编辑部编:《云梦秦简研究》,中华书局,1981 年,第 67—78 页。

土地制度。"受田"之后所受之田即变成"民田"，已非国有土地性质。"受田"同土地买卖，是相互并行、交错在一起的。"受田"适应了土地私有化的趋势，对封建土地私有制的形成和发展起了促进的作用。[1]他将"受田"视为一项改革措施，随着"受田"确立起的是私有性质的"名田制"。

这些学者虽承认秦商鞅变法后存在国有土地，承认授田制的存在，但认为受田一经授予就变成长期占有，因此事实上等于私有。云梦秦简所反映出来的"受田"现象就这样被纳入封建土地私有说的框架内。这种观点影响很大，张家山汉简释文公布后，一些学者对《二年律令》所反映的土地制度仍这样加以解读。然而，从预设的理论前提和认识框架出发，解读新材料，往往会对所观察的事物得出失真的认识。要得出符合历史事实的结论，必须做到从史料出发，首先需要放下的是我们的理论先见，让理论经受史实的检验。否则，虽有新材料，却等同于无。

一些学者则主张战国时期封建土地私有制和土地国有（授田）制并存说。

林甘泉在《中国封建土地制度史（第一卷）》中，肯定了战国时期各国在军功赏田的同时，也推行授田制。国家授田制的对象主要是无地或少地的农民，目的在于强制他们开垦荒地，以增加国家赋

---

[1]　高尚志：《秦简律文中的"受田"》，中国秦汉史研究会编：《秦汉史论丛》第 3 辑，陕西人民出版社，1986 年。

税收入。国家在授田时,不仅没有打乱原来的土地占有关系,而且农民受田之后,可以把所受之田作为世业传之子孙后代。授田制下农民所占的土地已具有私有财产性质。并非所有无地少地的农民都可以从国家那里分配到土地,这就促使一些地狭人众的诸侯国农民向土地有余的国家迁徙。授田农民带有国家佃农性质,但是他们所受封建国家徭役赋税的剥削与一般自耕农并无多大差别。最终战国时代形成了封建土地所有制的三种基本形式:自耕农小土地所有制、封建地主土地所有制、封建土地国有制。[1] 他认为秦汉以降,封建地主土地所有制占主导和支配地位,但对战国时期何种所有制形式占支配地位没有表明意见,在此姑且将林著的看法定为并存说。

高敏认为商鞅"废井田"后的土地制度是封建土地国有制与地主土地私有制的并存。前者在开始还居于主导地位,只是由于后者在迅速发展之中,才相对地削弱了它的比重。国有土地,除官府用奴隶去耕种者外,还有强迫农民去耕种的。其方式大约有两种:一是把国有土地以份地的形式"授田"给农民,二是把国有土地直接租佃给农民耕种。[2] 把"授田"视为国有土地的一种管理、经营形式。

---

[1] 林甘泉主编:《中国封建土地制度史》第 1 卷,中国社会科学出版社,1990年,第 90—94、104—109 页。

[2] 高敏:《从云梦秦简看秦的土地制度》,氏著:《云梦秦简初探》,河南人民出版社,1979 年,第 133—154 页。

潘策、杨宽、刘家贵也持并存说。潘策认为秦自商鞅变法后,作为封建国家政权的秦国,曾将直接控制的国有土地利用官府奴隶进行耕种外,大部分则以“授田”的方式,让农民进行耕种,然后按“授田”面积征收租赋。秦自商鞅变法后,秦的土地制度是封建的国有制和地主土地私有制并存。[1] 杨宽认为秦从商鞅变法以后存在按户授田制度和准许个人以私人名义占有田宅的名田制度。[2] 刘家贵认为战国既不是单一的土地私有制,也不是纯粹的土地国有制,而是土地国有制和土地私有制并存。军功赏田和国家对农民所授的份地是性质不同的两种土地制度。这部分国有土地和授田制下的那部分国有土地不同,它只具有暂时的国有性质,随着各国奖励军功,这部分国有土地很快转化为私有土地。[3]

施伟青不同意张金光的普遍授田制说。他认为秦从商鞅变法以后,就出现国有土地与私有土地并存的两种土地所有制形态,随着赐田的不断赏赐,私有土地在秦土地中所占的比例愈来愈大。到了战国后期,就垦田而言,私有耕地应当是多于公有耕地的。[4]

邵鸿认为授田制在战国时期普遍存在,战国土地买卖和私有的

---

[1]　潘策:《从睡虎地秦墓竹简看秦的土地制度》,《历史教学与研究》1982 年第 2 期。

[2]　杨宽:《云梦秦简所反映的土地制度和农业政策》,《上海博物馆集刊》1983 年第 2 期。

[3]　刘家贵:《战国时期土地国有制的瓦解与土地私有制的发展》,《中国经济史研究》1988 年第 4 期。

[4]　施伟青:《也论秦自商鞅变法后的土地制度——与张金光同志商榷》,《中国社会经济史研究》1986 年第 4 期。

存在也是不可否定的事实。至战国末季,授田制渐趋瓦解,从而在秦代正式确立了土地私有制度的统治地位。[1]

关于战国时期土地国有制和土地私有制何种占主导地位,牵涉到一个有关土地所有权的理论问题,即土地买卖是否已是战国时期普遍存在的现象? 马克思说过,土地私有权的确切定义是,"土地所有权的前提,一些人垄断一定量的土地,把它作为排斥其他一切人的,只服从自己个人意志的领域"[2]。列宁指出:"这种私有制的真正自由,没有土地买卖的自由是不行的。"[3]战国时期是否存在土地买卖,成了授田(土地国有)说和土地私有说的界标。持授田说的学者极力否认土地买卖的存在,而主土地私有说的学者则力证土地买卖之确有。

有关战国时期土地买卖的记载有三条。《史记·廉颇蔺相如列传》:(赵括)"王所赐金帛归藏于家,日视便利田宅可买者买之。"[4]《汉书·食货志》:"秦孝公用商君,坏井田,开仟伯,急耕战之赏,虽非古道,犹以务本之故,倾邻国而雄诸侯。然王制遂灭,僭差亡度。庶人之富者累巨万,而贫者食糟糠。"[5]《韩非子·外储说左上》:"王登一日而见二中大夫,予之田宅,中牟之人弃其田耘、

[1] 邵鸿:《略论战国时期的土地私有制》,《江西师范大学学报(哲学社会科学版)》1992年第2期。

[2] 马克思:《资本论》(第三卷),人民出版社,1966年,第722—723页。

[3] 《列宁全集》第13卷,人民出版社,1972年,第291页。

[4] 《史记》卷八一《廉颇蔺相如列传》,第2447页。

[5] 《汉书》卷二四上《食货志上》,第1126页。

卖宅圃,而随文学者邑之半。"[1]前两条的争议之处在于皆出自汉代人之手,土地国有说论者认为是以汉度古,不足为据。而后一条史料,论者以为所卖者只是"宅圃",不是土地,"予之田宅"恰好说明了战国授田的实况。另外,李学勤指出了包山楚简中一条关于土地买卖的材料。[2]无论如何,战国时土地买卖的现象尚不普遍。

出土秦简中的有关材料也引起了研究者的注意。除了授田说所引证的睡虎地秦简《田律》中的"入顷刍稾,以其受田之数,无狼(垦)不狼(垦),顷入刍三石、稾二石"外,还有两条材料研究者争议较多。睡虎地秦简《法律答问》:"部佐匿者(诸)民田,者(诸)民弗智(知),当论不当?部佐为匿田,且可(何)为?已租者(诸)民,弗言,为匿田;未租,不论○○为匿田。"有学者认为,"租"是国家把国有土地租佃给农民而收取的地租,秦代存在把国有土地直接租佃给农民的形式。[3]随即,有学者指出此处的"租"只是指"田税",并没有后来所谓"租佃"的含义。[4]《法律答问》:"'盗徙封,赎耐。'可(何)如为'封'?'封'即田千佰。顷半(畔)封殹(也),且非是?而盗徙之,赎耐,可(何)重也?是,不重。"对于这条材料,持土地私

[1]　《韩非子》卷一一《外储说左上》,文渊阁四库全书本,第729册,第708页。

[2]　李学勤:《包山楚简中的土地买卖》,《中国文物报》1992年3月22日。

[3]　高敏:《从云梦秦简看秦的土地制度》,氏著:《云梦秦简初探》,河南人民出版社,1979年,第133—154页。

[4]　祝瑞开:《汉代的公田和假税——附说秦的"受田"和"租""赋"》,《西北大学学报(哲学社会科学版)》1980年第2期。

有说的学者认为是国家保护地主土地私有权的证据。[1] 持土地国有制说的学者随即指出,徙界、争界非必见于土地私有制下,国家授田制下依然有界畔之争,因为耕稼归个人所有。"盗徙封"律条的设立,表明国家政府对一切土地(包括国营耕地和私人占有的土地)有干预和所有权。[2] 相同的材料得出不同的解读,使我们不得不思考,怎样运用史料才能得出符合历史实际的结论。[3]

2001 年张家山汉简公布,由于秦汉制度的渊源关系,张家山汉简对战国土地制度研究也有重要的参照意义。学者在探讨张家山汉简所反映的土地制度的同时,多将目光上探至战国时期。杨振红提出战国秦汉以爵位名田宅制说,认为商鞅变法时确立了名田宅制。其基本内容是:以爵位划分占有田宅的标准,以户为单位名有田宅,田宅主要通过国家授予、继承、买卖等手段获得,并与爵位减级继承制相配套。它作为基本的田宅制度为其后的秦帝国和西汉王朝所继承。以军功赏田是包含在以爵秩等级名田宅制度中的,并不是另行的一套土地制度。土地买卖和继承不能作为划分土地私有的标准。以往被土地私有制说认为是土地私有制确立标志的秦始皇三十一年"使黔首自实田",不过是秦始皇以承认现有的土地

[1] 唐赞功:《云梦秦简所涉及土地所有制形式问题初探》,中华书局编辑部编:《云梦秦简研究》,中华书局,1981 年。

[2] 张金光:《试论秦自商鞅变法后的土地制度》,《中国史研究》1982 年第 2 期。

[3] 彭卫:《关于历史研究主体谬误的初步分析》,《中国史研究》1988 年第 1 期。

占有状况为前提,对统一后的全国土地占有状况所进行的一次普查登记。[1] 其后,杨振红又通过对龙岗秦简中有"田"和"租"等字的简牍资料的考察,提出龙岗秦简中的"行田"即授田,在秦帝国时期是人们获得土地最为重要的方式之一,它和传世文献以及张家山汉简相互印证,秦及西汉初期实行的是"名田宅制"。名田制下国家对土地有一套严格的管理办法,对田租的征收也有一系列细致严密的规定。[2]

随后,于振波也认为商鞅变法确立起秦名田制,并将秦名田制与井田制、张家山汉简中的名田制做了比较。认为不论是井田制还是名田制,都是根据一定的身份等级占有田宅。周爵以世卿世禄为原则,秦爵以食有劳而禄有功为原则;井田制下的禄田可以为同一家族世代享用,相对稳定,名田制下的田宅,由于爵位的降等继承而有较大的流动性。汉名田制与秦名田制是一脉相承的。[3]

学者们对名田宅制的研究充分显示了张家山汉简对战国土地制度研究的深化作用,名田宅制说是在战国授田制说基础上的进一步发展。

---

[1] 杨振红:《秦汉"名田宅制"说——从张家山汉简看战国秦汉的土地制度》,《中国史研究》2003 年第 3 期;后收入杨振红《出土简牍与秦汉社会》,广西师范大学出版社,2009 年,第 146—163 页。

[2] 杨振红:《龙岗秦简诸"田"、"租"简释义补正——结合张家山汉简看名田制的土地管理和田租征收》,卜宪群、杨振红主编:《简帛研究二〇〇四》,广西师范大学出版社,2006 年。亦收入氏著《出土简牍与秦汉社会》。

[3] 于振波:《简牍所见秦名田制蠡测》,《湖南大学学报(社会科学版)》2004 年第 2 期。

　　张金光《普遍授田制的终结与私有地权的形成——张家山汉简与秦简比较研究之一》认为,《二年律令》中的土地制度,是普遍授田制度的延续,应以土地国有制标识其土地性质。"名田"性质具有不确定性,亦非制度,不宜用以表述其时土地制度的整体属性。普遍授田制的终结便是土地私有权制度的确立。通过普遍授田制对国有地权的层层分割,以及份地使用权和占有权的长期凝固化,最终在汉文帝时普遍授田制被废止。[1] 将他 1983 年发表的《试论秦自商鞅变法后的土地制度》一文和这篇文章的观点相比较,可以发现他的看法有了微妙的变化。在前一文中,他认为在普遍国有制下,实行多种类型的国家授田制,主要是小农份地制和扩大了的份地制即军功赐田制。在后一文中,他改用了"普遍授田制"的提法,将军功爵户授田同庶人普遍授田纳入同一国家授田制系统,以庶人普遍授田制为基础,构成一个累进系列制度。文章的标题亦由"普遍国有制"变换为"普遍授田制"。至于以"普遍授田制"来标识战国到汉初土地制度是否合适,下文再述。

　　通过以上所述,我们可以看到战国授田制说是如何在睡虎地秦简等新出材料的启迪下逐渐形成一个关于战国土地制度形态的完整论述,又在张家山汉简有关材料的印证下,达到一个新阶段的认识——"名田宅制"。学术的生成和演化总是推动史学家不断扬弃

---

　　[1]　张金光:《普遍授田制的终结与私有地权的形成——张家山汉简与秦简比较研究之一》,《历史研究》2007 年第 5 期。

旧识,求得更接近于历史真实的新知。战国授田制说在这一认识道路上,有不可忽略的贡献,值得我们认真总结。

四、秦汉土地制度的新认识——"名田(宅)制"说

如上所述,新中国成立以来,对秦汉土地制度讨论得比较多的是土地所有制问题。封建地主土地私有说长期占主导地位。比较有代表性的是林甘泉主编的《中国封建土地制度史(第一卷)》的看法。该书认为秦汉时期存在三种基本的土地所有制形式:封建国家土地所有制、封建地主土地所有制和自耕农的小土地所有制。三者之间彼此消长和变化。其中,封建地主土地所有制是占主导地位和制约封建土地关系发展的土地所有制形式。[1]

张家山汉简公布后,名田制是秦汉时期的基本土地制度的观点为越来越多的研究者所认同。简要来说,名田制就是以立户为前提,按爵秩等级名有田宅的土地制度。本节以名田制说在秦汉土地制度研究中的发展脉络为轴线,以 2001 年张家山汉简《二年律令》公布为分界,对秦汉土地制度研究在近几十年来的进展进行讨论。

名田,或称名田宅。它最早见于《史记》卷六八《商君列传》关于商鞅变法内容的记述:"明尊卑爵秩等级,各以差次名田宅,臣妾

---

[1]　林甘泉主编:《中国封建土地制度史》第 1 卷,中国社会科学出版社,1990年,第 12 页。

衣服以家次。"司马贞《索隐》曰："谓各随其家爵秩之班次,亦不使僭侈逾等。"此外,有关"名田"的史料还有以下数条。

《史记·平准书》:

"贾人有市籍者,及其家属,皆无得籍名田,以便农。"《索隐》曰:谓贾人有市籍,不许以名占田也。[1]

《汉书·哀帝纪》绥和二年诏曰:

诸侯王、列侯、公主、吏二千石及豪富民多畜奴婢,田宅亡限,与民争利,百姓失职,重困不足。其议限列。"有司条奏:"王、列侯得名田国中,列侯在长安及公主名田县道,关内侯、吏民名田,皆无得过三十顷。诸侯王奴婢二百人,列侯、公主百人,关内侯、吏民三十人。年六十以上,十岁以下,不在数中。贾人皆不得名田、为吏,犯者以律论。诸名田畜奴婢过品,皆没入县官。[2]

《汉书·食货志上》载同一事云:

---

[1]《史记》卷三〇《平准书》,第 1430 页。
[2]《汉书》卷一一《哀帝纪》,第 336 页。

　　丞相孔光、大司空何武奏请："诸侯王、列侯皆得名田国中。列侯在长安，公主名田县道，及关内侯、吏民名田皆毋过三十顷。诸侯王奴婢二百人，列侯、公主百人，关内侯、吏民三十人。期尽三年，犯者没入官。"时田宅奴婢贾为减贱，丁、傅用事，董贤隆贵，皆不便也。诏书且须后，遂寝不行。[1]

《汉书·食货志上》载董仲舒言：

　　古井田法虽难卒行，宜少近古，限民名田，以澹不足，塞并兼之路。[2]

《汉书·食货志下》载武帝时算缗钱令：

　　贾人有市籍及家属，皆无得名田，以便农。敢犯令，没入田货。[3]

　　关于"名田"的含义，《史记索隐》说："以名占田也。"颜师古在《汉书·食货志》注中说："名田，占田也。各为立限，不使富者过制，则贫弱之家可足也。"因此，理解的关键是"占"字。有的学者把

[1]　《汉书》卷二四上《食货志上》，第 1142 页。
[2]　《汉书》卷二四上《食货志上》，第 1137 页。
[3]　《汉书》卷二四下《食货志下》，第 1167 页。

占田理解为"占有"义,进而认为"名田"一词有私有的意义。这一看法有所偏颇。"占"在汉代是一个专有术语,作"自报"解。《史记索隐》:"按:郭璞云'占,自隐度也'。谓各自隐度其财物多少,为文簿送之官也。"《汉书·宣帝纪》地节三年诏:"流民自占,万余口。"颜师古注曰:"谓自隐度其户口而著名籍也。"就是令物主自行计度数值,据实申报之意。名田就是在政府的户籍——"名数"上申报登记土地数量,政府由此掌控全国土地,并据以征收赋税。"占有"是后起之义,但这一意义却误导了现代的许多研究者。我们在定义秦汉土地制度的时候,应该考虑使用"名田"这一秦汉原生词来指称它。

"名田"一词虽然在秦汉史籍中频频出现,但它作为一个土地制度的概念,则是随着秦汉土地制度研究的深入而逐渐确立的。首先对名田制做出阐述的是朱绍侯。1960年,朱绍侯在《秦汉时代土地制度与生产关系》一文中,使用"名田"一词来指称商鞅变法所建立的土地制度。他认为商鞅变法废除了土地轮换分配制,建立起以名占田的土地长期占有制。名田制可能是贵族、官吏等统治阶级的土地占有制,辕田制可能是一般农民的土地占有制。在名田制下,贵族、官吏等统治阶级可以有权占有比一般农民多得多的土地,但同时也要受"家次"(门第高低)的限制,汉时限民名田的历史根源可能就在此。在名田与辕田制下,农民虽然长期占有和使用一定数量的共有土地,但是在法律上国家是不承认农民有私有权的,土地仍然是国家及其最高的代表皇帝所有。商鞅变法所建立的名田制,汉在建国后仍然循而未改。随着两汉政权及土地私有化的发展，名田制逐渐破坏，但在法律上名田制并没有废除。他认为秦汉时代土地国有制广泛存在，但私有制也在不可抑制地发展着。[1]

朱绍侯1981年发表的《"名田"浅论》一文，观点有所变化。他认为名田实质上也就是承认土地私有制。对于这种土地私有权，封建中央集权制的国家是能够干预的，表现在国家既允许私人占有、使用甚至买卖土地，但对于占有的数量是有限制的。另外在法理上，国家是不承认土地私有权的。商鞅变法时规定的"名田宅臣妾以家次"的真正含义，就是允许贵族、官僚、地主按门第等级占有不同数量的土地和奴隶。它具有对土地私有制的承认和限制两种意义。[2]

此后，朱绍侯的观点一直处于修正发展之中。《商鞅变法所建立的土地制度》一文认为，商鞅改革土地制度，与辕田制并行的是"名田制"。所谓"辕田"，就是睡虎地秦墓竹简《田律》中所讲的"受田"，即"计口授田"。名田的内容就是以军功爵位的高低赐给相应的田宅。名田制是在辕田制基础上，因军功加爵而赐予土地。名田制既有以爵位等级占田，又有按"家次"限田的双重意义。无论是辕田制还是名田制，都还不是严格意义上的土地私有制，而是由国

[1]　朱绍侯：《秦汉时代土地制度与生产关系》，《开封师院学报（社会科学版）》1960年第1期。
[2]　朱绍侯：《"名田"浅论》，《中国古代史论》第1辑，福建人民出版社，1981年。

家交付农民长期使用的土地私人长期占有制。[1]

《试论名田制与军功爵制的关系》一文,将名田制与军功爵制联系起来进行研究。他认为名田制是军功爵制的经济基础。军功爵制相关的"名田"与老百姓的"受田"有所不同。"名田"是在百姓"受田"的基础上对有军功者的赏赐。"名田"的含义既有"以名占田"的内容,又有按等级占田、限田的精神,老百姓的"辕田"或"受田"完全可以包括在"名田"之中。名田制是一种具体的土地制度,是按军功爵的级别占有不同顷数的土地制度,它的性质是土地长期占有。商鞅变法所建立的秦国军功爵制和名田制度,西汉建国后完全继承下来。东汉时,名田制和军功爵制一样名存实亡,豪强地主取代了军功地主,名田制已被田庄经济所吞没。名田制破坏的原因是军功爵制的轻滥和土地兼并的恶性发展。[2]

朱绍侯对秦汉土地制度进行了长期的研究,在此基础上,1985年出版了专著《秦汉土地制度与阶级关系》,基本内容可见于上述各篇文章介绍。[3] 可以看出,朱绍侯所谓的名田制并非秦汉时期基本土地制度形态,只是贵族、官吏等统治阶级的土地占有制,在此之外还存在农民的土地占有制(辕田制)。他指出汉代承袭了商鞅变法所建立的名田制,还指出名田制有按等级占田、限田的精神。

[1] 朱绍侯:《商鞅变法所建立的土地制度》,《教学通讯》1983年第10期。
[2] 朱绍侯:《试论名田制与军功爵制的关系》,《许昌师专学报(社会科学版)》1985年第1期。
[3] 朱绍侯:《秦汉土地制度与阶级关系》,中州古籍出版社,1985年。

关于名田制的土地所有制性质,其观点有反复,早先他认为是土地长期占有,在《"名田"浅论》中认为是土地私有,而在《试论名田制与军功爵制的关系》中再度认为是土地长期占有。张家山汉简公布后,他又连续发表了几篇文章,下文将予以介绍。

郭人民《"名田"解》认为,"名田"是按照国家规定的爵位贵贱、品级高低,占有不等量的土地,是秦汉时期的一种土地占有制度。它起于商鞅变法时的"明尊卑爵秩等级各以差次,名田宅臣妾衣服以家次"的军功爵赏田。国家政府通过"法以功劳行田宅"的方式,按爵位高低、等级名分的不同,建立起军功赏爵赏田、军功地主役属农民的制度。一是按名籍占田,一是按名分爵位占田,是"名田"一词的来由和"名田制"的基本内容。商鞅在秦国变法时所建立的"名田制",在秦统一六国后以及西汉一代仍在实行,但"名田制"在推行中不断松弛。真正废除"名田制"的是王莽改制。在所有权性质上,"名田制"不再把吏民所占有的土地收回再行分配授受,而是允许长久占有,化为个人私有。"名田制"这种由国有制到私有制的过渡性质,是中国土地制度发展史上的一大进步,也是秦汉时代土地向私有制转化的一个主要形式。"名田制"仅仅规定爵位高可以多占有土地,并没规定无地可以自由买卖,在某种程度上,国家还保有部分权力,对土地买卖进行干涉。[1]

罗义俊《汉代的名田、公田和假田——兼论商鞅的田制改革和

---

[1]　郭人民:《"名田"解》,《光明日报》1982 年 11 月 24 日。

秦名田》，从土地所有权的三个层次对汉代名田制做了阐发和论述。他认为名田制即占田制，是商鞅变法在秦国确立，然后向关东六国地区逐渐推行的土地制度。汉名田制从秦的土地制度直接继承而来。名田制即汉代法典化的土地制度。商鞅田制改革的内容即是确立名田制。凡吏民占有土地、奴婢都严格法定占有量，这个量必须与其家的爵秩即社会身份的品位等级相符。允许土地买卖、鼓励土地兼并与商鞅田制改革的目的不符。占田吏民附于名籍，即为国家的编户齐民，亦即身份性农业户，依附于国家。名田、爵秩、户籍是秦名田制的三个内容，二十等爵是名田的品级依据，户籍是名田的实施保证，三者不可分割，合一推行。编户与获爵都是占田的前提，无此前提则不得名田。名田制亦可称赏田、赐田或授田制。一切田界的变动都必须在国家主持或干预下进行，国家掌握着新田界的变动权。这表明受田的所有权仍在国家，表明名田不是占有者的完全自由支配的自由地，占有者对名田不拥有完全自由控制、支配的专有的排他的权利。

罗义俊还认为汉名田制是对秦名田制的恢复、继承和发展：（一）与秦名田一样，汉名田与授田、赐田、赏名田都是异名同义；（二）汉名田制亦是以爵秩名田的品位定格占田制；（三）实施根据仍为封建二十等爵制；（四）占田亦须首先书于"名数"，取得国家编户齐民的身份。"限民名田"的目的乃恢复秦名田制的严格性，它是名田上的"装饰物"和"混杂物"。所谓"限民名田"，即是有限制的名田制，把汉名田制解释为限田制也是不妥的。名田地租形态的两大特征:地租和赋税合一,各种地租形式组合。土地国有制是汉得以实施更役的物质基础和力量奥秘。所有权(私人所有权即私有权)、占有权、使用权,反映了三种性质有所不同的土地所有制形式,也可称为土地所有权的三个层次。汉名田、公田和假田是国有土地各有差别的具体形态。名田、公田、假田三者即秦汉土地国有制的基本结构,在所有权上即为所有权、占有权、使用权的三层结构,又可简化为土地国有与私人(或公共)占有、使用的二重结构。这个二重性即是秦汉土地制度的内在的基本矛盾和基本特点,也是秦汉社会与土地运动的根本内因。私人占有、使用的现实总是企图使私人对所有权深化,走向私有制。[1]

从上文所述,可以看到郭人民、罗义俊对秦汉名田制的渊源和发展、基本内容和特征、所有制性质等方面的看法,已接近于张家山汉简公布后带给我们的新认识。他们将名田制说推进了一大步,达到了当时条件下所能及的认识高度,所缺少的仅是新材料的验证。特别是罗义俊指出名田、爵秩、户籍是名田制的三项内容,三者不可分割,合一推行。其文章还带有浓重的理论色彩,是一篇难得的史论结合的力作。但可能因为郭人民和罗义俊的这两篇文章均不是发表在学术期刊上,因此,一直没有引起研究者的关注和重视。就鄙见所及,以往相关研究均未提及这两篇文章。

---

[1]　罗义俊:《汉代的名田、公田和假田——兼论商鞅的田制改革和秦名田》,平准学刊编委会编:《平准学刊——中国社会经济史研究论集》第 3 辑下册,中国商业出版社,1986 年。

　　袁林认为战国秦的名田制与西汉前期的名田制性质不同。秦"名田"的内容,是以该家所处的等级地位,占有相应数额的国家授予的土地,实际上是国家授田制的另一种称呼。它包含两层意思:一、占有国家土地者必须将自己的姓名、爵级等登记于国家户籍;二、国家依此户籍对有名者按制度授予相应数额的土地,其中既有对一般劳动者的授田,也有对军功者增授的土地。随着战国国家授田制的逐渐瓦解,秦始皇三十一年颁布了"使黔首自实田"的法令,宣布不再按制度授田,其结果形成了西汉前期的名田制。西汉名田制的特征是国家名义上具有全部土地所有权和依制限民占有;由于土地私人所有制的迅猛发展,名田制也逐渐崩溃,自汉哀帝始,名田制公开废除,土地私人所有制开始有了较为充分的发展。[1]

　　尹协理《秦汉的名田、假田与土地所有制》认为,所谓名田,是指按户籍授田。有户籍者授予土地,无户籍者不授予土地。"生者著,死者削",死后归还,所以叫"名田"。名田因爵位等级不同而有所区别,从公士到彻侯共二十等,此外还有无爵的士伍与农奴(直接生产者)。西汉继承了秦代"上无通名,下无田宅"的名田制度,以爵位的品级授田。两汉的土地一般是不准买卖的。豪强兼并土地,主要是非法买卖土地。秦汉时期存在着国家土地所有制与豪强土地所有制这两种土地所有制并存的局面。汉代大部分土地的所有

---

　　[1]　袁林:《"使黔首自实田"新解》,《天津师范大学学报(社会科学版)》1987年第5期。

权掌握在国家（皇室）手中。那些接受授田的官吏与百姓，对这部分土地只有使用权，没有所有权。[1]

苏诚鑑把商鞅"名田宅"法令看作是土地财产登记制度的创始。从土地制度来说，商鞅实行"受田"制。"名"是自报之意，商鞅此令是规定人民各自申报其田宅、臣妾、衣服等土地财产。"名田宅"登记制度保留了国家对土地的所有权，同时保障了农民的永久使用权。到秦始皇三十一年"使黔首自实田"，农民才取得土地所有权，土地也成了私有财产。[2]

杨兆荣认为"名田制"即是商鞅变法时实行的"以名占田"，国家按民户名份、爵位的高低授予不同数量的土地、奴婢，并使其享受免税、免役特权的制度。建立在军功爵基础上的名田制，是在私有制发展的形势下，由封建土地国有制中派生出来的等级土地占有制。[3]

上述学者均将名田制的性质看成是土地国有制或其派生物，但一些学者持不同看法，他们认为名田制具有私有土地所有制性质。

吴玉章《秦改变土地制度对中国社会经济发展的影响》认为，"名田"出现于秦改革土地制之后，"名田"就是令人民自己报明他有多少田地，不限制土地的数量，只按其田地定出应纳多少田赋，这些田地就安他的名字，归其私有。土地可以自由买卖，从而造成土

---

[1]　尹协理：《秦汉的名田、假田与土地所有制》，《历史教学》1989 年第 10 期。

[2]　苏诚鑑：《"名田宅"、"专地盗土"与"分田劫假"——战国秦汉三百六十年间土地制度的演变及其特点》，《中国经济史研究》1986 年第 3 期。

[3]　杨兆荣：《并存与消长——春秋至东汉土地所有制研究》，云南大学出版社，1993 年，第 36—38 页。

地集中于地主之手。[1]

杨宽《云梦秦简所反映的土地制度和农业政策》认为,秦代存在按户授田制度和名田制度。授田制是土地国有性质。所谓"名田宅",就是准许个人以私人名义占有田宅。当商鞅变法的时候,"名田"制度实际上早已存在。所谓辕田,就是名田制度。[2]

高尚志认为,商鞅变法田制改革废除了井田旧制,确立起"名田"制。"名田"制包括两个方面的内容,其一是爵秩名田制度,其二是编户名田(以名占田)。"受田"是废除井田制建立名田制时所采取的重大措施,它是在编户制的前提下进行的。"受田"之后即变成"民田",已非国有土地性质。"受田"同土地买卖相互并行、交错在一起。[3] 可见他也将名田认为是土地私有性质。

殷崇浩《汉代名田制与限名田管见》也认为名田制是一种私有土地制度。汉代的"名田制"就是凭户口名籍占田的制度。其具体做法则是"以自己的姓名将田亩呈报上籍"。汉代政府推行这一田制的目的,主要是为了掌握更多的编户以保证国家有效地进行赋役征调。名田制的推行,既表明私有地权真正得到了法律上的承认,又表明封建政权在一定程度上加强了对私有土地的控制。他认为

《史记·商君列传》中的"明尊卑爵秩等级各以差次,名田宅臣妾衣服以家次",无论如何句读,都不能形成"名田"这一概念。因此还不能确认先秦已经推行了名田制。[1]

武建国《汉代名田和授田析论》认为,名田和授田是汉代土地制度的主要组成部分。汉代名田制就是凭名籍即户籍占田。汉初的名田没有明确规定每户的占田限额,推行名而无限的政策。汉武帝时发生重大变化,变名田无限为名田有限。汉代名田制的实质就是占田制,它是由臣民凭户籍占田,将所占有的土地数额呈报上籍。汉代的名田与国家授田并非一回事。授田的主要对象是有军功爵位者。在一般民户中所实施的土地制度主要是名田制而非授田制。汉初即开始推行名田和授田这两种性质各异、内容不同的制度。占田与限田融为一体的名田制,是汉代土地制度的主体部分,在整个土地制度中居于主导地位。虽然汉代的名田制由于各种原因未能得到有效实施,它却启示了西晋的占田制和北魏的均田制。[2]

冷鹏飞《汉代名田蓄奴婢制度考论》认为,所谓名田,就是以名占田,指封建国家根据登录的名籍,按身份爵秩等次占有相应的土地。西汉政权建立后,沿袭秦代土地法规,推行等级名田之制,按军功爵级高低赏赐土地。名田蓄奴婢制度在两汉长期推行。汉代推行的名田蓄奴婢制度,涉及封建国家的户籍制度、土地制度以及赋

---

[1]　殷崇浩:《汉代名田制与限名田管见》,《江汉论坛》1987第7期。
[2]　武建国:《汉代名田和授田析论》,《思想战线》1993年第4期。

税制度等,因而成为两汉时期最基本的经济制度。[1]

　　由此可见,在 2001 年张家山汉简公布之前,学者们对名田制的认识比较混乱。如关于名田制的所有权性质,一些学者认为是土地长期占有制,所有权在国家手中。朱绍侯、郭人民、罗义俊、袁林、尹协理等人均持这一观点。一些学者认为名田制是土地私有制,吴玉章、杨宽、殷崇浩即作如是观。苏诚鑑则把"名田宅"制看作是土地财产登记制度。在名田制是不是秦汉时期基本的土地制度这一问题上,看法也不一致。如郭人民、罗义俊将名田制作为秦汉时期基本的土地制度加以理解。朱绍侯认为名田制是贵族、官吏等统治阶级的土地占有制,在此之外还存在农民的土地占有制(辕田制)。武建国则认为汉代土地制度是由名田和授田两部分组成。在名田制的渊源问题上,大多数学者承认汉代的名田制承继于商鞅变法所建立的名田制,而殷崇浩却否认先秦时已推行名田制。尽管意见有分歧,但至少有一点是比较明确的,即研究者都认为名田制与秦汉的爵制等级有关。

　　造成这种认识混乱的原因,一是有关秦汉时期名田制的传世和出土材料有限,而且记载含糊,引起研究者的不同理解,有的学者就把名田理解为私有或限田;二是研究中长期存在的理论误区,把目光过多地聚焦于土地所有制问题上,从而遮蔽了对秦汉土地制度具

---

　　[1]　冷鹏飞:《汉代名田蓄奴婢制度考论》,《湖南师范大学学报(社会科学版)》1995 年第 3 期。

体实态的探讨。这种状况在 2001 年张家山汉简公布后有了很大改观。1985 年,朱绍侯在《试论名田制与军功爵制的关系》中曾经说道:"秦汉时代还应该有更具体的赐爵、赐田宅的规定,但是这些具体法令条文已经失传,我们已无从查考,或许秦简、汉简的出土,将有可能提供这方面的一些资料。"[1] 2001 年张家山汉简的公布,让这个愿望变成了现实。张家山汉简中有关土地制度的材料是前所未见的,它的公布使秦汉土地制度的研究迈入了一个新阶段。

根据新公布的张家山汉简《二年律令》中关于田宅的律文,朱绍侯率先撰文,提出《二年律令》中所见赐田宅制度,实际就是名田制。《二年律令》中的赐田宅制度并非西汉的通制,而是吕后当政时为适应其政治需要而制定的具体政策。其实施对象是全国人民(判重罪者及奴隶除外),重点对象是有军功爵位者,特别是有卿级以上军功者。这一政策培植了一大批军功地主,形成汉初军功地主掌权的局面。在名田制下,由于田宅是按不同等级由政府授予的,只有授田的规定,没有还田的规定,所授之田宅遂为受田人长期占有,故在法律上名田制是土地长期占有制,而不是土地私有制。土地买卖要受法律约束。土地长期占有必然导致土地私有制的出现和土地买卖的发生。[2] 在这篇文章中,他虽然认为《二年律令》中

[1]　朱绍侯:《试论名田制与军功爵制的关系》,《许昌师专学报(社会科学版)》1985 年第 1 期。

[2]　朱绍侯:《吕后二年赐田宅制度试探——〈二年律令〉与军功爵制研究之二》,《史学月刊》2002 年第 12 期。

所见受田宅制度即名田制,却又将之改称为赐田宅制,在概念上造成一定的混乱。

首先明晰"名田宅制"这一概念的是杨振红《秦汉"名田宅制"说——从张家山汉简看战国秦汉的土地制度》。此文根据新出张家山汉简《二年律令》材料,将战国秦汉时期的土地制度形态称为"以爵位名田宅制",认为名田宅制在商鞅变法时确立,并作为基本的土地制度为其后的秦帝国和西汉王朝所继承。名田制以爵位作为划分占有田宅的标准,名田的单位是户。名田宅可以有条件地继承、转让和买卖。它与爵位减级继承制配套实行,以此控制田宅长期积聚在少部分人手中,并使手中不断有收回的土地,它们和犯罪罚没的土地以及户绝土地一起构成国家授田宅的来源。文帝以后由于国家不再为土地占有立限,使这套制度名存实亡,此后"名田制"仅作为土地登记的手段而存在,由此引发土地兼并的泛滥。西汉末年哀帝和王莽曾力图恢复限田,但因这套制度已经失去存在基础,而以失败告终。东汉政府基本上放弃了对土地占有加以控制的努力,采取听之任之的态度。[1]

这篇文章厘清了以往长期困扰学界的诸多问题。(一)确认了名田宅制是从战国时期秦商鞅变法到西汉初年的基本的土地制度,以军功授爵和以爵秩等级名田宅是其紧密相关的一个政策的两面,

---

[1] 杨振红:《秦汉"名田宅制"说——从张家山汉简看战国秦汉的土地制度》,《中国史研究》2003 年第 3 期。

不能把它们割裂地看成是两个不相干的政策,以军功受田应纳入以爵秩等级名田宅制度中。(二)应以名田宅制来定义秦汉土地制度,而不是冠以"授田""限田"等概念。(三)从物权法角度,界定了所有权、占有权、使用权等概念。土地继承、转让和买卖都不能视为所有权的标志。以爵位名田宅制度下的田宅可以继承、转让和买卖,说明名有者具有控制和处分它们的权利,但并不能证明他们一定具有所有权。这篇文章发表后,秦汉名田宅制说逐渐为学界所接受,成为后续研究的基础。

此后,陆续有学者发表文章,对秦汉名田宅制的渊源、演变和实施情况进行多角度探讨。于振波上溯秦的土地制度,对秦代名田制做了探讨,指出不论是井田制还是名田制,都是根据一定的身份等级占有田宅。井田制下的禄田可以为同一家族世代享用,相对稳定;名田制下的田宅,由于爵位的降等继承而有较大的流动性。名田制尽管没有公田与私田的划分,但劳役地租仍然以"庶子"及"人貉"的形式残存了相当长的一段时间,直到汉代才为雇佣劳动和租佃制所取代。名田制实际上是以爵位为基础、以户为单位的授田制。[1]

名田制对魏晋南北朝以及隋唐的土地制度演变有着深远的影响。于振波《从张家山汉简看汉名田制与唐均田制之异同》,从名

---

[1]　于振波:《简牍所见秦名田制蠡测》,《湖南大学学报(社会科学版)》2004年第2期。

田的标准、授田的程序、民户土地的来源、土地的退还四个方面将汉
代名田制与唐代均田制做了对比。认为不论是汉代的名田制，还是
唐代的均田制，都是按身份、等级占有田宅；都不是打破原来的土地
占有情况而由官府重新分配；法律标准都只是一个限额，不是实授；
都允许土地买卖，但都附加了许多限制条件，不是自由买卖。它们
之间的差异，反映了不同历史条件下的因革损益；而它们之间的相
同或相似，则反映了历史的继承性与连续性。尽管汉名田制与唐均
田制在具体规定上有许多不同，但是从总体上说，其间存在着明显
的继承关系。[1]

　　对于名田制在汉代的实施情况和废止时间，学界的看法不同。
例如，杨振红认为，名田制下，名田制是以爵位为标准的，超过自己
爵位标准的土地要被国家收回。国家因此完成了有授有还的循环
系统，使这套制度不致因人口的自然增长而陷入困境。而且，由于
田宅可以继承、转让和买卖，国家还有鼓励百姓占垦草田的法律措
施，因此，国家授给并不是民户获取田宅的唯一渠道，很可能自行获
得是当时人们取得田宅更为常见和重要的手段。名田制是"限"与
"授"并举，"限"的意义可能大于"授"，特别是在制度实行后期。文
帝时名田制废止。[2]

---

　　[1]　于振波：《从张家山汉简看汉名田制与唐均田制之异同》，《湖南城市学院
学报》2005 年第 1 期。
　　[2]　杨振红：《秦汉"名田宅制"说——从张家山汉简看战国秦汉的土地制
度》，《中国史研究》2003 年第 3 期。

朱绍侯认为,秦汉的受田宅制是一种有受无还的土地长期占有制度,即政府一经把田宅授人,在一般情况下就不再收回。汉政府为了确保税收,对授出的土地建立了严格的管理制度,并能干预和调整土地的再分配。随着社会经济的发展,汉政府严密的管理制度也遭到破坏,土地因长期占有逐渐转化为私有,并导致了汉代土地兼并的狂潮迭起,名田制遭到彻底破坏,到东汉建国受田制再也没有恢复,历史进入了豪强地主掌权时期。[1]

于振波《张家山汉简中的名田制及其在汉代的实施情况》认为,张家山汉简中的田宅制度是对秦制的继承与损益。当时名田制的法律标准可能只是一个限额,不是实授,既不强求也不保证每户占有足额的田宅。名田制是以军功爵制为基础而在地广人稀的条件下制定的,随着爵制的轻滥,人口的增加和垦田扩展的趋缓,名田制开始面临自身无法克服的矛盾——合法的土地兼并。当名田制的田宅标准越来越脱离现实,又不能根据形势而变革时,占田过限的违法土地兼并也就不可避免了。文、景以后,名田制仍在实行,但没有根据现实需要及时做出调整,直到元、成时期,随着徙陵制度的终止和占田过限者不受约束地发展,名田制最终遭到破坏。[2]

王彦辉《论张家山汉简中的军功名田宅制度》侧重研究名田制

[1]　朱绍侯:《论汉代的名田(受田)制及其破坏》,《河南大学学报(社会科学版)》2004年第1期。

[2]　于振波:《张家山汉简中的名田制及其在汉代的实施情况》,《中国史研究》2004年第1期。

的制度特征及其实施的程度。他认为《二年律令》披露的名田宅制和高祖五年诏书的"赐田宅令"一脉相承,本质上都是军功受益制度。制度本身有三大特点:等级性法规、商品性特征、军功受益原则。此制在实行之初即存在地域分别,拥有小爵以上爵位者享有制度保障,小爵以下者因地域差异很难按制度占足土地,或根本得不到国家的直接授田。随着人口的增长,农民被迫分户析产,进而造成农民占田的严重不足。汉文帝以后,基本放弃了汉初以来的名田宅制度。[1]

他进一步从家产析分角度讨论汉代"名田宅制"施行实况,认为《二年律令·户律》记载的"名田宅制"是西汉初年真实推行的土地制度;尽管实行之初就存在地域性差异,尤其到吕后二年(前186)修订时已经不能保证按制名有足额的田宅,但大多数地区普通民户占有百亩左右的土地是完全可能的。大规模的名田宅结束后,不断"别为户者"的田宅需求仅靠政府的直接授田已经无法满足,作为民间的自我处理机制一般是采用"分户析产"的形式。[2]

吕利认为,秦汉受田宅事实上可以通过以下几种途径来实现。第一,立户受田,"为户"以后,在官府排序,等候受田宅,即直接从官府获得田宅。第二,所受田宅在家族内传承,即主体从已故父辈亲属所受的田宅中直接分割部分或全部,满足自己受田宅的需要。

---

　　[1]　王彦辉:《论张家山汉简中的军功名田宅制度》,《东北师大学报(哲学社会科学版)》,2004 年第 4 期。

　　[2]　王彦辉:《论汉代的分户析产》,《中国史研究》2006 年第 4 期。

第三，通过贸买或者接受让与而获得田宅。田宅的买卖及在家族内的代际传承也是允许的，爵与土地分离趋势已现，是爵制衰落的根源之一。等级受田制度由受田标准沦为名田限额。[1]

贾丽英认为，张家山汉简的出土证实了汉初的确存在过以爵位高下及身份不同授予相应田宅的制度，即名田宅制。这套制度由于缺乏应有条件的支持，一开始就没有彻底施行，高祖后期即名存实亡，《二年律令·户律》并不是现行律文。武帝朝用来纠劾地方豪右的"田宅逾制"，是武帝本朝的限田之制，不是汉初的"名田宅制"。此后，汉代的限田方案都没有成功实施过。常见诸史书的"田宅逾制""逾限"等提法，应大多为观念性词语，而非特指或实指。[2] 但这一观点似乎与汉初历史实际不符，汉初经历秦末战乱之后，人口锐减，土地大量荒芜，完全有条件"行田宅"，汉高祖也曾下诏"复故爵田宅"。所以，臧知非认为，"复故爵田宅"诏表明西汉继续秦朝授田制，刘邦时代不存在授田困难问题。《二年律令》是现实施行的法律而非"一纸空文"，汉文帝"不为民田及奴婢为限"不等于在制度上废止授田制；汉武帝"田宅逾制"之"制"是汉初旧制而非武帝新立之制。郑玄"汉无授田之制"有其特定含义，均不足以否定西汉授田制的存在。西汉授田制因土地私有化的发展而

[1] 吕利:《爵本位下的资源配置体系——秦汉帝国初期的土地制度》,《兰州学刊》2010 年第 2 期。

[2] 贾丽英:《汉代"名田宅制"与"田宅逾制"论说》,《史学月刊》2007 年第 1 期。

逐步退出历史舞台。[1]

王彦辉探讨了汉高祖五年"与田宅"令到吕后二年《户律》的演变过程,认为《二年律令·户律》所见"名田宅"制度是现实中真实施行的制度,而不是如有的学者所认为的《二年律令·户律》规定的田宅标准只是一个最高限额,不是实授,既不强求也不保证每户占有足额的田宅。吕后二年调整食邑政策是造成田宅标准偏高的主要原因。[2]

在名田制说逐渐成为学界主流观点的同时,一些学者提出不同意见,用"授田制"和"限田制"来定义张家山汉简所反映的土地制度。张金光《普遍授田制的终结与私有地权的形成——张家山汉简与秦简比较研究之一》认为,《二年律令》中的土地制度是普遍授田制度的延续,应以土地国有制标识其土地性质。"名田"性质具有不确定性,亦非制度,不宜用以表述其时土地制度的整体属性。在文中,他将军功爵户授田同庶人普遍授田纳入同一国家授田制系统,它以庶人普遍授田制为基础,构成一个累进系列制度。土地的配置即授受分配有两种基本方式,即始授予与再分配。"为户"是初授形态。再分配问题分为两种情况,可称之为庶人"代户"转授和"爵户"降杀转授。另有一辅助转授方式:分户转授、买卖、赠予、

---

[1] 臧知非:《西汉授田制废止问题辨正——兼谈张家山汉简〈二年律令〉授田制的历史实践问题》,《人文杂志》2015 年第 1 期。

[2] 王彦辉:《〈二年律令·户律〉与高祖五年诏书的关系》,《湖南大学学报(社会科学版)》2007 年第 1 期。

婚姻并田等。《二年律令》中的民间分析"户田"法,本质上并不是家庭私财的继承法,而是土地国有制及其授田制下土地转授的具体实施之法。《二年律令》田制的基调虽仍是土地国有制和国有地权,然在实际上,国家对土地的所有权却已被极度名义化,即已走到普遍私有制和私有地权确立的门槛上。中国私有地权从国有地权中衍生而出,普遍授田制的终结便是土地私有权制度的确立。通过普遍授田制对国有地权的层层分割,以及份地使用权和占有权的长期凝固化,最终完成于汉文帝废止普遍授田制之时。[1]

臧知非以张家山汉简为材料研究了西汉授田制度与田税征收方式,认为西汉继承了秦朝的军功赐田和授田制度。授田以户籍为准,数量依然是每夫一顷,军功爵者则依次增加,但级差复杂;明确规定二百四十步为亩,土地一经授予即归私有,可以在法定的范围内买卖、赠予、继承。以授田为基础,西汉继续实行定额田税制度。[2] 其观点基本上延续了张家山汉简出土以前的战国至秦授田制之说。

朱圣明将秦至汉初的户赋征收与"名田宅"制度结合起来讨论,又牵涉到了乡里层面的户籍、爵位结构及国家层面的立户标准、赐民爵等诸问题,并剖析了"倍其赋""初为赋"之内涵,他赞同户

　　[1]　张金光:《普遍授田制的终结与私有地权的形成——张家山汉简与秦简比较研究之一》,《历史研究》2007 年第 5 期。
　　[2]　臧知非:《西汉授田制度与田税征收方式新论——对张家山汉简的初步研究》,《江海学刊》2003 年第 3 期。

赋、户刍同为户税的说法,民众一旦立户,无论其户内人口、土地多少,均得向政府缴纳等额的户赋与户刍。户赋征收的对象为上到五大夫下至司寇、隐官为户主的民户(均含上、下限)。其于商鞅在秦国第一次变法时起征,到汉文帝时停征,这也是秦汉时期官方推行"名田宅"制度的上下时间断限。[1]

在土地所有制性质上,高敏对张家山汉简《二年律令》新出材料的解读,同样延续了自己以往关于战国时期多种土地所有制并存的思路。他认为授田制是国有土地制的一种表现形式,农户所受田宅的最后所有权仍属于官府。始于秦的"以名占田"的"名田"制度,以及稍后的"自实田"制度,都是名田制度,是私有土地制度在发展历程中的表现形态。在这一过程中,逐渐把官府的"授田"变成了私人的"名田",也即把国有土地制逐渐转化成了私有土地制。名田制,实际上是一种属于私有土地性质的土地制度。张家山汉简《二年律令》承认了"授田宅"可以全部出卖和部分出卖,亦即土地与住宅买卖的合法化。授田制下的国有土地制,就是这样在土地私有化的浪潮中,一步一步退让而日益被名田制即私有土地制所取代的。[2]

李恒全则提出了汉代限田制说,认为张家山汉简《二年律令·

---

[1] 朱圣明:《再谈秦至汉初的"户赋"征收——从其与"名田宅"制度的关系入手》,《中国经济史研究》2016年第3期。

[2] 高敏:《从张家山汉简〈二年律令〉看西汉前期的土地制度——读〈张家山汉墓竹简〉札记之三》,《中国经济史研究》2003年第3期。

户律》之受田宅律文,其实施对象是汉初军队系统的复员人员,而非全国人民,是"法以有功劳行田宅"精神的具体体现。此土地授予前属于国有,授予后即归被授者私有。"授田"与"授田制"是不同的概念,汉代虽然存在授田的现象,但并不存在战国授田制那种形式的土地制度。军功授田、民户自有的土地以及买卖而来的土地是汉初名田的三个来源。汉初,国家一方面承认民户对土地的所有权,同时对土地的转让、买卖和继承予以一定的限制,其方法是不同等级规定不同的数量限额,目的是维护既存的等级制度和抑制土地兼并。因此,汉代名田制是土地私有制基础上的限田制。[1]

晋文认为,授田制曾广泛实施,是秦和战国时期"无可争辩"的基本土地制度。至于授田制的性质,他认为授田制应是"土地国有制向私有制转化的一种形式"。[2] 他在另一篇文章中还认为,汉初的土地制度应是土地私有,而不是土地国有。汉初的土地制度实际是一种虚实结合的土地制度。它把赐田和授田合为一体,在整合原有耕地的基础上鼓励社会各界垦荒,规定了从彻侯到平民阶层所占有国家土地资源的配额,并承认和保护其开垦草田所得耕地的所有权,允许继承、转让、买卖和赠送。[3]

在新出简牍材料的启迪下,秦汉土地制度史的研究向田租缴

---

[1]　李恒全:《汉代限田制说》,《史学月刊》2007 年第 9 期。

[2]　晋文:《睡虎地秦简与授田制研究的若干问题》,《历史研究》2018 年第 1 期。

[3]　晋文:《张家山汉简中的田制等问题》,《山东师范大学学报(人文社会科学版)》2019 年第 4 期。

纳、赋税征收等相关问题推进,突破了过度关注土地所有制形式问题的局限。在里耶秦简、岳麓书院藏秦简、张家山汉简等新出简牍中,存在"舆田"和"税田"的记载。彭浩认为:"舆田是指登记在图、册上的土地,也就是符合受田条件者得到的土地。"税田即应税之田,相当于全部土地的十分之一。"在确定税田的数量后,须进行测量,划定税田的范围。"然后测算"税田"的"程",称为"程田"。在确定税田上的作物种类和相应的"程"之后,就可得出应收的田租数量。[1] 在彭浩"划定税田的范围"基础上,于振波进一步提出,秦的田租征收"由田部官吏按照一定的比例(1/10)从各户田地中划出一部分作为'税田','税田'上的收获物作为'田租'全部上缴"[2]。

李恒全、董祯华提出修正,认为"舆田"不是民户拥有的全部土地,而是指登记在田租籍中的田地,是应征收田租的土地。"税田"是用以纳税的土地,其本身也是"舆田"。"税田"是一种虚拟的地块,是仅存在于计算过程中的一个数字概念,并非实物形态。"税田"实质上是田租计算的一种方法。[3]

晋文认为,舆田就是在垦田中确定实际耕种农作物范围或面积的垦田,"舆"的意思是范围或区域。而税田则是按相关租率必须

[1] 彭浩:《谈秦汉数书中的"舆田"及相关问题》,武汉在学简制研究中心主办:《简帛》第6辑,上海古籍出版社,2011年,第24—26页。

[2] 于振波:《秦简所见田租的征收》,《湖南大学学报》2012年第5期。

[3] 李恒全、董祯华:《秦汉新出简牍中的"舆田"和"税田"》,《文教资料》2017年第31期。

交纳田租的一部分舆田。税田也只需在舆田中确定纳税的比例,如十二税一或什一之税,而根本不必在舆田中专门划出哪块舆田收税,哪块舆田不收税。农民在自家的授田里轮流休耕,这表明农民的实际耕种面积要远远低于百亩。秦及汉初的田租征收,实际有两个同时参照的租(税)率:一是税田占舆田的比例,即税田的亩数租率,这个租率是固定不变的;一是按农作物不同产量征收的级差租率,即产量租率,这个租率则是变化的。[1]

代国玺认为,战国秦授田,既授农户以播种田,也授以轮换的休耕田。战国秦的授田制实际上是以休耕制为基础的土地制度。秦的授田制下,土地形态有受田、垦田、舆田、税田之分;田税种类有作物税(包括粮食税和枲税)与刍稿税之别。受田乃政府授予农户的可垦田,而垦田乃农户所能实际耕垦者,其仅为受田的部分,余则为草田。舆田乃实种的垦田,其仅占垦田的部分,余则为休耕田。税田为作物税之所出,其以舆田为征收对象。而刍稿税则以受田为征收对象。汉代人口与垦田的比率,基本保持在人均 14 亩左右;复种指数,基本保持在 0.6 上下。[2]

由上可见,学界对张家山汉简所反映的秦汉时期土地制度的实态、性质的认识还有很大分歧。相对杨振红、于振波、王彦辉等提出的名田制说,臧知非、张金光、高敏则认为张家山汉简所反映出的土

［1］ 晋文:《睡虎地秦简与授田制研究的若干问题》,《历史研究》2018 年第1 期。

［2］ 代国玺:《休耕制与战国秦汉的土地制度》,《社会科学》2019 第 10 期。

地制度是"授田制",李恒全则提出了"限田制"说。对于这种概念上的分歧,可以引用杨振红文章中的一段表述来说明问题:"虽然授田是这套制度的一个重要环节,'授田制'本身也有助于我们理解这一时期土地制度的特点,但是显然它的内涵不够丰富,不足以代表这一时期的土地制度的本质特征和全部内容。而且历史上曾经存在过各种形式的授田,西周井田制实行授田,北魏至隋唐的均田制也实行授田,授田的外延是如此宽泛,授田存在的历史时段是如此之长,我们独独把商鞅以来至吕后时期的基本土地制度称为'授田制'是不合适的。准确地定义这一时期的土地制度,莫过于用当时人自己的说法——'名田宅',完整的称呼则是'以爵位名田宅'。"[1]这一精当的分析可以澄清我们对战国秦汉时期土地制度概念上的纷扰。

再如臧知非认为西汉继承了秦朝的军功赐田和授田制度,两者并立;高敏认为土地国有制的授田制外,还存在私有性质的名田制。可见他们并不认为名田宅制是秦汉时期基本的土地制度。前引杨振红文也已指出,"以军功授爵和以爵秩等级名田宅是其紧密相关的一个政策的两面,不能把它们割裂地看成是两个不相干的政策,以军功受田应纳入以爵秩等级名田宅制度中"。

秦汉名田宅制说的提出,使我们对东周秦汉间土地制度的演变

---

[1]　杨振红:《秦汉"名田宅制"说——从张家山汉简看战国秦汉的土地制度》,《中国史研究》2003 年第 3 期。

有了清楚、明确的了解,使我们认识到从商鞅变法,中经秦统一中国,再到汉帝国建立这一百多年间的土地制度存在着长期的延续性。这一百多年是中国历史发生剧烈变化的关键时期,名田宅制说有助于我们认识这个转型期中国古代社会变革的特质和意义。比较世界范围内古代文明的演变历程,公元四、五世纪罗马帝国覆灭后,西欧社会在由蛮族带入的公社土地制度基础上,形成了等级分封占有的封建土地制度。与之不同,周秦汉间中国社会虽也产生了巨大的变革,但这种变革是基于中国古代文明自身发展的一种变革,是内生性、源发性的,中国社会和文化并没有发生断裂,周秦汉土地制度的延续性恰好反映和说明了中国历史发展的这一特点。因而,在探寻世界历史的发展道路和古代文明演进的具体路径的问题上,战国秦汉土地制度史研究也具有典型意义。这是名田宅制说对我们历史认识的一大贡献。

从学术史的角度看,秦汉名田宅制说的形成、发展、深化与两个主要因素有关,一是新出简帛材料的不断出现,如睡虎地秦简、青川秦牍、银雀山汉简、龙岗秦简、张家山汉简、里耶秦简等,供给了学术创新的原料。新材料对于学术研究的意义,如众所周知,王国维和陈寅恪先生均有精辟的阐释。其二是研究者史学观念的更新。突破旧观念的拘囿给研究面貌带来的变化,或许只有谙于学术史的学者们才能真正明了。也许有人会认为名田宅制说只是封建土地所有制形式问题讨论中土地国有说的延续,当我们回顾学术史时,就会发现这一说法忽略了其中蕴含的观念更新和认知结构转换的意义。名田宅制说不复是土地所有制形式问题的简单延续,而是有自身的问题意识,更多地关注战国秦汉土地制度的基本内容、特征、内在机制等制度实态问题,从实证层面阐明中国古代土地制度的演变路径和发展规律。土地国有说——授田说——名田宅制说,其间发展、演变、深化的学术成长过程清晰可辨,这是与 1980 年代以来研究者拓宽视野,史学观念更新密切相关。过于强调史学观念的导引作用,往往获讥于主观唯心论,而且事实上也有陷于任意解释历史的危险。正确的史观不一定引导出正确的结论,不正确的史观却一定得不出正确的回答。这里的悖论就是新、旧史观有没有正确与谬误的分野? 正确与谬误之间的界线何在? 谁的史观是正确的? 何以言之? 我们离历史的真实有多远? 这是我们在关注具体问题时所习焉不察的。

第四章 战国秦汉土地制度史 研究若干问题

一、爰　田

晋"作爰田"和秦"制辕田"是先秦土地制度史上的重大事件。公元前645年,晋惠公"作爰田",关于这一史实,《左传》《国语》都有记载。公元前356年,商鞅在秦国进行变法,"制辕田,开仟伯,东雄诸侯"。"爰、辕"音训、字义相同,爰田即辕田。

爰(辕)田是土地制度史上一个引起众多讨论且悬而未决的难题,对于了解先秦土地制度的演变和社会转型都具有重要意义。见于文献的爰(辕)田材料有三处:

1.《左传·僖公十五年》:

> 晋侯使郤乞告瑕吕饴甥,且召之。子金教之言曰:"朝国人而以君命赏,且告之曰:'孤虽归,辱社稷矣。其卜贰圉也。'"

众皆哭。晋于是乎作爰田……晋于是乎作州兵。[1]

2.《国语·晋语三》：

公在秦三月，闻秦将成，乃使郤乞告吕甥。吕甥教之言，令国人于朝曰："君使乞告二三子曰：'秦将归寡人，寡人不足以辱社稷，二三子其改置以代圉也。'"且赏以悦众，众皆哭，焉作辕田……焉作州兵。[2]

3.《汉书·地理志》：

孝公用商君，制辕田，开仟伯，东雄诸侯。[3]

（一）注说纷纭及其检讨

历来注家对爰（辕）田的解说各异，归纳各家之注，主要有以下几种说法：

1.赏税说。《左传·僖公十五年》杜预注曰："分公田之税应入

---

　[1]　杜预注，孔颖达疏：《春秋左传正义》，李学勤主编：《十三经注疏》标点本，北京大学出版社，2000年，第434页。

　[2]　上海师范大学古籍研究所点校：《国语》，上海古籍出版社，1988年，第330页。

　[3]　《汉书》卷二八《地理志》，第1641页。

公者,爱之于所赏之众。"但是,这一说法似乎过于牵强,分公田之税赏众,不一定要作爱田。

2.赏田说。即改变疆畔,赏众以田。持此说者为服虔、孔晁、贾逵。《左传·僖公十五年》孔颖达疏引服虔、孔晁云:"爰,易也,易疆界也。"《国语·晋语三》贾逵注云:"辕,易也,为易田之法,赏众以田。易者,易疆界也。"

3.以田出车赋说。《国语·晋语三》韦昭注引或云:"辕田,以田出车赋。"然而,如从此说,只会加重国人负担,而不是"以君命赏"。故韦昭说:"此欲赏以悦众,而言以田出车赋,非也。"

4.让田说。《国语·晋语三》注引唐曰:"让肥取硗也。"这种做法或者可以偶一为之,但不可为常制。因此,此说只是广逸闻而已,不为学者所从。

5.固定授田,自行轮作说。《汉书·地理志》张晏注曰:"周制三年一易,以同美恶。商鞅始割列田地,开立阡陌,令民各有常制。"孟康曰:"三年爰土易居,古制也,末世浸废。商鞅相秦,复立爰田,上田不易,中田一易,下田再易,爰自在其田,不复易居也。《食货志》曰'自爰其处而已'是也。辕、爰同。"

《说文解字》"趄"字段玉裁注:"趄,易居也。"又云:"爰、辕、趄、换四字音义同也。古者每岁易其所耕,则田庐皆易。云三年者,三年而上中下田徧焉。三年后一年仍耕上田,故曰自爰其处。孟康说古制易居为爰田,商鞅自在其田不复易居,为辕田。名同实异,孟说是也。"[1]则段玉裁是赞成孟康说。

以上是古代注释家的注解。现代学者对"爰(辕)田"提出了各种见解,探讨主要集中在如何理解"爰田"之义,"作爰田"的意义和性质,晋"作爰田"和商鞅"制辕田"之间的关系等。至今未形成定论。下面对各家观点予以陈说。

1954年,王仲犖发表《春秋战国之际的村公社与休耕制度》一文,认为《汉书·食货志》记载的"三岁更耕之,自爰其处"是一种休耕制,不能释作西周以来农村公社土地分配制度。晋国和秦国的爰田制度只是农业技术上的休耕制度,而不是对公社土地的定期重新分配制度。[2]

高亨《周代地租制度考》认为:"作爰田可能是解放农奴,叫他们转为农民,取消公田,把土地都交给农民,放弃劳役地租,采用实物地租。"[3]后又在《商君书注译》中说:"爰田即换田。换田是用钱换田,即民得买卖。"[4]

稍后,王毓铨发表《爰田(辕田)解》一文,重新解释"爰田",把"爰(辕)"字训作"车",又由"辕"引申为辕门,指官吏的官寺;把爰(辕)田解为赏赐群臣的田,晋"作爰田"就是晋惠公赏赐当朝群臣

[1] 许慎撰,段玉裁注:《说文解字注》,上海古籍出版社,1981年,第66页。

[2] 王仲犖:《春秋战国之际的村公社与休耕制度》,《文史哲》1954年第4期。

[3] 高亨:《周代地租制度考》,《文史哲》1956年第10期。

[4] 高亨:《商君书注译》,中华书局,1974年,第8页。

的车马田或官府田。并认为这也是商鞅制辕田的办法。[1]

但学术界更为普遍的看法是,爰田就是换田。春秋战国时期,晋、秦等国"作爰田""制辕田",改变了古代对土地定期进行重新分配即所谓"三年爰土易居"的制度,授给农民的土地固定下来,不再调换,从而逐渐确立了土地私人占有制度。[2]

20 世纪 80 年代以来,对爰(辕)田问题进行了更为深入的讨论。除去通史和专史中的论述不计,先后发表了关于"爰田"的文章 20 余篇,新说叠出。

林剑鸣在《井田和爰田》一文中认为,爰田制是奴隶社会中除井田制以外的另一种土地制度,但不是岁休轮耕的耕作制度。爰田就是换田,定期交换土地,一般是三年一易。爰田的基本内容是把土地分成上、中、下三等,按不同亩数分给奴隶们耕种。这种爰田制与井田制不同,就是不分"私田"和"公田"。因此,爰田制的剥削形式不行"助"法,而有另一种剥削方法,这就是"彻"法,征收实物,以"赋"的名义进行剥削。爰田与井田虽有许多不同之处,但它们都属于奴隶社会国有土地的性质。爰田制是在井田制崩溃的基础上出现的。爰田制逐渐由三年一易田发展到"自爰其处",农民在自己耕地范围内易田,"爰田"实际已成为"休田",失去了本来的意

[1] 王毓铨:《爰田(辕田)解》,《历史研究》1957 年第 4 期。

[2] 郭沫若主编《中国史稿》第 1 册(人民出版社,1979 年)、朱绍侯主编《中国古代史》上册(福建人民出版社,1985 年)、林甘泉《中国封建土地制度史》(中国社会科学出版社,1990 年),都持这种观点,是对旧说的延伸。

义。秦国在商鞅变法前就已存在着爰田制。商鞅变法宣布"不复易居",完成了由奴隶制土地国有制进入到封建制土地私有制的重大改革。[1]

赵光贤《晋"作爰田"解》认为,晋之爰田与秦之辕田有相似之处,都允许改变土地所有者;但因时代不同,历史条件不同,晋的爰田与秦的辕田的意义也不一样。晋国的爰田是在井田制基础之上建立的贵族土地所有制,秦国的辕田意味着庶民的土地所有制。他还推测建宁二年(169)王未卿买地券中的"袁田"应当就是"辕田"。[2]

朱绍侯认为,在古代注释家对辕田制的多种解释中,《汉书·地理志下》张晏、孟康注是正确的。张晏说:"周制三年一易,以同美恶,商鞅始割裂田地,开阡陌,令民各有常制。"孟康说:"爰自在其田不复易居也。"就是说商鞅废除了井田制下"三年换土易居"的土地定期分配制度,而承认了土地私有制,也就是废除了在农村公社形式掩盖下的奴隶主贵族土地所有制,而建立了封建土地私有制。[3] 在几年后的另一篇文章中,他进一步认为睡虎地秦墓竹简《田律》中所说的"受田"就是商鞅变法的"辕田制"。从目前的材料看,只有"受田",而不知道有"还田",而有受无还正是令民占田"自

---

[1] 林剑鸣:《井田和爰田》,《人文杂志》1979 年第 1 期。

[2] 赵光贤:《晋"作爰田"解》,见氏著《周代社会辨析》,人民出版社,1980年,第 235—239 页。

[3] 朱绍侯:《"名田"浅论》,《中国古代史论丛》第 1 辑,福建人民出版社,1981 年。

爰其处"的辕田制的特点。[1]

林鹏《晋作爰田考略》一文认为,晋国作爰田是"取消公田"而赏给了国人,因此使晋国的土地制度由原来的"八夫一井变为九夫一井",使晋国的削剥方式"由古助法(籍)变成了新助法,即由在公田中服劳役变成交纳谷物,名曰什一之税"。[2]

李孟存与常金仓则认为,爰田并不是取消公田,而是拿部分公田交给国人使用,让国人在制度以外再出军赋。[3]

彭益林《晋作辕田辨析》首先胪列众说,一一辩驳。他认为,"作辕田"即"赏众以田,治其疆界"。晋"作爰田"就是治理赏田的田界,其目的是"作州兵"——修订兵赋。商鞅"制辕田、开阡陌",实际上也是治田界。晋、秦辕田不是以挖掘阡陌赏田或"自爰其处"授田,而是治立田界和统一赋税的措施。[4]

杨善群《"爰田"释义辨正》,训"爰"为"援""引"。认为所谓"爰田"("辕田"),就是"相援""相引""相付"的"田"。"爰田"("辕田")是春秋战国时代晋、秦等国统治者为了在政治斗争中求得援助和在对外作战中奖励军功,而赏赐给臣民的一部分国有土

[1] 朱绍侯:《试论名田制与军功爵制的关系》,《许昌学院学报》1985 年第 1 期。

[2] 林鹏:《晋作爰田考略》,《晋阳学刊》1982 年第 3 期。

[3] 李孟存、常金仓:《对〈晋作爰田考略〉的异议》,《晋阳学刊》1982 年第 5 期。

[4] 彭益林:《晋作辕田辨析》,《华中师范大学学报(人文社会科学版)》1982 年第 1 期。

地。它和"休耕""换土"在名字意义、实施内容和产生时代等各方面都迥然不同。[1]

《说文》曰:"爰,引也"。段玉裁注曰:"此与手部援音义皆同,今按援从手爰声,训引也。"[2]据此,张玉勤亦训"爰"为"援"的古字,认为"爰田"就是援田,是为换取贵族的支持,在其按爵次占有的私田外,再资助一部分公田给他们作私田。作爰田,把采地内助耕的公田作为私田资助给贵族,也就是把这部分公田的收益权以国君的名义赏赐给贵族,故曰:"君命赏。""赏众以田"就是赏助耕的公田给贵族,"易其疆畔"就是改变采地内公田与私田的疆界。爰田制取消了助法,打破了公田与私田的疆界,使贵族的采地连成一片,完全开创了一种新的田制,故冠之以"作"。至于"作爰田"的性质,他以为仍属奴隶制性质。[3] 由此可以看出,他仍然持赏田说。

罗元贞《论晋国的爰田与州兵》,在训诂上别出新解,认为"爰田"是"怨田",是为了报秦之仇,赏赐为数众多的"士"以土地,让他们在远郊开荒,占新田为私有财产,故又兼有"远田"之意。[4] 此说强调"爰"字与"怨"字相通,过于牵强。

于琨奇在《井田制、爰田制新探》一文中,首先对旧注各家之说做了归纳和辨析,然后依据银雀山汉墓所出竹书《孙子兵法·吴问

---

[1] 杨善群:《"爰田"释义辨正》,《人文杂志》1983 年第 5 期。

[2] 许慎撰,段玉裁注:《说文解字注》,上海古籍出版社,1981 年,第 160 页。

[3] 张玉勤:《晋作爰田探讨》,《晋阳学刊》1984 年第 2 期。

[4] 罗元贞:《论晋国的爰田与州兵》,《运城学院学报》1985 年第 1 期。

篇》的记载，认为晋惠公"作爰田"的主要内容之一是扩大亩积。秦的辕田与晋的爰田在内涵上是一致的。商鞅变法所行辕田制，正是对六卿中赵氏田制的直接承袭。爰田制对井田制做了三个方面的改变：一是亩制上，改变原有疆界，扩大亩积；二是授田方法上，变"爰土易居"为"自爰其处"；三是赋税制度上，变"赋里以入"为"以田出车赋"，变"井出"为"顷入"，变"助"法为税法。爰田制取代井田制，并不是土地所有制关系上的变革，井田制瓦解后并没有像一般所认为的那样立即变成土地私有制，爰田制仍是一种公有制的生产组织形式。[1]

李民立《晋"作爰田"析——兼及秦"制辕田"》也认为"作爰田"应是赏田给众大臣，承认他们对土地的私有权，并改变了原来封地的疆界。秦"制辕田"与晋"作爰田"一样，很可能也是一种赏田。"制辕田"大概正是当时按军功行赏的措施。[2]

邹昌林《"作爰田"和小土地占有制的兴起》认为，"作爰田"所赏的是全体国人，故存在三种形式的赏田。对于大夫以上的贵族，增加他们食邑的土地；对于甲士及大夫以下之士，是在他们的职分田之外，另赏一部分公田归他们永久占有；而对于国人中的一般劳动者，则是把公社的土地分配给他们，使他们获得了对自耕小块土

---

[1]　于琨奇：《井田制、爰田制新探》，《安徽师范大学学报（人文社会科学版）》1986年第3期。

[2]　李民立：《晋"作爰田"析——兼及秦"制辕田"》，《复旦学报（社会科学版）》1986年第1期。

地的永久使用权和占有权。这三种形式的土地行赏之后,都有疆界的变化。"作爰田"即是重新划定疆界之意。"爰田"从耕作制度上讲是一种休耕制度。耕作制度的变化,引起了土地分配和所有制关系的变化,而土地所有制关系的变化,又引起赋税制度的变化。晋国的"作爰田"表明小土地占有制开始确立。个人从国家得到一份土地,同时也就为国家承担一定的义务,即出军赋。征赋以个人为对象,从而第一次实现了个人和国家之间的直接关系。[1]

　　严宾对商鞅变法的制辕田进行研究,认为晋国作爰田是为了取得晋国群臣对晋惠公回国为君的援助,将原由国君直接控制与占有的公田赏给群臣占有与使用。商鞅制辕田的性质与晋国作爰田相同,为赏田。赏赐的对象是因功劳而得到爵位的人。赏赐数量随受爵者爵位高低的不同而有所区别。商鞅的赏田与赐爵是联系在一起的,它们实际是两位一体的关系。受赐者只有占有权与使用权,而无私有权。有爵者死后,赏田要全部归还国家,子孙无继承的权利。秦经商鞅变法,依然实行土地国有制。[2]

　　王恩田《临沂竹书〈田法〉与爰田制》认为,临沂竹书《田法》中的爰田制是十岁易田的制度,而不是三年爰土之制。该文还对以往对晋"作爰田"的诸种解说进行驳议,认为爰田易居说是唯一正确的解释。爰田制是为了财均力平而采取的定期交换耕地和住宅的

---

　　[1]　邹昌林:《"作爰田"和小土地占有制的兴起》,《史林》1988 年第 3 期。

　　[2]　严宾:《商鞅辕田制研究》,《河北学刊》1988 年第 6 期。

制度。但晋"作爰田"与秦"制辕田"意义不同,其差别不在于"爰田"与"辕田"的含义和解释,而在于"作"与"制"有着不同的含义。"制"字的本义为裁断、截割。"制辕田"即禁止辕田,废除(爰)田易居,而施行张晏所谓"令民各有常制",孟康所谓"爰自在其田,不复易居"。晋"作爰田"标志着家族公社的瓦解及向农村公社的过渡。战国十岁易田制的存在,表明当时仍处在"田里不鬻"的土地公有制阶段,同时也证明"起田易居""爰土易居"即换地换房是对"爰田"唯一正确的解释。它表明马克思主义关于氏族公社、家族公社和农村公社的理论不仅适用于欧洲,也适用于亚洲,适用于中国。那种认为商周社会中的基层单位不再是什么"公社",而是"劳动集中营""奴隶劳动营"国有的观点是值得重新认识的。[1]

沈长云从银雀山竹书《守法》《守令》等十三篇论及战国时期的爰田制,认为战国时代齐国在全国范围内实行普遍授田的爰田制,银雀山竹书《守法》《守令》提到的三年一次定期更换土地的制度,正是文献中屡次提到的"爰田"。爰田制是由古代爰土易居之制发展而来的只定期更换授田而不复易居的制度。银雀山竹简十三篇中没有任何地方谈到对于宅居地实行轮换,正反映了当时齐国只存在"爰土"之制,而不存在"易居"的作法。爰田制是战国时期各国普遍行用的土地制度。秦国辕田制也应该理解为爰土不复易居的国家授田制。以往认为秦辕田制是农民在自己固有的土地上自行

---

[1]　王恩田:《临沂竹书〈田法〉与爰田制》,《中国史研究》1989 年第 2 期。

轮作,不再与他人更换土地,亦即废弃土地的定期重新分配,建立起农民对土地长期占有制度的说法,值得商榷。从所有制性质看,战国爰田制具有农村公社土地制度的两重性,即土地公有制向土地私有制过渡的性质。[1]

叶茂(李根蟠)《"作爰田"辨》一文,否定了通常认为"作爰田"是取消公社份地定期重分制度,让农民自行耕休,从而导致农民对份地占有的固定化和永久化的意见。他认为理解"爰田"时,应把"换土易居"和"自爰其处"说法排除在外。他支持爰田为赏田说,认为爰田是作为国人置办军事装备的额外补贴,其对象是国人。他赞成王毓铨将"爰(辕)田"称之为"车马田"的看法。商鞅"制辕田"的性质,与晋"作爰田"相似。商鞅变法按军功赐爵赏田就是所谓"制辕田"。[2]

张在义《〈左传〉"爰田"试析》,根据《左传》《国语》的记载和汉人的注解,认为释"爰田"为赏田较切《左传》之义。"作爰田"就是制定赏田制度。[3]

杨作龙《晋"作爰田"辨析》认为,"爰田"或"辕田"当释为"还田",爰田制即"还田"制。他依据《说文》:"乍,止也,一曰亡也。从亡从一。"训"乍"为"止""毋"。《说文》段注云:"古文假借乍为

---

[1] 沈长云:《从银雀山竹书〈守法〉、〈守令〉等十三篇论及战国时期的爰田制》,《中国社会经济史研究》1991年第2期。

[2] 叶茂:《"作爰田"辨》,《中国经济史研究》1992年第1期。

[3] 张在义:《〈左传〉"爰田"试析》,《古籍整理研究学刊》1994年第4期。

作。"另,《说文》:"制,裁也……一曰止也。""制"亦为"止"义。因此"作爰田""制辕田"即是"止爰田""止还田",说明晋国在惠公时已部分地取消了授田制。取消授田制,正为了"赏田以众"。"众"的身份为国人,此国人特指"士"之别子即"余夫"。"作州兵"是单指征国人中的余夫为兵,余夫的身份也便升为士。[1] 此说的问题在于对"作"的训解前后不一,"作爰田"释为"止","作州兵"的"作"却不作"止""裁"之义,令人对其解释的随意性产生疑问。

屈友贤《"作爰田"注释新探》提出了新的解释,认为"作爰田"即"作援田",是晋国开始实行的因支援国家而赏众的田。[2]

陈斯鹏《"爰田"非即"援田"》批驳屈友贤释"爰"为"援"的观点,认为以"爰"为援助之"援"不合古语惯例,援助之义较为晚出,不足为信。他认为"爰田"是用以轮种的撂荒地,晋"作爰田"就是允许国人自由开垦这些荒地,国家向其征税,这实际上便承认了他们对自垦荒田的所有权,所以这项改革措施具有赏赐的性质。[3]

袁林《"爰田(辕田)"新解》认为,"爰田"即牛耕之田。"爰"字本义为"牵引",引申为"车辕"。"爰田"是指用类似车辕的东西以牵引的方式耕作田地,作为一种制度的代名词时,则是指便于牛犁耕作的一种田地建设或田地规划。秦"开阡陌",确定宽一步、长二百四十步的亩制,正是"制辕田"的一种表现形式。晋、秦"作爰田"

[1]　杨作龙:《晋"作爰田"辨析》,《农业考古》1995 年第 1 期。
[2]　屈友贤:《"作爰田"注释新探》,《学术研究》1997 年第 8 期。
[3]　陈斯鹏:《"爰田"非即"援田"》,《学术研究》1998 年第 8 期。

的主要内容,就是进行以铁犁牛耕为基础和核心、以垄甽耕作方法为表现形式的农业技术革命。[1]

杨兆荣《"爰(趄、辕)田"新解》认为,所谓"爰田"并非"易田",更非赋税,而是先秦发展着的分户授田的制度。井田制下的"趄田易居",即农村公社的分户授田制,其实就是"余夫"成长为"正夫"而从原来家庭独立出去时的重新受田。春秋时晋"作爰田",即在全国范围内实行大规模的分户授田。而且对已无余地可授的村社,还拿出一部分国君直接支配的公田,以国君的名义对其分户者进行授受。战国时商鞅"制辕田",亦为国家在打破家长制大家庭后施行更大规模的分户授田。村社实施分户授田——"趄田易居"的职能,最终为国家授田制所取代。[2]

银雀山竹简公布后,更多的学者倾向于《田法》中的"三岁一更赋田""十岁毕易田"的换田制就是所谓的"爰田制"。杨善群不同意把"爰田"解释成"换田",力持他之前的观点,即爰田是一种赏田。"爰"的意思是"引",因而"爰田"也可作"辕田",是互相援引、"上下相付"的田。晋惠公为了与"国人""群臣"结"援",乃用公田"以君命赏",这就叫"作爰田"。他还认为银雀山竹书《田法》是学者论著而非法律规定。[3]

---

[1]　袁林:《"爰田(辕田)"新解》,《中国农史》1998年第3期。

[2]　杨兆荣:《爰(趄、辕)田"新解》,《思想战线》2001年第2期。

[3]　杨善群:《"爰田"是什么样的土地制度?——兼论银雀山竹书〈田法〉》,《学习与探索》2009年第1期。

项观奇《"作爰田"新解》抛开历来旧说,根据青川秦牍对"作爰田"提出新看法。"广一步,袤八则,为畛",一则,30 步,八则,240步,一畛,240 方步,一亩两畛,两个 240 方步,一亩 480 方步。这就是"开阡陌",也就是"作爰田"。"畹田"就是爰田,也就是一亩两块畛,轮流耕种,"自爰其处"。[1] 此说与文献记载的秦田 240 步一亩的亩制不合,但采纳了旧注中轮换休耕的说法。

上面介绍了当代学者关于"爰(辕)田"的研究,这些文章比较集中地探讨了"爰(辕)田"问题。还有一些观点散见于各类专著、论文之中,有的是间接论述,并未展开论证,论点也未出上列所介绍的范围。

从上述研究来看,"爰(辕)田"问题依然未有共识。尽管在具体论证和性质的论定上有种种不同意见,但这些意见大致可以分为两类:一是赏田说,二是换田说。两类意见之下,又有一些相互歧异的观点。赏田说正如袁林所驳,若为赏赐则无须用"作"字,无须当作一种新制度予以确定。且晋自惠公之后不断有"赏田"的记录,也未见有称作"爰田"。而换田说同样存在问题。张晏、孟康都提到"三年一易""三年爰土易居"的定期重新分配土地的换土易居制,但又都指明这是"周制"或"古制"。而文献说,商鞅的"辕田"是"民各有常制""爰自在其田,不复易居""自爰其处"。因此,很明显是农户在固定的田亩自行轮作休耕。问题是,既然是从"换土易居"的土地定期轮换制改变为"自爱其处"的田莱休耕制,为何都称作"爱田"呢? 这岂不是会造成立说的混淆。且银雀山汉简的材料表明,战国时齐国还施行"三年一更赋田""十岁毕易田"的土地定期轮换制。可见,这两类意见也都存有疑滞,有各自照应不了的材料和事实。我们从上述各家互相驳诘的论述中可以察觉到这一点。

出现这种状况的重要原因固然是文献阙佚,但一个症结所在就是训诂问题,正是对文字的不同训解导致了众说纷纭,莫衷一是。不同的训诂也反映了作者不同的学术功底和风格。这些解诂中,有的持之有故,有文献和文字学的依据,有的以文献记载与出土材料相结合,有的依照生产力水平和社会发展阶段的性质立说,还有的却是望文生义,穿凿附会,离事实更远。种种纷扰无助于问题的解答,这种情况应该引起我们的反思,在没有新出材料佐证或具有很强的立论基础的情况下,不应该再做无谓的新解,避免给后来者增添学术史的困扰。然而,训诂是我们在处理"爰(辕)田"这样史料简略、记载含糊的问题时,不可缺少的方法,是解决问题的出发点,是确立事实的关键。任何新的解说都必须兼顾到训诂之义,否则得出的结论必是无本之木,经不起辩驳。

归纳各家之注,这几种说法都有其不足:

一是赏众以税。《左传·僖公十五年》杜预注曰:"分公田之税应入公者,爰之于所赏之众。"这一说法似乎过于牵强,分公田之税赏众,也可直接以钱物赐予,不一定要作爰田。也无法说明土地制度发生了什么变化。

二是赏众以田。《国语·晋语三》贾逵注云:"辕,易也,为易田之法,赏众以田。易者,易疆界也。"若为赏赐,无须用"作"字,无须当作一种新制度予以确定。且晋惠公之后不断有"赏田"的记录,也没有被称为"爰田"。

三是以田出车赋。《国语·晋语三》韦昭注引:"辕田,以田出车赋。"如从此说,只会加重国人负担,而不是"以君命赏",获得土地益多,所出车赋越多,只会招致国人的反对,更谈不上"赏以悦众"。

四是固定授田,自行轮耕。《汉书·地理志》张晏注曰:"周制三年一易,以同美恶。商鞅始割列田地,开立阡陌,令民各有常制。"孟康曰:"三年爰土易居,古制也,末世浸废。商鞅相秦,复立爰田,上田不易,中田一易,下田再易,爰自在其田,不复易居也。《食货志》曰'自爰其处而已'是也。辕、爰同。"这种说法一定程度上说明了爰田制实施前后的变化,问题在于从"换土易居"的土地定期轮换制改变为"不复易居、自爰其处"的田莱休耕制,何以都称为"爰田"?新制度用旧名称,以爰田与古人的休耕强为比附,造成概念的混淆。且按照土地肥饶程度进行轮作休耕的生产制度至迟在周代农业生产中已出现,与"作爰田"的兴制、造作之义相悖,故惠栋曰:"易田之法,本是周制,何云作也?"

20世纪50年代以来,研究者对"爰(辕)田"提出了20多种见解,讨论主要集中在如何理解"爰田"之义,"作爰田"的意义和性质,晋"作爰田"和商鞅"制辕田"之间的关系等,至今未有定论。主流观点认为,"作爰田""制辕田"改变了古代井田制下对土地定期进行重新分配即所谓"三年爰土易居"的制度,授给的土地固定下来,不再定期调换,土地私人占有长期化,从而逐渐确立了封建土地私有制度。"作爰田"造成土地私有的变化,这种观点以生产资料所有制的分析范式,来说明春秋战国社会形态、社会性质的封建化,具有较大影响。

　　不论如何众说纷纭,以"爰(辕)田"问题而言,任何解说都必须照顾到文献记载和汉晋旧注中具有的几个意思,而非改字、增字,甚至曲解字义,这是讨论的基础。一是"作爰田""制辕田"的"作"和"制"都有兴起、造作、创制之义,意味着这是一项对旧制所作的创新性的改革,不论是对土地所有权或土地使用分配的变革,还是生产耕作技术的改进;二是"爰"有换、易之义,不管是理解为换土易居或是田亩制度、阡陌疆界的改变;三是有赏赐的意涵,即所谓"以君命赏""赏以悦众",可见这是一项惠及"国人"群体的改革措施;四是具有富国强兵的效果,所谓"于是乎作州兵""孝公用商君,制辕田,开仟伯,东雄诸侯"。古代田制往往是和赋税制度联系在一起的,"作爰田"也就连带有了赋税制度改革的内涵。任何新解都要摄取和涵盖以上几点内容,否则立论之基亦会动摇。

(二)"制辕田"与商鞅变法的土地制度改革

晋"作爰田"和秦"制辕田"是先秦土地制度史上的重大事件。

目前多数学者都认为这两者是前后推行的相同政策。"爰（辕）田"是什么样的土地制度？"制辕田"实际内容是什么？这些问题须结合秦在商鞅变法之后所实行的土地制度来认识。睡虎地秦简、张家山汉简的出土，使我们对当时的土地制度状况有了一个比较清晰的了解。研究者一般认为，自秦商鞅变法至西汉初年实行以爵位名田宅为核心的"名田制"，以爵位等级作为占有田宅的标准，以户为单位名有田宅。[1] 以此为基点，往前推溯考证"制辕田"究竟是怎么样的土地制度变革。

其一，商鞅变法之后，建立起以二十等爵制为基础，与之相配套的名田宅制，"爰（辕）田"所包含的"赏赐、赏田"之义也应从此角度去理解。《史记·商君列传》："戮力本业，耕织致粟帛多者，复其身。""有军功者，各以率受上爵，……明尊卑爵秩等级，各以差次名田宅，臣妾衣服以家次。"[2]《商君书·境内》规定："能得甲首一者，赏爵一级，益田一顷，益宅九亩。"[3] 其制度设计的意图是以爵位高低确定享有田宅、奴婢的多寡。多杀敌受赏，才能加官晋爵，多获田宅。相比于井田制下的平均授田，是一个很大的变革，可以因功得赏，打破平均主义，激发百姓努力耕作或奋勇杀敌，这正是"制辕田"的初衷。

---

[1]　杨振红：《秦汉"名田宅制"说——从张家山汉简看战国秦汉的土地制度》，《中国史研究》2003 年第 3 期。

[2]　《史记》卷六八《商君列传》，第 2230 页。

[3]　商鞅著，张觉点校：《商君书》，岳麓书社，2006 年，第 39 页。

其二,"制辕田"的主要内容是建立新的土地管理和分配制度。秦自周王室东迁之后,据有宗周故地。在商鞅变法之前,一直承袭宗周旧制,实行井田制。商鞅变法,奖励耕战,首要打破平均主义大锅饭的井田制。《史记·商君列传》:"为田开阡陌封疆,而赋税平。"《汉书·食货志》:"秦孝公用商君,坏井田,开阡陌,急耕战之赏,虽非古道,犹以务本之故,倾邻国而雄诸侯。"《汉书·地理志》:"孝公用商君,制辕田,开仟伯,东雄诸侯。"颜师古注引张晏曰:"周制三年一易,以同美恶。商鞅始割列田地,开立阡陌,令民各有常制。"由此可见,商鞅"制辕田"一定是改变了旧有的井田经界。开阡陌,并不意味着废除土地的封埒疆界,而是开立新的阡陌经界,这即是所谓"易其疆界"。"令民各有常制"意味着建立了一套新的土地制度。文献所载商鞅变法的土地制度改革主要是"明尊卑爵秩等级,各以差次名田宅,臣妾衣服以家次"(《史记·商君列传》),其制度内容应大致相当于名田制。

其三,"自爰其处"带来农业生产技术的变化。井田制在一定范围内定期平均分配土地。《周礼·大司徒》:"凡造都鄙,制其地域而封沟之,以其室数制之。不易之地百亩,一易之地家二百亩,再易之地三百亩。"[1]何休《春秋公羊经传解诂·宣公十五年》注云:"司空谨别田之高下善恶,分为三品上,田一岁一垦,中田二岁一垦,下田三岁一垦。肥饶不得独乐,硗埆不得独苦,故三年一换主易居,

[1]　《周礼注疏》,中华书局影印本,2009 年,第 1519 页。

财均力平。"[1]《周礼》《春秋公羊经传解诂》两书虽然晚出,但被认为保留了不少早期史事的记录。《汉书·地理志》颜师古注引孟康曰:"三年爰土易居,古制也,末世浸废。商鞅相秦,复立爰田,上田不易,中田一易,下田再易,爰自在其田,不复易居也。"从"爰土易居"变为"自爰其处",符合"爰田"具有的"换、易"之义,只不过土地不再定期重新分配,而是农民在自己分得的土地上自行休耕轮作,有利于安排生产和长期经营。

文献中的"爰田"究竟为何? 这一田制改革到底改变了什么样的土地关系? 是土地所有制,还是土地使用分配制度,抑或是生产技术范畴内的变化? 以文献记载和出土材料看,战国时期仍然是土地国有制(授田制)的说法似乎更为大家所接受。如此,"爰(辕)田"制体现了土地所有制的变化,这一观点受到了否定。因而探讨这一问题,对于了解先秦土地制度的演变及社会转型具有重要意义。

从土地制度发展的历史脉络而言,"爰(辕)田"制是秦汉名田制的由来渊源。"爰(辕)田"制是古代土地制度发展、演变的重要一环,井田制—爰田制—名田制,爰田制是井田制向秦汉名田制转化的过渡阶段,是名田制的前身和初始形态,其制度内涵即使不完全同于名田制,也不会偏离太远。

由于载籍阙略,井田制存在与否,曾经有过争论。胡适即认为

---

[1] 《春秋公羊传注疏》,中华书局影印本,2009 年,第 4965 页。

井田制是后儒凭空虚构的"乌托邦","豆腐干块"式的井田制不可能存在过。经过之后几十年"否定之否定"的论辩,大多数学者认为商周时代曾存在井田制之类的土地制度,但并不一定具有如网格般整齐划一的形式,其性质为国家或村社集体公有土地下的授田制。春秋战国时期,礼崩乐坏,井田制也面临崩解,无法维系。各国在土地制度领域先后进行了变革,晋国"作爰田"、鲁国"初税亩"、秦商鞅变法"制辕田"等。土地关系的变动,也带来户籍、赋役等其他制度领域的变化。晋国"作爰田",与之同时的是"作州兵";鲁国"初税亩"之后宣布"作丘甲""用田赋";商鞅变法"为田开阡陌"后二年,秦国宣布"初为赋"。在 20 世纪中国古史分期讨论中,这一系列社会制度的变化被认为是确立封建土地私有制的变革,"爰(辕)田"制是封建土地私人占有制。这一观点与出土材料所反映的历史事实不甚相符,需要进一步反思。将"爰(辕)田"制放置在古代土地制度演变的历史逻辑中分析,有助于我们正确认识春秋战国时期社会转型的性质和意义,对古代中国历史发展道路的独特性会有更深刻的体认。

以文献记载和出土材料看,"爰(辕)田"制体现了土地所有制从国有向私人占有的变化,这一观点受到了否定。"爰(辕)田"制的性质是国家控有土地前提下的授田制。春秋战国的社会转型是在中国古代传统内部发轫的,制度变革沿着原有路径缓慢、循序演化,土地制度的变革也不曾脱逸于社会背景而发生断裂式的变化,并不存在所有制变革的意义。春秋战国时期仍然是土地国有(授田制)的说法似乎更为人所接受。

二、"使黔首自实田"

"使黔首自实田"一语见于文献中仅一次。《史记·秦始皇本纪》秦始皇三十一年(前216)条,裴骃《集解》引徐广曰:"使黔首自实田也。"徐广是晋、宋间的人,尽管这条记载并非《史记》原文,但是在战国秦汉土地制度的讨论中,"使黔首自实田"对于说明古代土地制度演变的意义还是引起学者们普遍注意。对这条材料的看法主要集中在对"自实田"的辨析和如何看待"使黔首自实田"的意义。

对"自实田"的看法,一般认为是让老百姓自报占田数目,按亩纳税。范文澜《中国通史简编》认为:"在这个法令下,地主和有田农民自动陈报所有土地实数,按定制缴纳赋税,取得土地所有权"。[1] 郭沫若主编的《中国史稿》认为这条法令"就是命令有田的黔首向政府呈报占有土地的数额"[2]。杨宽认为这个法令"命令全国有田的人自报占有田地的实际数额,以便征收赋税,同时也就在全国范围内从法律上肯定了封建土地所有制"[3]。林甘泉主编的《中国封建土地制度史(第一卷)》认为,秦始皇三十一年"使黔

---

[1]　范文澜:《中国通史简编》第2编,人民出版社,1964年,第14页。

[2]　郭沫若主编:《中国史稿》第2册,人民出版社,1979年,第121页。

[3]　杨宽:《战国史》,上海人民出版社,1983年,第392页。

首自实田"就是"命令全国的平民(包括农民和没有爵禄的地主)要向政府如实呈报自己占有土地的亩数,以便政府征收田租(土地税)时作为依据"[1]。现行的各种教材及有关专著基本上都作如是解。

也有一些学者将这条法令解释为使黔首自由占有土地。翦伯赞曾认为:"所谓'自实田',即自由占有土地之谓也。"[2]任再衡《"使黔首自实田"解》认为"使黔首自实田"应解释为:让百姓开荒,扩充土地;"任其所耕,不限多少"。"实田"就是扩充土地,并非"自报占田数目"。[3]李福泉也认为"使黔首自实田"是"自由占有土地"之义,但他认为秦代的法律不允许黔首"自由占有土地"。[4]

李永田认为"实"在此作"充实"之意,"使黔首自实田"只是秦王朝驱民归农的一项措施而已,与土地制度风马牛不相及。[5]袁林的《"使黔首自实田"新解》认为文献中没有把"实"当作呈报解释的例子,"自"也不能作"自由"解。"实"取其"不空""满""有"之解,充实、充满、具有之意,用为动词,即命令黔首自己去充实土地,

[1] 林甘泉:《中国封建土地制度史》第1卷,中国社会科学出版社,1990年,第125—126页.

[2] 翦伯赞:《中国史纲》第2卷《秦汉史》,大孚出版公司,1947年,第35页。《秦汉史》校订本,又改为"所谓'自实田',即向官府自报占有的土地之谓也"。(北京大学出版社,1983年,第30页)

[3] 任再衡:《"使黔首自实田"解》,《求是学刊》1975年第1期。

[4] 李福泉:《秦代实行过"使黔首自实田"的土地政策吗》,《天津社会科学》1986年第2期。

[5] 李永田:《"使黔首自实田"试析》,《群众论丛》1981年第2期。

就是允许黔首按照国家制度规定的数额,自己设法占有定额的土地,国家不再保证按规定授田。[1] 赵理平赞成这一说法,认为"实"应解释为"充实、具有"。[2]

但是也有学者对"使黔首自实田"政策的真实性提出怀疑。李大生《"使黔首自实田"辨析》首先质疑了徐广记载的史料的可靠性,因为"使黔首自实田"这条史料并非《史记·秦始皇本纪》的正文,而是裴骃《集解》引徐广的话,"实田"的法令就不可信。通过对徐广的注文进行一番辨析考察,他认为"就现有资料分析,实在无法证实秦始皇颁布过这样的法令"[3]。

李福泉认为秦代没有实行过"使黔首自实田"的土地政策。秦代的法律不仅不允许黔首"自由占有土地",而且对私有土地的发展是严加限制的。秦代的土地制度是国有土地制与私有土地制并存。国有土地实行的是"授田制",而私有土地是通过实行"名田制"而产生的。无论是授田制还是名田制,都排除了黔首自由占有土地的可能。[4]

如何看待"使黔首自实田"的性质和意义是讨论得较多的另一问题。绝大部分学者认为"使黔首自实田"从法律上确认了封建土

---

[1] 袁林:《"使黔首自实田"新解》,《天津师大学报》1987 年第 5 期。

[2] 赵理平:《"使黔首自实田"新解》,《秦文化论丛》第 13 辑,三秦出版社,2006 年。

[3] 李大生:《"使黔首自实田"辨析》,《史学集刊》1981 年第 10 期。

[4] 李福泉:《秦代实行过"使黔首自实田"的土地政策吗》,《天津社会科学》1986 年第 2 期。

地私有制。这个法令是命令百姓向政府呈报自己占有的土地数额，以缴纳赋税，政府承认他们的土地所有权，它意味着封建土地私人所有制的确立。

对于"使黔首自实田"标志着封建土地私有权确立的传统观点，学者们提出了新的解释。李大生《"使黔首自实田"辨析》认为，"使黔首自实田"有鼓励劳动力与土地结合之意，是继续执行商鞅的垦草莱，尽地力的传统政策。国家统计占垦的土地数字，要求下面如实呈报，以收取赋税，并不能说明占垦者的土地属于私有还是国有，是私田还是公田。即使徐广注确实反映了秦代的一条法令，也不能据之得出这条法令是保护、推广封建土地私有制的结论。他认为由秦简及文献两方面考察，都不能证明秦代的私人土地所有制占据着统治地位，而是国有土地与私有土地并存。秦在统一前后普遍地存在着土地国有制，大量国有土地主要是以"受田"方式交给百姓（农民）耕种，农民耕种国有土地带有很大的强制性，有时甚至是在管理农事的官吏的督责下从事劳作的。虽然秦代存在着土地私有制，但在法律上没有明确、具体的规定。因此，徐广的"使黔首自实田"只是解释《秦始皇本纪》的注，而不是秦始皇颁布的承认土地私有的法令。[1]

袁林认为"使黔首自实田"的法令，正式宣布了国家授田制度的崩溃，国家不再按制度规定向黔首授田，黔首应占有的土地由他

---

[1] 李大生：《"使黔首自实田"辨析》，《史学集刊》1981 年 10 期。

们自己去设法解决。这个政策,无疑给以土地自由买卖为基本标志的土地私人所有制开放了绿灯,但它并未公开宣布土地私人所有为合法,也未放弃国家对社会土地关系的严密控制。[1]

罗义俊认为秦始皇三十一年"使黔首自实田",是首次全国性的法律措施,它把尚未国有化的原六国的土地及吏民编入秦户籍,正式确立秦王朝对这些土地的所有权,使秦名田制发展为全国性的土地所有制。[2]

李元《秦土地改革运动论》认为"使黔首自实田"并没有那种划时代的伟大意义,它不过是秦始皇在统一后让民众如实申报自己占有的土地数量而已。他认为这条法令有很大可能是针对东方新占领区民众而言的。战乱之余,秦政府对原东方诸国的土地状况难以有个准确的掌握,从而也就很难确定那里的民众对封建国家应承担的义务。为了简化手续,下令让东方人自己申报使用土地的数量。他还分析了秦始皇"使黔首自实田"政策背后的施政思想。他认为秦始皇的主导思想始终是"黔首改化,远迩同度",用秦制作为天下的公制。在秦始皇这种思想的指导下,原东方各国的土地制度也只能"改化"到原秦国旧有的轨道上去。秦国的土地制度是土地国

---

[1] 袁林:《"使黔首自实田"新解》,《天津师范大学学报(社会科学版)》1987年第 5 期。

[2] 罗义俊:《汉代的名田、公田和假田——兼论商鞅的田制改革和秦名田》,平准学刊编委会编:《平准学刊——中国社会经济史研究论集》第 3 辑下册,中国商业出版社,1986 年。

有,辅之以军功地主的土地私有。[1]

罗义俊、李元二人的看法充分意识到了"使黔首自实田"所蕴涵的秦王朝在全国范围内"整齐制度"的意义,切合于秦统一的历史背景和秦始皇的施政理念。

赵理平认为"使黔首自实田"诏令的真正含义是让黔首自己去充实土地,但只是有条件充实。其所充实之田不是无主荒地,是要求那些授田民去"实"他们自己新领到的土地,要求他们专心农耕,不要弃农经商。"使黔首自实田"并不是一条涉及改变秦朝原有土地制度的政策,授田制继续实行着,土地国有也并未改变。[2]

通过上面的介绍,我们看到尽管"使黔首自实田"只是《史记》的一条注文,但由于史料的缺乏,这条注解对于战国秦汉土地制度演变的意义受到了研究者的普遍重视。主张封建土地私有说的学者以之作为秦朝在法权上确立土地私有制的证明。持对立意见的学者也以对"使黔首自实田"这一法令的辩驳入手,连带否认"使黔首自实田"具有确立封建土地私有制的意义。20世纪七八十年代以来有关秦汉土地制度的新材料不断出土,使秦汉土地制度史研究的面貌为之改观,土地国有(授田)说逐渐占据上风。传统观点受到驳难是与这个研究背景相关的。在这些辩驳中,学者相互间的观点或有差异,但是他们多认为"使黔首自实田"这一法令并非是土

---

[1] 李元:《秦土地改革运动论》,《求是学刊》1998年第4期。

[2] 赵理平:《"使黔首自实田"新解》,《秦文化论丛》第13辑,三秦出版社,2006年。

地私有制确立的标志,秦代依然存在着土地国有制。他们的讨论或多或少地触及历史面相的某一部分。袁林在辨析了"使黔首自实田"之后,大致描绘出战国至两汉土地制度演变的线索:"随着战国国家授田制的逐渐瓦解,秦始皇三十一年颁布了'使黔首自实田'的法令,宣布不再按制度授田,这条法令实施的结果形成了西汉前期的名田制,其特征是国家名义上具有全部土地所有权和依制限民占田;由于土地私人所有制的迅猛发展,名田制也逐渐崩溃,自汉哀帝始,名田制公开废除,土地私人所有制开始有了较为充分的发展。"[1]

　　2001 年,张家山汉简《二年律令》公布后,秦汉土地制度史研究迈入了一个新阶段。研究者认识到商鞅至吕后时期的土地制度是一脉相承的,对于秦始皇三十一年"使黔首自实田"的问题也有了比较明确的认识。杨振红指出"使黔首自实田"不过是秦始皇以承认现有的土地占有状况为前提,对统一后的全国土地占有状况进行的一次普查登记。它有两个目的,一是为了稳定政局,安抚被征服的六国百姓;一是为了进行土地管理和赋税征收。它并不意味着新建立的秦帝国改变了长期以来奉行的土地政策,秦王朝实行的仍然是"以爵位名田宅制度"。因此,它也就不具有"标志着土地私有制

---

　　[1]　袁林:《"使黔首自实田"新解》,《天津师范大学学报(社会科学版)》1987年第 5 期。

在全国确立"这样深远的意义。[1]

三、度 田

光武帝"度田"是东汉初年政治上的一件大事。东汉建武十五年(39),刘秀下令"度田",次年"郡国大姓及兵长、群盗处处并起,攻劫在所,害杀长吏"[2]。

过去出于对东汉政权性质的既定认识,在有关论著及教材中,认为刘秀的"度田"措施因兵长大姓的反对而不了了之,把度田认为是一项失败的政策,经过此次骚动以后,东汉政权向豪强地主屈服和让步,完全放弃了度田,不敢再检覈户口土地了。韩连琪在《汉代的田租、口赋和徭役》一文中认为"自郡国大姓的叛乱后,便再看不见政府有命令检覈土地的事,也看不见再有地方官吏因'度田不实'罢免或下狱的事情了。大概自郡国大姓的叛乱后,东汉皇权也就不得不对豪强表示让步,因此'度田'的事,也就没了下文"[3]。范文澜认为"在解决土地问题上,汉光武帝完全失败了","从此以后,东汉朝廷向豪强势力完全屈服,不再检查垦田与户口的实

---

[1] 杨振红:《秦汉"名田宅制"说——从张家山汉简看战国秦汉的土地制度》,《中国史研究》2003 年第 3 期。
[2] 《后汉书》卷一《光武帝纪》,第 67 页。
[3] 韩连琪:《汉代的田租口赋和繇役》,《文史哲》1956 年第 7 期。

数"。[1] 朱绍侯主编的《中国古代史》也认为：刘秀"在对豪强地主妥协让步的前提下，软硬兼施，把反抗平息下去，同时不得不取消度田，并公开宣布：'吏虽逗留、回避、故纵者，皆勿问，听以讨贼为效……又以畏慑捐城委守者，皆不以为负，但取获贼多少为殿最，唯蔽匿者乃罪之。'显然，刘秀度田的失败，是豪强地主的胜利"[2]。林剑鸣的《秦汉史》认为度田是"一次失败的尝试"，因地主豪强的反对"使刘秀无计可施，最后只有让步，度田之举也就不了了之"[3]。

20世纪80年代，曹金华和孟素卿首先对成说进行质疑，认为度田失败论是不符合历史事实的。[4] 光武帝并未下诏停止"度田"，东汉一代，"案比""检核"等制度也继续执行。所谓东汉王朝自度田骚乱以后"不再检查垦田与户口的实数"的论断是不能成立的。

此后，高敏认为汉光武帝通过"度田"、检籍以限制豪强地主的措施，是坚决执行了的。[5] 臧知非也认为，"度田令"是严格推行的，没有因兵长大姓的叛乱而停止，并获得了完全的成功，不仅有效地整顿了社会秩序，强化了国家对人口土地的控制，而且肃清了军阀割据的潜在势力，革除了秦汉以来在田税征收方式上的某些积

————————

   [1]   范文澜主编：《中国通史简编》第2卷，人民出版社，1979年，第178页。

   [2]   朱绍侯主编：《中国古代史》上册，福建人民出版社，1985年，第349页。

   [3]   林剑鸣：《秦汉史》下册，上海人民出版社，1989年，第216页。

   [4]   曹金华：《试论刘秀"度田"》，《扬州师院学报（社会科学版）》1986年第4期；孟素卿：《谈谈东汉初年的度田骚动》，中国秦汉史研究会编：《秦汉史论丛》第3辑，陕西人民出版社，1986年。

   [5]   高敏：《"度田"斗争与光武中兴》，《南都学坛》1996年第1期。

弊,有效地稳定了东汉初年的政局。[1]

现摘引"度田"的有关记载,论次如下:

《后汉书·光武帝纪》:

> (建武)十五年六月,诏下州郡检覈垦田顷亩及户口、年
> 纪。又考实二千石长吏阿枉不平者。冬十一月甲戌,大司徒欧
> 阳歙下狱死。[2]

《后汉书·光武帝纪》:

> (建武)十六年九月,河南尹张伋及诸郡守十余人,坐度田
> 不实,皆下狱死。(李贤注引《东观汉记》云:"刺使太守多为诈
> 巧,不务实核,苟以度田为名,聚人田中,并度庐屋里落,聚人遮
> 道啼呼。")郡国大姓及兵长群盗处处并起,攻劫在所,害杀长
> 吏。郡县追讨,到则解散,去复屯结,青、徐、幽、冀四州尤甚。
> 冬十月,遣使者下郡国,听群盗自相纠摘,五人共斩一人者,除
> 其罪。吏虽逗留、回避、故纵者,皆勿问,听以禽讨为效。其牧
> 守令长坐界内盗贼而不收捕者,又以畏愞捐城委守者,皆不以
> 为负,但取获贼多少为殿最,唯蔽匿者乃罪之。于是更相追捕,

---

[1] 臧知非:《刘秀"度田"新探》,《苏州大学学报(哲学社会科学版)》1997年第2期。

[2] 《后汉书》卷一《光武帝纪》,第66页。

贼并解散。徙其魁帅于它郡,赋田受廪,使安生业,自是牛马放牧,邑门不闭。[1]

关于度田不实事件,《后汉书·刘隆传》说得更具体:

是时,天下垦田多不以实,又户口、年纪互有增减。十五年诏下州郡检核其事,而刺史、太守多不平均,或优饶豪右,侵刻羸弱,百姓嗟怨,遮道号呼。时诸郡遣使奏事,帝见陈留吏牍上有书,视之,云"颍川、弘农可问,河南、南阳不可问"。帝诘吏由趣,吏不肯服,抵言于上寿街上得之。帝怒,时显宗为东海公年十二,在幄后言曰:"吏受郡敕,当欲以垦田相方耳。"帝曰:"即如此,何故言河南、南阳不可问?"对曰:"河南帝城多近臣,南阳帝乡多近亲,田宅逾制,不可为准。"帝令虎贲将诘问吏,吏乃实首服,如显宗对。于是遣谒者考实,具知奸状。明年,隆坐征下狱,其畴辈十余皆死。帝以隆功臣,特免为庶人。[2]

"其畴辈十余皆死"即指河南尹张伋等人,除此之外,其他受此事牵连的官吏,史书中也有一些记载:

《资治通鉴·汉纪》建武十五年条:"冬,十一月,甲戌,大司徒

---

[1]《后汉书》卷一《光武帝纪》,第67页。
[2]《后汉书》卷二二《刘隆传》,第781页。

歆坐前为汝南太守,度田不实,赃罪千馀万,下狱。……帝竟不赦,歆死狱中。"[1]

《后汉书·欧阳歆传》:"征为大司徒。坐在汝南臧罪千余万发觉下狱。"[2]

《后汉书·隗嚣传》:王元"初拜上蔡令,迁东平相,坐垦田不实,下狱死"。[3]

《后汉书·鲍永传》:"(永)出为东海相。坐度田不实,被征,诸郡守多下狱。永至成皋,诏书逆拜为兖州牧,便道之官。"[4]

《后汉书·儒林列传》:牟长"稍迁河内太守,坐垦田不实免"。[5]

《后汉书·酷吏列传》:李章"出为琅邪太守……后坐度人田不实征,以章有功,但司寇论。月余免刑归。复征,会病卒"。[6]

《后汉纪》:(建武十六年)是时天下刺史、太守以垦田不实下狱死者十余人。于是南郡太守刘隆亦系狱,上以隆功臣也,免为庶人。上从容问虎贲中郎将马援曰:"吾甚恨前杀牧守多也。"援曰:"死得罪,何多之有? 但死者既往,不可复生。"[7]

---

[1] 《资治通鉴》卷四三《汉纪》,第 1387 页。

[2] 《后汉书》卷七九《欧阳歆传》,第 2556 页。

[3] 《后汉书》卷十三《隗嚣传》,第 531 页。

[4] 《后汉书》卷二九《鲍永传》,第 1020 页。

[5] 《后汉书》卷七九《儒林列传》,第 2557 页。

[6] 《后汉书》卷七七《酷吏列传》,第 2493 页。

[7] 袁宏撰,张烈点校:《后汉纪》卷七,第 125 页。

赵翼《廿二史札记》"后汉书间有疏漏处"条,指出了建武十五年骚动和度田之间的关系:"按是时天下初定,民方去乱离而就安平,岂肯又生变乱? 此必有激成其祸者,而本纪全不著其根由。但上文有河南尹张伋及诸郡守十余人,坐度田不实,皆下狱死。则是时民变,盖因度田起衅也。"[1]

高敏认为欧阳歙"坐臧罪下狱死"一事与"度田"无关。[2] 然《续汉书·天文志》载:"(建武)十五年,十一月……是时大司徒欧阳歙以事系狱,逾岁死。"可见其事发在建武十五年,死于次年。正是度田事件的高峰期,其"坐臧罪下狱死"正与度田事件相始终,所以司马光将两件事系于一处,是有道理的。可以认为欧阳歙的死是和"度田不实"有关的。

曹金华认为在"度田"的实施程序上,刘秀诏令"检核",是结合本年度"八月算人"即"案户比民"同时进行的。即《续汉书·百官志》注引胡广所说:"秋冬岁尽,各计县户口垦田,钱谷入出,盗贼多少,上其集薄。"这说明"检核"令,当是六月下达州郡,要求在"八月算人"时一并进行的。[3]

孟素卿认为《光武帝纪》的记载,纯属光武为镇压此次骚乱所采取的一些措施,并无半字涉及度田,更说不上是什么"取消度

[1] 赵翼著,王树民校证:《廿二史劄记校证》(订补本),中华书局,2005 年,第 82 页。
[2] 高敏:《"度田"斗争与光武中兴》,《南都学坛》1996 年第 1 期。
[3] 曹金华:《刘秀"度田"史实考论》,《史学月刊》2001 年第 3 期。

田"。不能做出"是豪强地主的胜利"的结论。[1]

在度田的结果上,曹金华否定了"随即下诏停止检田"的说法,认为在史书中绝对找不到任何证据,只不过是论者的主观臆断而已。其次,他认为"度田"并没有"不了了之",而是采取"遣谒者为更正"的办法,对"聚人田中,并度庐屋里落"所造成的后果,皆予以"更正",重新核订租税额——"坐租",然后才结束"度田"的。他引证了《续汉书·五行志》中的一条材料:"(建武)十七年二月乙未晦,日有蚀之,在胃九度。胃为廪仓,时诸郡新坐租之后,天下忧怖,以谷为言,故示象。"曹金华认为这反映了刘秀"度田"的直接后果。因为从时间上来看,"坐租"是建武十七年二月前刚刚发生的。在建武十七年前后,再难找出因其他事件而导致"诸郡新坐租"的因由,更无法理解"诸郡新坐租之后,天下忧怖"这一事象的出现。这条材料说明,光武帝是通过重新"坐租"才结束度田的。[2]

臧知非认为光武之后度田成为常制,每年都要进行,这是史有明证的。《续汉书·百官志五》云各县邑道每年"秋冬集课,上计于所属郡国",注引胡广说"秋冬岁尽,各计县户口垦田、钱谷入出,盗贼多少,上其集簿"。《后汉书·安帝纪》元初四年诏云"方今案比之时",注引《东观汉记》"方今八月案比之时,谓验户口次比之也"。

———————

[1] 孟素卿:《谈谈东汉初年的度田骚动》,中国秦汉史研究会编:《秦汉史论丛》第3辑,陕西人民出版社,1986年。

[2] 曹金华:《试论刘秀"度田"》,《扬州师院学报(社会科学版)》1986年第4期;曹金华:《刘秀"度田"史实考论》,《史学月刊》2001年第3期。

《后汉书·皇后纪》云"汉法,常以八月算人"。算人的同时清查土地,这正是刘秀"度田令"包括的检覈"垦田顷亩及户口年纪"两项内容。说明度田是东汉政权正常推行的制度,得到各级政府的重视。[1]

高敏认为光武帝"度田""检籍"与打击不法地方官之后,出现了户口增加、生产发展、豪强收敛和清廉勤政成风的政治局面与社会经济状况,成就了光武中兴之世,也为明、章、和诸帝统治时期的社会安定与经济发展奠定了基础。高敏认为这次"度田"与反度田的斗争,是西汉以来几次"限民名田"及限制奴婢数量措施的实现与延续。[2]

从文献记载来看,东汉一代始终存在着关于土地管理的法律制度。《后汉书·刘般传》载,明帝时刘般上言:"郡国以牛疫,垦田多减,故诏种区种,增进顷亩,以为民也。而吏举度田,欲令多前,至于不种之处,亦通为租。可申敕刺史、二千石,务令实覈,其有增加,皆使与夺田同罪。"明帝"悉从之"。李贤注引华峤《后汉书》"夺田"作"脱田"[3],可见隐瞒不报和虚报垦田面积都是非法的,属于"度田不实"的行为。

《后汉书·循吏传》载,章帝时秦彭任山阳太守,"兴起稻田数

---

[1]　臧知非:《刘秀"度田"新探》,《苏州大学学报(哲学社会科学版)》1997年第2期。

[2]　高敏:《"度田"斗争与光武中兴》,《南都学坛》1996年第1期。

[3]　《后汉书》卷二九《刘般传》,第1305—1306页。

千顷,每于农月,亲度顷亩,分别肥瘠,差为三品,各立文簿,藏之乡县。于是奸吏局蹐,无所容诈。彭乃上言,宜令天下皆同其制。诏书以其所立条式,班令三府,并下州郡"。"亲度顷亩"即核查土地多寡、质量优劣,并立为文簿,作为县乡定式,有效地制止了不法官吏在度田过程中颠倒优劣、侵刻百姓的行为,保证了度田的严肃性。[1]

《后汉书·刘祐传》载,桓帝时刘祐任大司农,"中常侍苏康、管霸用事于内,遂固天下良田美业,山林湖泽,民庶穷困,州郡累气。祐移书所在,依科品没入之"。[2] 科品,谓科条品制。

《后汉书·皇甫嵩传》:"(皇甫)嵩讨张角,路由邺,见中常侍赵忠舍宅逾制,乃奏没入之。"[3]

以上材料表明东汉政府在土地管理中存在着相应的法规制度。

东汉时期的土地制度研究一直是秦汉史研究中的薄弱环节。一般认为东汉时期是豪强地主为代表的大土地所有制占主导地位,封建田庄在东汉时代充分发展起来。而豪强地主封建庄园经济的发展是与光武帝"度田"失败和对豪强地主的让步有关联的。这种认识是否符合东汉历史的实际呢?对"度田失败论"成说的突破或许可以带给我们一些思考。东汉土地制度的内容为何?与西汉以

---

[1] 臧知非:《刘秀"度田"新探》,《苏州大学学报(哲学社会科学版)》1997年第2期。

[2] 《后汉书》卷六七《党锢列传》,第2199页。

[3] 《后汉书》卷七一《皇甫嵩传》,第2304页。

来的土地制度有着怎样的历史联系？刘秀"度田"是不是恢复按爵位等级占田的名田制？这是值得我们去探究的。

四、封国食邑的土地制度

汉代实行分封制，行政制度上一直是郡、国并行。但在封建土地所有制形式问题的讨论中，封国食邑的土地所有制问题也被提了出来。

侯外庐《论中国封建制的形式及其法典化》中曾提到在秦汉土地最高所有权为皇族垄断的前提下存在着封建贵族领主的土地占有权，而领主占有不是完全私有，它实质上是由国有土地的"公田"中赏赐的，领主的占有权是不稳定的。[1] 在侯外庐主编的《中国思想通史》第二卷第一章中仍然认为食封制度是一种封建土地制度。

谢忠樑对两汉食封制度进行了专门研究。他认为两汉的食封制度是特殊形式的封建土地占有制度，是披着土地国有制外衣的私有土地制度。封地的占有权，应是属于封君的。封君是封建主，封户是封建依附农民。封户要向封君缴纳租税，为封君服劳役，与封君之间存在着人身依附关系。两汉不是奴隶社会而是封建社会。食封制度是在土地国有制影响下，在土地私有制发展过程中产生的。它的衰落，象征了土地私有制，特别是大地产的最终完全确立

---

[1] 侯外庐:《论中国封建制的形式及其法典化》,《历史研究》1956 年第 8 期。

和巩固。[1]

当然，多数学者都不赞成这种看法。韩连琪对汉代封国食邑制度是一种封建土地占有制度的观点进行了辩驳。他认为在两汉封国食邑中，虽然也存在着大小不同的属于国家所有的"公田"，但更多的是属于大小土地者所有的"私田"。在政治上，封君对其食邑已无治民的权力；在经济上，亦仅有衣食租税之权，对土地不仅无所有权，也谈不上有什么占有权。封国食邑制度本身，并不能单独成为一种土地占有形态。它并不是在郡县制和土地私有制以外的一种特别的政治组织和土地占有制度。他认为无论从理论还是史实方面，把两汉说成是土地所有权都在国家，"封建诸侯"和"豪族地主"对土地拥有占有权，都是难以令人信服的。[2]

柳春藩在 1964 年的一篇文章中，指出汉代食封制度下的封君并不是封区全部土地的所有者或占有者，封君征收的"租税"是赋税或地税，而不是地租。虽然有的封君在其封区内或其他地区有一部分私田，向农民剥削地租，但这与食封制度本身并无关系。[3] 进入 80 年代，他又陆续发表文章，并出版了《秦汉封国食邑赐爵制》一书，对两汉封国食邑制度做了具体分析，着重揭示封国食邑制度的

［1］ 谢忠樑：《两汉的食封制度》，《文史哲》1958 年第 3 期；谢忠樑：《关于两汉食封制度的几个问题》，《四川大学学报》1959 年第 3 期。

［2］ 韩连琪：《论两汉封国食邑制下的土地所有制和剥削形态》，《山东大学学报》1963 年第 1 期。

［3］ 柳春藩：《关于汉代食封制度的性质问题》，《历史教学》1964 年第 8 期。

内容和实质。[1] 他指出封君和封户之间不存在政治上法律上的统属关系,封君对封户的土地无所有权和占有权。所收"租入",实际上并不是无地农民或佃农向地主缴纳的地租,它是封地内的土地所有者缴纳的地税。汉代的封国食邑制虽然不是封建领主的等级制,不是封建土地制度,但从政治法律地位上也明显地反映了汉代社会阶级关系的等级特点。

冯辉在《汉代封国食邑制度的性质》一文中,基本赞成韩连琪、柳春藩的看法。他分析了汉代封国食邑内的土地占有形态,认为在封国食邑内存在着国有土地及地主和自耕农的私有土地。汉代的封君虽然在其封邑内外拥有一部分私田,但不是封邑内全部土地的所有者和占有者。封君所食的租税具有赋税的性质,而不具有地租的性质。汉代的封国食邑制度本身不能构成一种土地制度和生产关系。但他也对韩连琪认为"汉初的诸侯王对土地存在着占有权,在一定程度上可以说是西周分封制的再现"的看法进行了商榷。他认为汉初诸侯王的得茅土之封,只是沿袭了旧的分封仪式。这种授土并不意味着诸侯获得其封国土地的所有权和占有权。[2]

杜绍顺《汉代封君"衣食租税"辨》对封君的经济权力做了具体分析,其中涉及了封君有无经营"公田"之权。他根据《汉书·武五

　　[1]　柳春藩:《东汉的封国食邑制度》,《史学集刊》1984 年第 1 期;柳春藩:《西汉的食邑制度》,《南充师范学院学报》1984 年第 2 期;柳春藩:《秦汉封国食邑赐爵制》,辽宁人民出版社,1984 年。
　　[2]　冯辉:《汉代封国食邑制度的性质》,《求是学刊》1983 年第 6 期。

子传》的记载"相胜之奏夺(广陵)王射陂草田以赋贫民,奏可",认为封地内"公田"的经营权应归封君。封国公田的使用方法、"假税"(地租)税率跟中央政府以及郡县的"公田"大概相同。[1]

　　林甘泉主编《中国封建土地制度史(第一卷)》有专门章节论述了战国秦汉时期的封国食邑制度。他对食封制度的土地制度性质的看法,接近于韩连琪、柳春藩等人的观点。他认为战国末期和秦汉时代的食封制度是封建统治阶级对农民剩余劳动产品实行再分配的一种形式。诸侯王和列侯食封只是租税的分割而不是土地所有权的分割。食封制度并不改变封邑内原有的土地关系。在封君的封邑之内,通常存在三种不同的土地所有制:自耕农的小土地所有制,封建地主土地所有制和封建国家土地所有制。封君对于封邑的土地,既无所有权,也无占有权。他指出汉代诸侯王受茅土之封,其土地关系的实质与西周分封制是有根本区别的,并不是西周分封制的再现,但西汉景、武以前,诸侯王对封国的国有土地是有占有权的。诸侯王享有的"山川园池市井租税之入"正是他们对国有土地的占有权在经济上的实现。景、武之后,"诸侯王不得复治国",对王国国有土地的占有权随之也被剥夺。列侯食封以户邑为制,国有

---

　　[1]　杜绍顺:《汉代封君"衣食租税"辨》,《华南师范大学学报(社会科学版)》1989 年第 3 期。

土地的收入不归其所有。[1]

那么汉代封国食邑土地制度的实态如何呢？张家山汉简公布后，杨振红在《秦汉"名田宅制"说——从张家山汉简看战国秦汉的土地制度》一文中认为，西汉初期的诸侯王与周的诸侯王别无二致，不仅有民有疆土，而且在其封国内拥有行政和司法权利。这是西汉初期国体的一大特色。但是就其国内的土地制度而言，它应该与中央是一致的，即也实行以爵位名田宅的制度——"名田宅制"。[2]

本来，汉代封国食邑的土地所有制问题不应成为秦汉土地制度中一个需要特别讨论的问题。显而易见，除了西汉初年的诸侯王在封国内拥有较大的统治权力外，景帝、武帝之后，封君在封地内只得"衣食租税"而已，并不是一种封建的土地制度。班固在《汉书·诸侯王表》中写道："汉兴之初，海内新定，同姓寡少，惩戒亡秦孤立之败，于是剖裂疆土，立二等之爵。功臣侯者百有余邑，尊王子弟，大启九国。……而藩国大者夸州兼郡，连城数十，宫室百官同制京师，可谓矫枉过其正矣。……景遭七国之难，抑损诸侯，减黜其官。武有衡山、淮南之谋，作左官之律，设附益之法，诸侯惟得衣食税租，不与政事。至于哀、平之际，皆继体苗裔，亲属疏远，生于帷墙之中，不

---

[1]　林甘泉：《中国封建土地制度史》第 1 卷，中国社会科学出版社，1990 年。其中第二章第三节"战国的封君与封建食封制度"，第 94—101 页；第五章第一节"封国食邑的土地关系及其剥削形态"，第 172—185 页，专门讨论战国和汉代的食封制度。

[2]　杨振红：《秦汉"名田宅制"说——从张家山汉简看战国秦汉的土地制度》，《中国史研究》2003 年第 3 期。

为士民所尊,势与富室亡异。"[1]班固对诸侯与封国食邑的这一段形象的描述,一直为学者所熟知。封国食邑的土地问题之所以引起特别注意,主要在于研究者的理论误区。由于汉代封国食邑制度与西欧中世纪等级分封的采邑制具有外部形态的相似性,研究者从中找到了秦汉社会的封建因素,进而论定秦汉为封建社会。如苏联学者杜曼教授就以食封制度作为重要论据,着重分析了西汉食封制度的封建土地占有制性质,从而论证西汉是封建社会。[2]随着讨论的进行,封国食邑并不构成单独的土地占有形态,这一观点已为多数研究者所公认。

五、假田和假税

(一)假田

一般认为汉代存在着大量由政府直接控制的土地,其中的可耕地即"公田"或"官田"。"假民公田"("假田"),即将土地租赁出去,是政府经营管理"公田"的方式之一,政府向租赁者征收"假税"。

"假田"的性质,《汉书·元帝纪》注引李斐曰:"主假赁见官田

---

[1]   《汉书》卷十四《诸侯王表》,第393-396页。
[2]   转见谢忠樑《关于两汉食封制度的几个问题》,《四川大学学报》1959年第3期。

与民,收其假税也,故置田农之官。"[1]《后汉书·和帝纪》李贤注:
"假,犹租赁。"[2]故一般认为"假"是一种租佃关系。

朱绍侯认为"假田"就是政府把国有土地租给贫民,"假税"就
是贫民租种国有土地而向政府交纳的地租。田官就是代表国家出
租国有土地,向贫民征收地租的代理人。国家与贫民的关系是一种
封建租佃关系。[3]

祝瑞开认为汉代的"公田"基本上采取"假"的剥削方式。所谓
"假",最初的含义是指私家地主将土地"假借"、租赁给贫苦农民,
收取对成即百分之五十以上的地租。汉武帝为了解决财政危机,大
规模地在公田上采用"假"的剥削方式。[4]

林甘泉认为假民公田就是把公田出租给私人。从法权观念上,
国家只承认私人对土地有经营权和使用权。[5]

但是,颜师古还有另一个解释,"权以给之,不常与"[6]。有的
学者以为"假田"带有出借性质。张传玺《战国秦汉三国时期的国
有土地问题》认为假民公田,不是出租公田,而是暂时出借公田给灾

[1]　《汉书》卷九《元帝纪》,第 286 页。

[2]　《后汉书》卷四《和帝纪》,第 177 页。

[3]　朱绍侯:《两汉的假田制与假税制》,《学术研究辑刊》1979 年第 1 期。

[4]　祝瑞开:《汉代的公田和假税——附说秦的"受田"和"租""赋"》,《西北大学学报(哲学社会科学版)》1980 年第 2 期。

[5]　林甘泉主编:《中国封建土地制度史》第 1 卷,中国社会科学出版社,1990年,第 246 页。

[6]　《汉书》卷八《宣帝纪》地节元年"假郡国贫民田"师古注,第 246 页。

民，以便生产救灾；仅是暂时借给，在一定的时间之后，仍收归国家。[1] 尹协理也认为"假"是临时性借给的性质。[2]

刘华祝《汉代的"假民公田"》认为"假民公田"包括两种性质不同的内容，一是出租公田给农民，进行地租剥削；二是把公田暂时借给受灾地区的农民，进行生产救灾。救灾类"假民公田"与出租类"假民公田"的区别，是政府不仅暂时免征租税，有时还贷助耕牛、种、食等，以利救灾。至于出租公田给农民的性质，不是封建国家以官府为统治机构的名义与被统治者发生的政治关系，而是作为土地所有者一方与承佃者的农民发生的经济关系。[3]

张荣芳也认为"假民公田"有两种，一种是自然灾害严重的情况下而采取的救灾措施，一种是政府把"公田"出租给农民，向农民征收地租，国家和农民结成租佃关系，农民成为国家的佃农，农民对"假"得的土地只有使用权而无所有权；这是国家经营"公田"的主要方式。他还认为西北边郡的这种把公田租赁给徙民耕种的办法，就是一般所说的"民屯"。汉武帝时期所开的河西四郡，大规模实行"民屯"。《汉书·地理志》说"或以关东下贫，或以报怨过当，或以悖逆亡道，家属徙焉"，把这些人徙往西北边郡，与"公田"结合起

---

[1] 张传玺：《战国秦汉三国时期的国有土地问题》，王仲荦主编：《历史论丛》第 2 辑，齐鲁书社，1981 年。

[2] 尹协理：《秦汉的名田、假田与土地所有制》，《历史教学》1989 年第 10 期。

[3] 刘华祝：《汉代的"假民公田"》，《电大语文》1982 年第 9 期。

来,接受国家的地租剥削,他们就成为国家的佃农。[1]

柳春藩把汉代的"假田"分为租佃型"假田"和非租佃型"假田"两种类型。租佃型"假田"下,生产者以佃农的身份耕种国有土地("公田""官田"),要缴纳收获量百分之四十左右的地租。在非租佃型"假田"下,虽然国家"假予"徙民的土地,开始时在名义上归国家所有,但不久之后,国家承认生产者对其耕种土地的所有权,生产者便转化为小土地所有者自耕农了,非租佃型"假田"已转化为私有的"民田"了。非租佃型"假田"在汉代徙民实边中更有普遍性。他认为边郡徙民耕种的是私有的民田而不是国有的公田,边地徙民的多数已成为国家编户齐民的自耕农了。因此,他认为徙民屯田说是站不住脚的。[2]

林甘泉认为农田假民耕种一般是租赁,而山林池泽假民渔采则是出借。前者国家把可耕地交给假田者经营和使用,假田者可以长期占有。后者国家只是把国有的山林池泽暂时向贫民开放,并不意味着土地的占有关系有任何变化,获准进入渔采的人员也没有限制。[3]

在假田制的研究过程中,研究者经常把"赋民公田""赐民公

---

[1]　张荣芳:《论两汉的"公田"》,《中山大学学报(社会科学版)》1985年第1期。

[2]　柳春藩:《西汉徙民实边屯田说质疑》,《中国史研究》1988年第2期。

[3]　林甘泉主编:《中国封建土地制度史》第1卷,中国社会科学出版社,1990年,第256页。

田"与"假名公田"放在一起考察。如贺昌群就是把"赋与""假与"
"赐给"视作同一性质。"假公田""假贫民·田"即是以公田班与
贫民。[1]

朱绍侯在《两汉的假田制与假税制》中也是把"赋民公田""赐
民公田"和"假民公田"等同看待的。[2] 后在《秦汉土地制度与阶
级关系》一书中,对三者做了区分。他认为"假民公田"就是把公田
租佃给农民;"赋民公田"是政府把国有土地授予贫民,土地便归农
民所有;"赐民公田"一是把公田赐给官僚、贵族、地主,二是赐给贫
民,赐给贫民土地与"赋民公田"有相似之处。[3]

高敏提出汉代"假民公田"存在两种类型:(一)租佃型"假民公
田"制;(二)授田型"假民公田"制,即以国有土地授之于民的授田
制。在这里,他把汉代史籍中常见的"赋民公田"当作授田型"假民
公田"制。[4]

杨静婉不同意高敏提出的"赋民公田"为授田型假民公田制的
说法,认为两者并非一回事。她认为"赋民公田"就是把土地永远
给予贫民,贫民得到"赋与"的公田,就得到了土地所有权,成为拥
有小块土地的自耕农;"假民公田"则是一项临时性的措施,是政府
采取的一项权宜之计,即在灾荒严重时,暂时把土地借给贫民耕种,

[1] 贺昌群:《汉唐间封建土地所有制形式研究》,上海人民出版社,1964 年,
第 26—27 页。

[2] 朱绍侯:《两汉的假田制与假税制》,《学术研究辑刊》1979 年第 1 期。

[3] 朱绍侯:《秦汉土地制度与阶级关系》,中州古籍出版社,1985,第 142 页。

[4] 高敏:《论汉代"假民公田"制的两种类型》,《求索》1985 年第 1 期。

而土地所有权仍属于国家。而"假民公田"与"赋民公田",则是两种性质不同的田制。[1]

林甘泉认为"赋民公田"和"赐民公田"本来是有所不同的,赋田是国家把土地分配给无地少地的直接生产者,并以后者向国家提供剩余生产物为条件,直接生产者对于土地只有占有权而无所有权,而赐田的对象则不一定限于直接生产者,被赐者也无需以提供剩余劳动生产物为条件,被赐者对土地享有合法的所有权。但是由于赋民公田不再由国家收回,这部分国有土地后来也都私有化了,两者的区别逐渐消失。[2]

关于假田的对象,一般认为主要是贫民。也有学者提出不同意见。

黄今言认为汉代封建政权"假民公田"的"民",主要包括两种"民":有破产的自耕农——"贫民""流民",也有部分身份性地主——"豪民""命家"或"权家"。[3]

尹协理认为国家往往把这些未授公田"假与""赋予"有地位的人,国家收一定的赋税。一般贫民是借(假)不到公田的。[4]

----

　　[1]　杨静婉:《关于汉代"假民公田"与"赋民公田"的几个问题——与高敏先生商榷》,《湘潭大学学报(社会科学版)》1987年第2期。
　　[2]　林甘泉主编:《中国封建土地制度史》第1卷,中国社会科学出版社,1990年,第252—255页。
　　[3]　黄今言:《汉代田税征课中若干问题的考察》,《中国史研究》1981年第2期。
　　[4]　尹协理:《秦汉的名田、假田与土地所有制》,《历史教学》1989年第10期。

刘信芳、梁柱依据龙岗秦简中"假田"的记载,认为"假田"是以钱、财或其他可折价之物向国家、地方政府租借土地,以取得相当期限、相当数额的土地使用权。假田者具有使用权,但土地在实质上是国有的,国家保留收回所假之田的权力。[1]

康德文认为"假田"包括两种情况:其一,国家将土地租给无地贫民或流民;其一,较为富裕之家主动向国家承租土地,缴纳地租。这两者是根据承租与借用国家公田者的生活状况、经济条件与经营能力所确定的具体方式。[2]

可见,随着研究的深入,尤其是龙岗秦简中"假田"的记载,使研究者对"假田"的性质、类型、内容有了更多的了解,这是我们进一步探讨假田制的基础。

(二)假税

一般认为汉代假民公田所收的田租称为"假税"。陈明光对此做了辨析,他认为"假税"是汉代政府因开放某些诸如山林陂池之类的自然资源让百姓从事渔采而设立的特定税种,具有一定的资源税性质,在某些灾荒年份可予免征。至于公田假民的收入,汉朝官

[1] 刘信芳、梁柱:《云梦龙岗秦简综述》,《江汉考古》1990 年第 3 期。
[2] 康德文:《关于"假田"的几个问题》,《陕西师范大学学报(哲学社会科学版)》1998 年第 2 期。

方称为"租"而不叫作"假税"。[1] 这是值得重视的意见。但是，多数学者依然将公田田租称作"假税"，因此本文在介绍假税的有关问题时，仍取此义。

假税的税率是多少，这一问题一直以来争议不休。朱绍侯依据居延汉简中的线索，推测假税租率已达百分之四五十。[2] 刘华祝认为"假民公田"的地租形式和地租率与私家地主剥削佃农的私租基本相同，是"见税十五"或"与中分"。[3]

韩养民认为假税的税率与田租相同，都是三十税一。假税为百分之四十或"什税五"之说，是难以成立的。[4] 黄今言认为假税率之所以会出现高低不一的情况，究其原因，很重要的一点，就是取决于公田所处的地区及其土地质量。有的"对半分成"，有的"三十税一"。假税率占百分之五十的情况，当属特例，并非常规，而"三十税一"的税率，才是通制。[5]

张锡忠认为三十税一是土地税税率，而不是假税的税率。汉代的假税从没有三十税一的规定。整个汉代的假税税率应是随时间

[1]　陈明光：《析汉代的"假税"与"八月算民"》，《中国社会经济史研究》1992年第 2 期。

[2]　朱绍侯：《秦汉土地制度与阶级关系》，中州古籍出版社，1985 年，第 127、131 页。

[3]　刘华祝：《汉代的"假民公田"》，《电大语文》1982 年第 9 期。

[4]　韩养民：《西汉的"分田劫假"与土地兼并》，《西北大学学报》1981 年第 1 期。

[5]　黄今言：《汉代田税征课中若干问题的考察》，《中国史研究》1981 年第 2 期。

的变迁、土地的肥瘠、假公田的不同对象而不断有所变化。[1] 林甘泉认为不同时期和不同地区的公田假税率并无统一的规定。有的公田的假税率比"三十税一"的田租率高得多,有些与田租率相差无几,还有的则比田租率低。比较瘠薄的公田或未垦的草田,其征收的假税可能与"三十税一"的田租相近,甚至还要低些。[2]

各家对假税税率有不同的看法,是因为假税的情况比较复杂。因此,有学者对假税的类型做了具体分析。张传玺认为封建国家征收的假税共有三种:一是公田假税,是封建国家以地主的身份向佃农收取的地租;二是山林川泽假税;三是顾租,也作占租,是封建国家将山林海池租赁给大商人经营而征收的假税。[3]

柳春藩认为汉代"公田"的"假税",存在三种不同情况,有的属于地租,有的属于地税,有的属于渔采税,不能一概而论。汉代"公田"的"假税",可以分为三种类型。第一种是国家佃农向国家缴纳的地租型"假税",地租型"假税"的剥削率,相当于私租的"见税什五",或者稍低些;第二种是属于自耕农的"贫民"向国家缴纳的地税型"假税",地税型"假税"的剥削率,与常制"三十税一"的地税相同;第三种是老百姓向国家缴纳的渔采税型"假税",渔采税型"假

[1] 张锡忠:《"分田劫假"辨析》,《新疆大学学报》1982 年第 4 期。

[2] 林甘泉主编:《中国封建土地制度史》第 1 卷,中国社会科学出版社,1990 年,第 247—250 页。

[3] 张传玺:《战国秦汉三国时期的国有土地问题》,王仲荦主编:《历史论丛》第 2 辑,齐鲁书社,1981 年。

税"的剥削率,在山泽中有时是"十一分之",在"园囿陂池"中也不会过高。[1] 这篇文章别开生面,对假税的类型做了区分,改变了以往对假田及假税认识比较混乱的局面。

康德文不同意柳春藩的看法,他认为两汉时期的"假税"全部是地租单一型的,不存在地租型和地税型两种"假税"同时并存的情况。当时"假税"额相差悬殊,高者可达百分之五十左右,这主要是指良田、熟田,承租者多是较富裕之家;低者仅为三十分之一,与土地税相同,这主要是指未垦之地,"假"田的对象多是破产的贫民或流民。[2]

汉代的"假税"在国家财政收入中的比重是多少?这是关系到汉代的土地所有制形态,究竟是以土地国有制为主导,还是以土地私有制为主导的重大问题。

黄今言首先就这个问题算了一笔细账。他认为汉代假税普遍的是"三十税一"的税率,田租与假税之比,约为五比三。如果假税率为"四六分"或"对半分",那么假税与田租的收入相比,或许二者相当,甚至假税要超过田租量,这就对汉代地主土地私有制占支配地位的性质,提出了相反的结论。[3]

赵俪生认为"国家赋税(田租、口赋)总收入跟国家租佃土地上

---

[1] 柳春藩:《论汉代"公田"的"假税"》,《中国史研究》1983 年第 2 期。

[2] 康德文:《关于"假田"的几个问题》,《陕西师范大学学报(哲学社会科学版)》1998 年第 2 期。

[3] 黄今言:《汉代田税征课中若干问题的考察》,《中国史研究》1981 年第 2 期。

的假税总收入的比例是一比二(强)",因此,汉代国有土地的数量是非常庞大的。[1]

郭开农不同意赵俪生的看法,他认为汉代"田租"与"假税"之比,也应当是五比三。"假税"虽然是国家财政收入的一部分,但它并非远远超出田租,更没有以二比一强于国家其他赋税(含田租、口赋和算赋)的总收入。汉代私有土地的数量,大大超过国有土地。[2]

综上,对假税的研究还没有形成定论,假税是公田假民的地租还是山林陂池的资源税,假税的税率究竟是多少等问题,还有待进一步探讨。

(三)"分田劫假"

汉代公田经营中有一个与假田和假税有关的重要现象,即"分田劫假"。"分田劫假"一词出自《汉书》的《食货志》和《王莽传》,始建国元年(9),王莽下令曰:"汉氏减轻田租,三十而税一,常有更赋,罢癃咸出,而豪民侵陵,分田劫假,厥名三十,实什税五也。"[3]

---

[1] 赵俪生:《试论两汉的土地所有制和社会经济结构》,《文史哲》1982 年第5 期。

[2] 郭开农:《也谈"假税"在汉代财政收入中的比重》,《江西师范大学学报(哲学社会科学版)》1987 年第 1 期。

[3] 《汉书》卷二四上《食货志上》,第 1143 页;《汉书》卷九九中《王莽传中》,第 4111 页。

可以与这一记载相印证的是《盐铁论·园池篇》中的一段话：

文学曰："今县官之多张苑囿、公田、池泽，公家有鄣假之名，而利归权家。三辅迫近于山、河，地狭人众，四方并凑，粟米薪菜，不能相赡。公田转假，桑榆菜果不殖，地力不尽。愚以为非。先帝之开苑囿、池籞，可赋归之于民，县官租税而已。假税殊名，其实一也。"[1]

在《食货志》"分田劫假"条下，颜师古注曰："分田，谓贫者无田而取富人田耕种，共分其所收也。假，亦谓贫人赁富人之田也。劫者，富人劫夺其税，侵欺之也。"[2]这是我们理解"分田劫假"的主要依据。

1950年代以来，随着土地制度史研究的深入，"分田劫假"及其所反映的社会、生产关系也引起研究者的注意。如何解释"分田劫假"，这是涉及到正确分析汉代剥削方式和阶级关系的一个关键问题。

郭沫若认为："'分田'是把土地分租给贫苦者（'假'），而劫夺他们的剩余劳动。"[3]

侯外庐认为："分田谓贫者无田而取富人田耕种，共分其所收；劫假之义旧说难晓，似假田于民，民假公田之后，劫其工作日或劳动

［1］ 桓宽撰，王利器校注：《盐铁论校注》，中华书局，1992年，第172页。

［2］ 《汉书》卷二四《食货志》，第1144页。

［3］ 郭沫若：《奴隶制时代》，人民出版社，1954年，第74页。

生产物之一部分。"[1]

　　还有一位署名为"峰"的作者认为"分田"是指一般的豪族地主把田租与贫民剥削他们劳动所得;"劫假"是指豪民夺取假与贫民的公田池泽而剥削他们;两者都是收取农民十分之五的份额。[2]

　　可以看出,对"分田劫假"的理解主要分歧在于"劫假"。郭沫若认为"分田"和"假"是同一事,都是地主租赁土地给贫民。而侯外庐等把两者区分开来,并将"假"和汉代的"公田假民"联系起来理解,这是可取的思路。另外,要特别提一下的是贺昌群对"分田劫假"的解释。他认为:"分田劫假的正解,应作政府计口假与(赋与、班与)贫民的口分田,实际都被豪强劫夺去了。"[3]他把"分田"释为口分田,把"假"释为"政府计口授与",这是和他汉代土地国有制说的观点相关的。他的这一解释没有得到多数学者的认同。

　　1980年代以后,研究者对"分田劫假"展开了进一步辨析和讨论。

　　赵俪生认为,"公田转假""分田劫假"就是指豪强、权势之家以"二地主"的身份把公田包下来,再以高租率租给贫民。他推测公田上的地租可能比国税额稍高,比私租额(什五)较低,所以豪强在

---

　　[1]　侯外庐主编:《中国思想通史》第2卷,人民出版社,1957年,第18页。

　　[2]　峰:《汉代的"分田劫假"是怎么回事》,《历史教学》1958年第7期。

　　[3]　贺昌群:《汉唐间封建土地所有制形式研究》,上海人民出版社,1964年,第302页。

"转假"过程中才有利可图。[1]

祝瑞开则认为在假税之外，既无所谓二地主的地租，也不存在比私租额（什五）较低的公田地租。官府出假"公田"和私家地主的假赁是一回事，都是向耕种农民收取百分之五十以上的高额地租。[2]

韩养民认为"分田"，就是豪强地主、官僚、贵族乘国家实行"假民公田"之机，亦"假公田"，再分别租给一般贫民。"劫假"，是豪强地主等劫夺假税，即劫其剩余劳动的一部分或部分产品。国家"假民公田"按三十税一征收假税，而他们转租给贫民后按"什税五"收租。[3] 他的解释反而将"分田""劫假"两者混同了。

吕苏生对"分田劫假"做了语法、语义和史实三方面的具体分析，认为"分田"与"假"迥然有别，不可能都是所谓的"取赁富人之田"。"分田"，汉代人通常是指地主兼并土地而言。"劫假"就是劫夺封建国家"假"给农民的田，就是豪民兼并土地的一种具体形式。并认为"分田劫假"同租佃关系并没有必然的因果联系。[4] 这里，他把"分田"当作"兼并"解，这与颜师古的注解有所不同。

张锡忠对吕苏生的观点提出辩驳，他认为汉代普遍存在着封建的租佃制。"分田"当理解为出租土地以取得分成租，"劫假"就是

[1]　赵俪生：《中国土地制度史》，齐鲁书社，1984年，第75、252页。

[2]　祝瑞开：《汉代的公田和假税——附说秦的"受田"和"租""赋"》，《西北大学学报（哲学社会科学版）》1980年第2期。

[3]　韩养民：《西汉的"分田劫假"与土地兼并》，《西北大学学报（哲学社会科学版）》1981年第1期。

[4]　吕苏生：《"分田劫假"析》，《人文杂志》1981年第2期。

富人劫夺赁富人之田的贫人。"分田劫假"的正解应是豪强地主通过出租土地以取得分成租的方式来劫夺租佃农民的地租。王莽诏令中的"豪强侵陵,分田劫假,厥名三十税一,实什税五也",既不牵涉到汉政府假贫民田,也同"公田转假""假税"无关。[1] 对"分田"的理解,又回到颜师古的注解上来,但又否认"假"与公田假民有关。

丁序对"分田"和"劫假"的性质做了区分,他认为"分田"指的是"或耕豪民之田,见税什五"这种中国封建社会中一般的租佃关系。"劫假"指的是"转假公田"这种较特殊的租佃关系,地主占取公田的主要方式是合法假得公田,然后再租给农民耕种。[2]

王彦辉认为"分田劫假"乃为行文需要而置之倒装句,当理解为"劫假分田",劫夺国家"假民公田"之"田",再租佃出去。税率则是三十税一。[3]

由于文献记载简略,对"分田劫假"的讨论也没有一个确定的结论。但研究者一般都把"分田"和"劫假"做了区分。在"分田"的理解上,颜师古的注解比较明确,因而多数学者认为"分田"是地主把土地租给贫民,收取地租,是一种土地租佃关系。在"劫假"的解释上,一般认为"劫假"与汉代"公田转假"有关。从目前来看,"分田劫假"问题仍需要进一步的探讨。

---

[1] 张锡忠:《"分田劫假"辨析》,《新疆大学学报(哲学人文社会科学版)》1982 年第 4 期。

[2] 丁序:《汉代的"分田劫假"和"假税"》,《中学历史教学》1985 年第 2 期。

[3] 王彦辉:《汉代的"分田劫假"与豪民兼并》,《东北师大学报(哲学社会科学版)》2000 年第 5 期。

第五章 秦汉名田制下的"公田"

一般认为,汉代国家直接控制着大量的土地,汉代的国有土地主要包括以下几个部分:山林川泽、苑囿园池,牧苑、垦田和荒地。国有土地中的可耕地,称为"公田",未开垦的土地又称为"草田",也属于政府控制的公田的一部分。

公田是秦汉时期一种重要的土地类型。对于如何看待秦汉时期的公田,土地国有制论者和私有制论者的认识是不一样的。对于主张土地国有制占支配地位的论者来说,国家手中掌握数量庞大的国有土地是土地国有制占主导地位的重要论据。比较有代表性的是贺昌群的看法,他认为汉唐间计口授田的份(分)地制就是由封建国家土地所有制产生,公田制是汉唐间实施计口授田制的重要物质基础。在《秦汉间封建土地所有制形式与秦末农民起义的关系》中,他认为汉代政府的"赋与""假与""赐给"公田都是实施计口授田的措施,从直接生产者的农民而言,则称为"受田"。计口授田的对象是贫民、庶民,秦汉通称为"编户民"。计口授田的基础建立在

严密的户籍制度上。[1] 关于汉代公田的作用,他认为武帝以后,汉
天子掌握了遍布全国的大量公田,是形成封建专制主义中央集权的
重要物质条件。汉政权掌握了遍布全国的公田,除赏赐外,既可以
增加假税的收入,又可以在天灾水旱时,计口赋与贫民,在政治上经
济上起着缓冲作用;而最主要的一点是可以把这些属于公田的土
地,依等级分给为汉政权服务的官僚政治集团,反过来,却严格规定
这些官僚占田过限,限制他们的大土地占有。[2] 在《汉唐间封建国
家土地所有制和均田制》中,贺昌群进而指出,从汉初到唐玄宗的九
百多年间的封建土地所有制形式,如一条红线贯穿着,是以公田制
为基础的封建国家土地所有制占主导地位,均田、屯田、占田、名田、
限田等田制、田令的规定,都是建筑在这个基础之上的。这个时期
各时代的历史发展虽然有差异,但作为经济关系的基础的封建土地
国家所有制形式是始终贯穿着的。一直到安史之乱以后,两税法施
行,才逐渐改变或缩小了它的形态。[3] 贺昌群的贡献在于,从长时
段的视野出发,注意到了汉唐间土地制度一脉相承的延续性,认为
汉唐间封建国家在不同范围内、不同程度上施行了以公田制为基础
的计口授田制度;并指出在秦汉间封建国家土地所有制的基础上,

---

[1]　贺昌群:《秦汉间封建土地所有制形式与秦末农民起义的关系》,见氏著
《汉唐间封建土地所有制形式研究》,上海人民出版社,1964 年,第 25—38 页。
[2]　贺昌群:《论两汉土地占有形态的发展》,见氏著《汉唐间封建土地所有制
形式研究》,第 158—160 页。
[3]　贺昌群:《汉唐间封建国家土地所有制和均田制》,见氏著《汉唐间封建土地所
有制形式研究》,第 283—284 页。

封建国家实现了对生产资料(土地)的支配和对直接生产者(农民)的统治。但是,在他的论述中也不无可议之处。如公田制是否是汉唐间授田制施行的基础和物质条件? 这关系到如何看待汉代公田的作用问题,下文将进行讨论。

　　土地私有制论者虽然不否认汉代存在数量庞大的国有土地,但是认为在探讨国有土地和私有土地何者占支配地位时,关键是要看具有经济效益的垦田归谁所有。他们认为汉代虽然存在公田,但公田在国家经济中并不占支配地位,并且受到土地私有制的制约,通过各种合法和非法的途径,公田最终向私有土地转化。[1] 这种看法并不能解释为何在两汉四百多年间一直都存在大量的公田,事实上,汉代的公田并不是所谓的"私有土地再分配过程中的一种运动形态,是私有土地在特殊情况下采取的暂时的外在形式,即国有形式"[2]。汉代公田是名田制之下,由政府直接控制的一种土地类型,从性质上说,仍是国有土地。

　　2001 年,张家山汉简公布后,名田制是秦汉时代基本的土地制度成为学界主流的看法。但对于名田制下公田的地位和作用,研究者似乎未有充分的论述。本文拟就此略抒管见。我们可以注意到在名田制下,国家对全国土地拥有最高所有权,这是名田制施行的

　　[1]　林甘泉:《中国封建土地制度史》第 1 卷,中国社会科学出版社,1990 年,第 193—198 页。

　　[2]　张传玺:《战国秦汉三国时期的国有土地问题》,王仲荦主编:《历史论丛》第 2 辑,齐鲁书社,1981 年。

所有权前提,在吏民百姓所名有的土地之外,也存在着国家控制的大量公田,秦汉名田制施行的基础并不是公田制。这与贺昌群认为的公田制是实施计口授田制的重要物质基础的观点有所不同。然则,我们要问汉代的公田既然不是名田制施行的物质基础和土地来源,那么汉代政府控制大量公田的作用又何在呢?仅仅是为了增加政府财政收入吗?还有其他的制度功用吗?为了回答这个问题,我们有必要先来考察一下汉代公田的使用情况。

汉代政府对公田的使用经营主要有以下四种方式。

1.政府使用奴婢为公田耕作

汉代国家设有专职机构直接经营管理公田。《汉书·食货志》:"水衡、少府、太仆、大农各置农官。"如淳曰:"水衡、少府、太仆、大农皆有农官。"《食货志》载杨可告缗后,没收财物和土地众多,"得民财物以亿计,奴婢以千万数,田大县数百顷,小县百余顷,宅亦如之","乃分缗钱诸官,而水衡、少府、大农、太仆各置农官,往往即郡县比没入田之。其没入奴婢,分诸苑养狗马禽兽,及与诸官"。[1] 这是公田上的奴隶劳动。

公田是否使用奴婢劳动,过去曾经有过争议。如王思治认为直接由奴婢耕种,这是汉代公田的经营方式之一。汉代告缗所没入的奴婢,一部分分诸苑囿养狗马禽兽,一部分分配给各农官耕种没入的土地。使用奴隶耕种的土地是十分惊人的。汉代的公田是奴隶

[1] 《汉书》卷二四下《食货志下》,第1170—1171页。

制国家的国有土地,但实质上是统治阶级私有。[1]　陈连庆也认为,"两汉公田上的劳动者,奴婢应该是不少的",大量官奴婢在国有土地上耕种。[2]　由于两位学者都是魏晋封建论者,他们肯定汉代公田使用奴婢劳动是和他们认为汉代是奴隶社会性质的看法相联系的。因而,持秦汉封建论的学者提出了反驳,张荣芳辨析了包括前引《食货志》记载在内的有关史料,认为"公田直接使用奴婢耕种"的说法,是值得怀疑的。两汉文献中找不到一条能说明用奴婢去耕种公田的材料。[3]

汉代奴婢问题不是本文讨论的内容,但是我们也不必因为对汉代社会性质的争议,而否定汉代公田使用了奴婢劳动。参照私人奴婢的情况看,秦汉时期有为数不少的私家奴婢从事农业生产劳动。睡虎地秦简《封诊式》:奴隶丙"骄悍,不田作,不听甲令"。《史记·季布列传》:"买而置之田,诚其子曰:田事听此奴。"[4]《汉书·司马相如传》:"地可垦辟,悉为农郊,以赡氓隶"[5]。《后汉书·樊宏传》:"世善农稼,好货殖……其管理产业,物无所弃,课役僮隶各得

[1]　王思治:《论汉代的"公田"及其性质》,见氏著《两汉社会性质问题及其他》,生活·读书·新知三联书店,1980年,第167、179页。

[2]　陈连庆:《汉代的国有土地及其经营》,《文史集林》第3辑,三秦出版社,1987年;又见氏著《中国古代史研究——陈连庆教授学术论文集》,吉林文史出版社,1991年,第310—332页。

[3]　张荣芳:《论两汉的"公田"》,《中山大学学报(社会科学版)》1985年第1期。

[4]　《史记》卷一〇〇《季布列传》,第2729页。

[5]　《汉书》卷五七《司马相如传》,第2572页。

其宜,故能上下戮力,财利岁倍,至乃广开田土三百余顷。"[1]还有,汉代其他官营生产部门也使用大量奴婢劳动。《汉旧仪》云:"太仆牧师诸苑三十六所,分布北边、西边,以郎为苑监,官奴婢三万人,分养马三十万头,择取教习给六厩。"[2]从以上这两种情况来看,汉代公田的生产经营中,使用奴隶劳动完全是可能的,也是必要的。汉代皇帝赏赐官僚贵族时,也往往是奴婢连同公田一起赏赐的。《汉书·外戚传》,武帝以"钱千万,奴婢三百人,公田百顷、甲第,以赐姊,太后谢曰:为帝费"[3]。《汉书·西域传》,甘露三年(前51),乌孙公主还朝,"赐公主田宅奴婢,奉养甚厚,朝见仪比公主"。[4]自然这些奴婢原是所赐公田上的耕作者,因而一并拨赐。由此可见,直接使用奴婢劳动是汉代政府经营公田的方式之一。

2.实行屯田

出于特殊的政治和军事的需要,汉代政府也在公田上推行屯田。《汉书·匈奴传》,武帝元狩四年(前119),卫青、霍去病大破匈奴,"是后匈奴远遁,而幕南无王庭。汉度河自朔方以西至令居,往往通渠置田官。吏卒五六万人,稍蚕食,地接匈奴以北"[5]。《史记·平准书》:汉武帝元鼎六年(前111),"上郡、朔方、西河开田官,

---

[1] 《后汉书》卷三二《樊宏传》,第1119页。

[2] 孙星衍等辑,周天游点校:《汉官六种》,中华书局,1990年,第90页。

[3] 《汉书》卷九七《外戚传》,第3948页。

[4] 《汉书》卷九六《西域传》,第3908页。

[5] 《汉书》卷九四《匈奴传》,第3770页。

斥塞卒六十万人戍田之"[1]。此后,两汉政府陆续在边疆和内地推行规模不等的屯田。宣帝时,赵充国屯田金城。东汉初年,曾在内郡实行屯田。王霸屯田新安[2],杜茂屯田晋阳、广武[3],刘隆屯田武当[4],等等。建武六年(31),光武帝诏曰:"顷者师旅未解,用度不足,故行十一之税。今军士屯田,粮储差积。其令郡国收见田租三十税一,如旧制。"[5]屯田的生产者主要是征发来的士兵。汉简中屡见田卒的名籍:

田卒淮阳新平常昌里上造柳道年廿三(11.2)[6]

田卒大河郡东平陆北利里公士张福年(11.18)[7]

田卒昌邑国? 良里公士费塗人年廿三(19.36)[8]

除此之外,还有其他一些使用士卒耕种公田的事例。《汉书·食货志》云:"赵过试以离宫卒,田其宫壖地。"颜师古云:"壖,余地。宫壖地,谓外垣之内,内垣之外也。"[9]宫壖地应是一种公田。《后汉书·循吏列传》:任延为会稽太守,"省诸卒,令耕公田,以周穷

[1]　《汉书》卷三〇《平准书》,第 1439 页。

[2]　《后汉书》卷二〇《王霸列传》。

[3]　《后汉书》卷二二《杜茂列传》。

[4]　《后汉书》卷二二《刘隆列传》。

[5]　《后汉书》卷一《光武帝纪》,第 50 页。

[6]　谢桂华、李均明、朱国炤:《居延汉简释文合校》,文物出版社,1987 年,第 18 页。

[7]　谢桦华、李均明、朱国炤:《居延汉简释文合校》,第 19 页。

[8]　谢桦华、李均明、朱国炤:《居延汉简释文合校》,第 31 页。

[9]　《汉书》卷二四《食货志》,第 1139—1140 页。

急"。[1]

除了田卒外,两汉时也往往使用罪犯作为屯田劳动力。

《汉书·赵充国传》,宣帝时赵充国上奏:"计度临羌东至浩亹,羌虏故田及公田民所未垦,可二千顷以上……愿罢骑兵,留弛刑应募及淮阳,汝南步兵与吏士私从者合万二百八十一人,用谷月二万七千三百六十三斛,盐三百八斛,分屯要害处。……田事出,赋人二十亩。"颜师古云:"弛刑谓不加钳钛者也,弛之言解也。"[2]

《后汉书·光武帝纪》:建武十二年(36),"遣骠骑大将军杜茂将众郡施刑屯北边"[3],施刑即弛刑。

《续汉书·郡国志》注引应劭《汉官》言:建武二十一年(46),"建立三营,屯田殖谷,弛刑谪徒以充实之"。[4]

《后汉书·邓禹传附子训》:和帝时,邓训在凉州平羌后罢屯兵,"唯置弛刑徒二千余人,分以屯田,为贫人耕种,修理城郭坞壁而已"。[5]

《后汉书·西域传》:"乃以班勇为西域长史,将弛刑士五百人,西屯柳中。"[6]

汉简中也有相关资料,如"令玉门屯田吏高年狠田七顷□□弛

[1]　《汉书》卷七六《循吏列传》,第 2461 页。

[2]　《汉书》卷六九《赵充国传》,第 2986 页。

[3]　《后汉书》卷一《光武帝纪》,第 60 页。

[4]　《续汉书》卷一一三《郡国志》,第 3533 页。

[5]　《后汉书》卷一六《邓禹传附子训》,第 611 页。

[6]　《后汉书》卷八八《西域传》,第 2912 页。

刑十七人"（947）等[1]，不一一列举。

可见，两汉时期，罪犯充当着屯田的重要角色。

以上所列是军屯。屯田有军屯、民屯两种类型。民屯主要招募流民或贫民进行。汉代民屯的规模不大。东汉末，曹操当政，开展了大规模的民屯。汉献帝建安元年（196），"是岁，用枣祗、韩浩等议，始兴屯田"。裴松之注引《魏书》：

> 公（曹操）曰："夫定国之术，在于强兵足食。秦人以急农兼天下，孝武以屯田定西域，此先代之良式也。"是岁，乃募民屯田许下，得谷百万斛。于是州郡例置田官，所在积谷，征伐四方，无运粮之劳，遂兼灭群贼，克平天下。[2]

综上，推行屯田是汉代政府经营公田的一种重要方式。屯田的主要生产者是服役的士兵、减刑的罪犯和招募来的贫民。

3.假民公田

假民公田是汉代政府经营使用公田的又一重要方式。"假田"之假，一般都认为是租佃关系。《汉书·元帝纪》注引李斐曰："主假赁见官田与民，收其假税也，故置田农之官。"[3]《后汉书·和帝

---

[1]　林梅村、李均明：《疏勒河流域出土汉简》，文物出版社，1984年，第95页。
[2]　《三国志》卷一《武帝纪》，第14页。
[3]　《汉书》卷九《元帝纪》，第286页。

纪》李贤注:"假,犹租赁。"[1]

关于实行假田的时间,虽然《史记·匈奴列传》记载,秦始皇命蒙恬将十万众攻匈奴,悉收河南地,"又度河据阳山北假中。"《集解》曰:北假,"北方田官。主以田假与贫人,故云北假"。《索隐》曰,应劭云:"北假在北地阳山北。"韦昭云:"北假,地名也。"[2]但很多研究者曾经认为是从汉武帝时开始。[3] 之后,由于龙岗秦简的发现,改变了这一看法。龙岗秦简中有明确的"假田"记载:

> 诸假两云梦池鱼(籞)及有到云梦禁中者,得取灌(?)
> □□(简一)[4]
> 黔首钱假其田已□□□者或者□□(简155)[5]
> 诸以钱财它物假田□□□□□(简178)[6]

[1] 《后汉书》卷四《和帝纪》,第177页。

[2] 《史记》卷一一〇《匈奴列传》,第2887页。

[3] 朱绍侯:《两汉的假田制与假税制》,《学术研究辑刊》1979年第1期;林甘泉主编:《中国封建土地制度史》第1卷,中国社会科学出版社,1990年,第245—246页。

[4] 中国文物研究所、湖北省文物考古研究所编:《龙岗秦简》,中华书局,2001年,第69页。

[5] 中国文物研究所、湖北省文物考古研究所编:《龙岗秦简》,中华书局,2001年,第125页。

[6] 中国文物研究所、湖北省文物考古研究所编:《龙岗秦简》,中华书局,2001年,第129页。

有研究者即据此指出“假田”制在秦代已经存在。[1] 这一结论应该是比较明确的。

汉代史籍中有不少“假民公田”的记载：

《汉书·宣帝纪》：地节元年，“假郡国贫民田”。地节三年，诏曰：“池籞未御幸者，假与贫民。郡国宫馆，勿复修治。流民还归者，假公田，贷种、食，且勿算事。”[2]

《汉书·元帝纪》：初元元年，“关东今年谷不登，民多困乏。其令郡国被灾害甚者毋出租赋。江海陂湖园池属少府者以假贫民，勿租赋”。初元二年，“诏罢黄门乘舆狗马，水衡禁囿、宜春下苑、少府饮飞外池，严籞池田，假与贫民”。永光元年，诏曰：“其赦天下，令厉精自新，各务农亩。无田者皆假之，贷种、食如贫民。”师古曰：“此皆谓遇赦新免罪者也，故云如贫人。”[3]

《后汉书·张禹列传》：殇帝延平元年（106），太傅张禹奏请“广成、上林空地，宜且以假贫民，太后从之”[4]。

《后汉书·安帝纪》：永初元年，“以广成游猎地及被灾郡国公田假与贫民”[5]。

可以看出，假与公田的对象有流民，有贫民，有赦免的罪犯。假

［1］　刘信芳、梁柱：《云梦龙岗秦简综述》，《江汉考古》1990年第3期；康德文：《关于“假田”的几个问题》，《陕西师范大学学报（哲学社会科学版）》1998年第2期。

［2］　《汉书》卷八《宣帝纪》，第249、246页。

［3］　《汉书》卷九《元帝纪》，第279、281、287页。

［4］　《后汉书》卷四四《张禹传》，第1499页。

［5］　《后汉书》卷六《安帝纪》，第206页。

田以贫民为主要对象,从文献记载的时间上看,是在西汉中期以后。那么,此前的假田对象是否也是以这部分人为主呢? 或者说除了无地的贫民,其他群体有没有权利假得公田呢? 从现有的材料看,至少还有一部分人是能够假取公田的,这就是豪强权贵。

《盐铁论·园池篇》:文学曰:"今县官之多张苑囿、公田、池泽,公家有鄣假之名,而利归权家。三辅迫近于山、河,地狭人众,四方并凑,粟米薪菜,不能相赡。公田转假,桑榆菜果不殖,地力不尽。愚以为非。先帝之开苑囿、池籞,可赋归之于民,县官租税而已。假税殊名,其实一也。"[1]这里所谓"公田转假""利归权家"的就是假取公田的豪强权贵。

《汉书·酷吏传》:宁成"乃贳贷陂田千余顷,假贫民,役使数千家"。师古曰:"贳贷,假取之也。"[2]可见,这千余顷的陂田应当是宁成假取得来的公田,然后他又假与贫民,这即是"公田转假"或"豪民劫假"的一个事例。

《史记·滑稽列传》:"(汉武帝)乳母上书曰:'某所有公田,愿得假倩之。'帝曰:'乳母欲得之乎?'以赐乳母。"[3]虽然,汉武帝把此处公田赐给了乳母,但此例也说明皇帝的亲贵可以假取公田。

研究者往往认为豪强、权家假取公田是使用各种非法手段,强取豪夺,化公为私。这是公田由国有向私有转化的途径之一,最终

---

[1] 桓宽撰,王利器校注:《盐铁论校注》,中华书局,1992年,第172页。
[2] 《汉书》卷九〇《酷吏传》,第3650页。
[3] 《史记》卷一二六《滑稽列传》,第3204页。

成了豪强地主的私有土地。实际上,汉代法律对侵占、盗取公田的行为是有严厉的处罚规定的。武帝时,丞相李蔡就因盗卖阳陵冢地获罪下狱自杀[1]。成帝时,少府温顺"坐买公田与近臣下狱论"[2]。章帝时,尚书仆射郅寿以"买公田诽谤,下吏当诛"[3]。豪强权贵之所以能假取公田主要还是由于假田制度本身。曾有研究者认为,政府"在假民公田时没有规定租赁的时间与条件等,因而年深日久之后,假民公田也就失去了租赁的意义"[4]。然而,假民公田其实是有具体条件限制的。这一点可以从前引《龙岗秦简》的材料中得到说明。"黔首钱假其田已□□□者或者□□(简155)"及"诸以钱财它物假田□□□□□(简178)",有研究者即认为是"支付钱财以取得相当期限、相当数额的土地使用权"[5]。如果这个理解没有问题的话,就说明向官府假田是要具备一定经济实力的,要向官府交纳押金或保证金。因此,一般情况下,有能力假田的都是豪强权贵或富裕商贾。这也就可以解释萧何为民请上林苑公田而被械系之事。

《史记·萧相国世家》:

[1]　《汉书》卷五四《李广传附从弟蔡》,第2449页。

[2]　《汉书》卷一九《百官公卿表》,第823页。

[3]　《后汉书》卷二九《郅恽传附子寿》,第1033页。

[4]　林甘泉主编:《中国封建土地制度史》第1卷,中国社会科学出版社,1990年,第247页。

[5]　刘信芳、梁柱:《云梦龙岗秦简综述》,《江汉考古》1990年第3期。

（萧何）为民请曰："长安地狭，上林中多空地，弃。愿令民得入田，毋收稿为禽兽食。"上大怒曰："相国多受贾人财物，乃为请吾苑！"乃下相国廷尉，械系之。数日，王卫尉侍，前问曰："相国何大罪，陛下系之暴也？"上曰："吾闻李斯相秦皇帝，有善归主，有恶自与。今相国多受贾竖金而为民请吾苑，以自媚于民，故系治之。"[1]

萧何向汉高祖建议开放上林苑令民入田，本是利国利民的好事，高祖却认为萧何夹带私货，"多受贾人财物""多受贾竖金"而将他下狱。对于这件事，一直以来不得其解，开放上林苑又为何与贾人扯上关系呢？只有一个可能，即商人是这次开放上林苑公田中受益的主要群体，故高祖才会如此判断。汉代政府一贯的经济政策是"重农抑商""禁民二业"，商人又何以能入田上林苑呢？商人如何从中受益呢？我们或许可以从假田的角度试做分析。上林苑的田地属于公田，萧何建议开放上林苑让百姓入田，未言授与、赋与或赐予，并且从以后汉代政府对苑囿公田的经营主要是用假田的方式看，开放上林苑应是采取了假民公田的方式。如上文所论，假田是需要一定经济条件的，绝大多数情况下，贫民无法达到假取公田的条件。因而，具备一定经济实力的商人是假公田的重要对象。我们知道在汉代名田制下，商人是不得名有土地的，"贾人有市籍者，及其家属，

---

[1]　《史记》卷五三《萧相国世家》，第 2018 页。

皆无得籍名田,以便农。敢犯令,没入田僮"[1],"贾人皆不得名田、为吏,犯者以律论"。[2] 那么,又为何允许商人假取公田呢?汉代政府可能有两个考虑。其一,设置一定的假田条件,可以将商人的一部分资财吸纳到政府手中。假与公田给商人,收取公田租税,可以增加政府收入。这是经济上的考虑。其二,政府要崇本抑末,驱民归农。游离于名田制之外,不得名田的商人等群体始终是要考虑解决的社会问题。只有在政策上给予出路,商人及其家属子孙,才有可能弃末务本,改从农亩。这是政治上的考虑。所以,允许商人假取公田是作为名田制的补充措施而实行的。也只有从商人可以假取公田的因素考虑,才可以解释为什么当萧何建议开放上林苑令民入田时,汉高祖会认为萧何收受了商人的利赂。

从汉代假田制实施的情况看,假贫民公田,是在西汉中期以后出现的,通常是作为一项惠政来宣布的。这并不意味着公田仅假与贫民了,豪民富人依然能够假取公田。这可以从王莽的诏令中看出来,王莽曾指责汉政说:"汉氏减轻田租,三十而税一,常有更赋,罢癃咸出,而豪民侵陵,分田劫假。厥名三十税一,实什税五也。富者骄而为邪,贫者穷而为奸,俱陷于辜,刑用不错。"师古曰:"分田,谓贫者无田而取富人田耕种,共分其所收也。假,亦谓贫人赁富人之田也。劫者,富人劫夺其税,侵欺之也。"[3]

---

[1] 《史记》卷三〇《平准书》,第 1430 页。
[2] 《汉书》卷一一《哀帝纪》,第 336 页。
[3] 《汉书》卷二四《食货志》,第 1143—1144 页。

如上所述,假民公田是汉代政府经营公田的重要方式之一,假田的对象有豪强权家,有富人商贾,也有无地贫民。

4.赐民公田和赋民公田

"赐民公田""赋民公田"是汉代公田的一个重要用途。一般认为,赐民公田、赋民公田与假民公田的区别在于前者受田之民得到了土地的所有权,而后者只是获得了土地的使用权。赐民公田、赋民公田二者虽然性质相近,但还是有所差别的,否则汉代史籍中也不会将两者分别记述。先来看有关"赐民公田"的史料:

《汉书·高帝纪》:汉高祖九年(前198),"徙齐楚大族昭氏、屈氏、景氏、怀氏、田氏五姓关中,与利田宅"[1]。

《汉书·武帝纪》:建元三年(前138),"赐徙茂陵者户钱二十万,田二顷"。[2]

《汉书·外戚传》,武帝以"钱千万,奴婢三百人,公田百顷、甲第,以赐姊。太后谢曰:为帝费"。[3]

《史记·滑稽列传》,(东方朔)曰:"某所有公田鱼池蒲苇数顷,陛下以赐臣,臣朔乃言。"诏曰:"可。"[4]

《史记·平准书》:武帝"拜(卜)式为中郎,爵左庶长,赐田十顷"[5]。

[1] 《汉书》卷一《高帝纪》,第66页。
[2] 《汉书》卷六《武帝纪》,第158页。
[3] 《汉书》卷九七《外戚传》,第1982页。
[4] 《史记》卷一二六《滑稽列传》,第3207页。
[5] 《史记》卷三〇《平准书》,第1431页。

《汉书·苏建附子武传》:武帝给苏武"赐钱二百万,公田二顷,宅一区"[1]。

《汉书·昭帝纪》:(前84),"募民徙云陵,赐钱田宅"[2]。

《汉书·西域传》,宣帝甘露三年(前51),乌孙公主还朝,"赐公主田宅奴婢,奉养甚厚,朝见仪比公主"[3]。

《汉书·张禹传》:张禹为帝师,成帝"以肥牛亭地赐(张)禹"[4]。

《汉书·王嘉传》:哀帝"诏书罢苑,而以赐(董)贤二千余顷"[5]。

《汉书·平帝纪》:元始二年(2),"罢安定呼池苑,以为安民县。起官寺市里,募徙贫民,县次给食。至徙所,赐田宅什器,假与犁牛、种、食"。元始二年,(江湖贼成重)"徙云阳,赐公田宅"[6]。

《后汉书·明帝纪》:永平九年(66),"诏郡国以公田赐贫人各有差"[7]。

《后汉书·章帝纪》:元和元年(84),诏曰"其令郡国募人无田欲徙它界就肥饶者,恣听之;到在所,赐给公田,为雇耕佣,赁种饷,

———————

[1]　《汉书》卷五四《苏建附子武传》,第2467页。
[2]　《汉书》卷七《昭帝纪》,第221页。
[3]　《汉书》卷九六《西域传》,第3908页。
[4]　《汉书》卷八一《张禹传》,第3350页。
[5]　《汉书》卷八六《王嘉传》,第3496页。
[6]　《汉书》卷十二《平帝纪》,第353页。
[7]　《后汉书》卷二《明帝纪》,第112页。

赍与田器,勿收租五岁,除算三年。其后欲还本乡者,勿禁"[1]。

从上面所列举的材料看,赐公田的对象比较复杂。朱绍侯把汉代"赐民公田"的对象分为两种,一种是统治阶级(官僚、贵族、豪强地主),另一种是无地的贫民或流民。[2] 然而,既言"赐",则从政策角度看,性质应该是相同的。以上举事例看,都带有褒奖、优待的意味。赐田给官僚贵戚,是因为皇帝要赏赐有功或尊奖亲近之人,赐给贫民百姓是作为迁徙他处的优遇和鼓励。臆以为在汉代赐民公田应是有章可依,有一定制度规定的,如"各有差""比公主"等,限于材料不能做进一步推论。不管是赐给官僚贵戚还是一般百姓,赏赐土地的来源都是政府掌握的公田。

汉代有关"赋民公田"的记载如下:

《汉书·昭帝纪》:元凤三年(前78),"罢中牟苑,赋贫民"[3]。

《汉书·武五子传》:宣帝时,"(广陵厉王)相胜之奏夺王射陂草田,以赋贫民,奏可"[4]。

《汉书·霍光传》:(霍)山曰"今丞相用事,县官信之,尽变易大将军时法令,以公田赋与贫民"[5]。

《汉书·哀帝纪》:建平元年(前6),"太皇太后诏外家王氏田非

---

[1]　《后汉书》卷三《章帝纪》,第145页。

[2]　朱绍侯:《秦汉土地制度与阶级关系》,中州古籍出版社,1985年,第134—135页。

[3]　《汉书》卷七《昭帝纪》,第229页。

[4]　《汉书》卷六三《武五子传》,第2761页。

[5]　《汉书》卷六《霍光传》,第2954页。

冢茔,皆以赋贫民"。师古曰:"赋,给予也。"[1]

《汉书·平帝纪》:元始二年(2),"安汉公、四辅、三公、卿大夫、吏民为百姓困乏,献其田宅者二百三十人,以口赋贫民"。师古曰:"计口而给其田宅。"[2]

《后汉书·明帝纪》:永平十三年(70),汴渠成,诏"滨渠下田,赋与贫人,无令豪右得固其利"[3]。

《后汉书·章帝纪》:建初元年(76),"诏以上林池籞田赋与贫人"。元和三年(86),"今肥田尚多,未有垦辟。其悉以赋贫民,给与粮种,务尽地利,勿令游手"[4]。

《后汉书·安帝纪》:永初三年(109),"诏上林、广成苑可垦辟者,赋与贫民"[5]。

《后汉书·樊宏传附樊准》:安帝永初初年,"悉以公田赋与贫人"[6]。

赋民公田的对象比较明确,皆是贫民。"赋"有授予的含义,《汉书·哀帝纪》颜师古注:"赋,给予也。"《汉书·平帝纪》"以口赋贫民"颜师古注曰:"计口而给其田宅。"《汉书·赵充国传》:"田事出,赋人二十亩。"颜师古注:"赋谓班与之也。"林甘泉认为赋民公

---

[1] 《汉书》卷十一《哀帝纪》,第338页。

[2] 《汉书》卷十二《平帝纪》,第353页。

[3] 《后汉书》卷二《明帝纪》,第116页。

[4] 《后汉书》卷三《章帝纪》,第134、154页。

[5] 《后汉书》卷五《安帝纪》,第213页。

[6] 《后汉书》卷三二《樊宏传附樊准》,第1128页。

田是授田制的一种孑遗。[1] 这种看法是可取的。他还认为赋民公田和赐民公田本来是有所不同的,赋田是国家把土地分配给无地少地的直接生产者,并以后者向国家提供剩余生产物为条件,直接生产者对于土地只有占有权而无所有权。而赐田的对象则不一定限于直接生产者,被赐者也无需以提供剩余劳动生产物为条件,被赐者对土地享有合法的所有权。但是由于赋民公田不再由国家收回,这部分国有土地后来也都私有化了,两者的区别逐渐消失。[2] 从所有权角度强调两者的区别,有一定道理。但是,中国古代物权法并不发达,法律并不能明示所有权、占有权、使用权的状况,因此,赋民公田和赐民公田的区别并不在其所有权的属性上,而应该在于两者的政策内容和功用的不同。赐民公田是对有功之人或做出一定牺牲之人的褒奖和补偿;赋民公田更带有授田性质,它的出现更确切地说是在盐铁会议之后。盐铁会议上,文学们主张把一部分公田赋与百姓。《盐铁论·园池篇》:

> 文学曰:"今县官之多张苑囿、公田、池泽,公家有鄣假之名,而利归权家。三辅迫近于山、河,地狭人众,四方并凑,粟米薪菜,不能相赡。公田转假,桑榆菜果不殖,地力不尽。愚以为

[1] 林甘泉主编:《中国封建土地制度史》第 1 卷,中国社会科学出版社,1990年,第 252 页。

[2] 林甘泉主编:《中国封建土地制度史》第 1 卷,中国社会科学出版社,1990年,第 252—255 页.

非。先帝之开苑囿、池籞，可赋归之于民，县官租税而已。假税殊名，其实一也。"[1]

这一主张得到采纳，昭帝元凤三年（前 78），"罢中牟苑，赋贫民"[2]。宣帝时，霍山说："今丞相（魏相）用事，县官信之，尽变易大将军（霍光）时法令，以公田赋与贫民。"[3]可见，赋民公田政策开始施行是在昭宣之际。赋民公田是西汉中期以后土地兼并日益严重、名田制松弛的情况下，政府为了解决无地少地的贫民、流民日渐增多的社会问题而采取的应对措施，以部分公田授与贫民，作为名田制授田的替代政策。赋民公田和赐民公田两者的共同之处就是授与对象都从官府得到了数量不等的公田用益权，这种权益可以是长期的，甚至是终身的和世代相承的，因而被很多学者视为赐与或赋与的对象获得了土地的所有权。[4] 总之，赋民公田和赐民公田是汉代公田的一个重要用途和去向，贫困农民是赋田和赐田的主要对象。

以上分析了汉代公田主要的四种经营使用方式。其中，使用奴婢劳动和推行屯田是汉代政府对公田的直接经营。由于直接经营

---

[1]　桓宽撰，王利器校注：《盐铁论校注》，中华书局，1992 年，第 172 页。
[2]　《汉书》卷七《昭帝纪》。
[3]　《汉书》卷六《霍光传》，第 2954 页。
[4]　朱绍侯：《秦汉土地制度与阶级关系》，中州古籍出版社，1985 年，第 139、142 页；杨静婉：《关于汉代"假民公田"与"赋民公田"的几个问题——与高敏先生商榷》，《湘潭大学学报（社会科学版）》1987 年第 2 期。

的管理成本高,投入收益比不明显,所以汉代史籍中政府使用官奴婢在公田上进行劳动的例子为数不多,可见使用奴隶劳动并不是政府经营公田的主要方式,而屯田虽然在两汉沿续不断推行,但也被认为效益不高。[1] 相较而言,汉代政府经营公田更主要的方式是假田和赐田、赋田。

从汉代公田的经营使用方式来看,汉代公田是名田制的重要补充,对维系汉代社会稳定有重要作用。正如学者所指出的,汉代游离在名田制之外的人群主要有奴婢、罪囚和工商、赘婿、后父等贱民。[2] 而正是公田解决了这部分人没有土地的问题。

《商君书·徕民》谓:"彼土狭而民众,其宅参居而并处;其寡萌贾息民,上无通名,下无田宅,而恃奸务末作以处。"[3] 所谓"上无通名"即是没有纳入政府户籍名数之中。《管子·轻重甲篇》:"民无以与正籍者,予之长假。"安井衡云:"'与',预也。'正籍'谓正户正人之籍。无与正籍者,谓无本业者。假,贷也。"马元材云:"'假'即《盐铁论·园池篇》所谓'池籞之假'与'公家有障假之名',谓民之无产业,无纳税能力者由政府以国有苑囿公田池泽长期假之。"郭

---

[1] 林甘泉主编:《中国封建土地制度史》第 1 卷,中国社会科学出版社,1990年,第 264 页。

[2] 杨振红:《秦汉"名田宅制"说——从张家山汉简看战国秦汉的土地制度》,《中国史研究》2003 年第 3 期。

[3] 商鞅撰,张觉点校:《商君书》,岳麓书社,2006 年,第 31 页。

沫若案:"马说得之。"[1]马元材的解释略显狭窄,无产业、无纳税能力者脱离户籍,成为流民,这是一种情况。秦汉时代,无与正籍的还有商人、赘婿、后父、奴婢(主要是官奴婢)等。云梦秦简所录《魏户律》规定:"告相邦,民或弃邑居野,入人孤寡,徼人妇女,非邦之故也。自今以来,叚(假)门逆吕(旅),赘婿后父,勿令为户,勿鼠(予)田宅。"[2]秦汉时期还有所谓的"七科谪",据《汉书·武帝纪》注引张晏曰指吏有罪、亡命、赘婿、贾人、故有市籍、父母有市籍、大父母有市籍等七种人。这些人自然都不在正籍之内。商人编为市籍,而其他人等也当另有名籍。"民无以与正籍者,与之长假",正说明假田是政府解决游离于名田制之外的人的土地问题的重要手段。

从公田的整个使用情况来看,使用官奴婢在公田上耕作(私奴婢附籍于主人名籍,为主人耕作),或使用罪囚为屯田劳动力,或假公田与商人等非正籍者,这是政府掌握大量公田所具有的作用。西汉中后期,由于土地兼并日益严重,名田制逐渐松动,产生了大量脱离土地的贫民、流民,政府经营公田的方式也发生了若干变化。对

---

[1] 郭沫若、闻一多、许维遹:《管子集校》,科学出版社,1954年,第1187—1188页。关于《管子·轻重篇》的年代,郭沫若以为是文景时代的文汇,见《管子集校》,第23页。马非百(元材)《关于管子轻重的著作年代》认为《轻重篇》与《管子》其他各篇不是一个思想体系,它是西汉末年王莽时代的人所作,见马非百《管子轻重篇新诠》,中华书局,1979年,第4页。两说都认为是汉代作品。

[2] 睡虎地秦墓竹简整理小组:《睡虎地秦墓竹简》,文物出版社,1978年,第293—294页。

无地贫民赐与或赋与公田,原本有条件限制的假田也可以假与贫民。这些公田经营方式的变化,一定程度上缓解了社会矛盾,维护了汉代社会的稳定。这是汉代政府控制大量公田的现实需要。可以说,汉代公田制是与名田制相辅而行的配套制度,是名田制的减压阀和稳定器。

第六章 权力、经济、社会
——构建新的历史体系

一、"王权支配社会"说

在土地制度史研究的基础上,不少研究者进而探讨中国历史发展的规律与特点,构建新的历史体系,其中以刘泽华的"王权支配社会"说和张金光的"官社经济体"说最有代表性。

1972 年,湖北云梦睡虎地秦简出土,其中有"受(授)田"的内容。1978 年,刘泽华发表《论战国"授田"制下的"公民"》,揭橥战国授田制。他根据秦简考证出战国时期各国普遍实行"授田制"这一事实,从而为"王权支配社会"理论(也称为"王权主义"理论)的建构提供了史实支持。他认为,封建国家把土地分给农民,当时叫作"授田"("受田"),受田的农民叫"公民"。"公民"没有人身自由,完全依附于封建国家。封建国家向"公民"征收很重的赋税。

"公民"是隶属封建国家的农奴。[1] 在讨论"授田"制的同时,他也关注"公民"的身份、阶级地位,试图重新认识"阶级"问题,视角从生产资料占有的经济关系划分阶级,转向社会固有的身份、等级问题,跳出僵化的理论框架。他在稍早的 1973 年内部印行的《中国古代史稿》中认为:"封建国家通过授田,把一部分土地分给农民耕耘,农民要负担沉重的赋税和徭役、兵役。这些农民都被详细地登记在户籍里,并派有专门的官吏管理,没有任何行动的自由,如逃亡被捉住要施以严重的刑罚。这些编户民实际上是封建国家的农奴。"在他看来,授田是一种社会体系,关涉赋税、徭役、兵役、户籍和行政管理、人身控制。

1981 年,刘泽华提出:君主集权制与其说是某种形式的土地占有关系(国有或私有)要求的产物,毋宁说是权力支配经济,主要是支配分配的产物。权力的大小与分配的多寡成正比,所以人们都拼命地追逐权力。封建统一与君主集权就是在这种追逐权力的斗争中形成的。集权是手段,攫取经济利益才是目的,所以在集权过程中必然引起财产关系的重大变化。在分封制下,土地和人民的所有权是从属于政治权力的。在分封制被破坏与集权形成的过程中,土地和人民的所有权同样是随着政治权力的变动而变动的……这样

[1] 刘泽华:《论战国"授田"制下的"公民"》,《南开大学学报》1978 年第2 期。

说,是不是把政治凌驾于经济之上了呢? 从某种意义上说是这样。[1] 他意图说明,政治权力未必都是经济基础的集中体现,中国古代政治权力的高度集中与经济形式没有直接的关联。在很多历史环境下,不是生产资料国有而后产生集中制的政治,而是相反,政治权力高度集中后,直接把生产资料攫取为国有,或事实上的统治阶层权贵私有。政治权力直接控制了生产资料和产品。

刘泽华也从封建地主产生的具体事实考证中,论证其"特权支配经济"的观点。他在 1984 年发表的一篇文章中说:"封建地主成员的生产与再生并不完全都是经济范围中的事。从中国历史上看,第一代封建地主主要是通过政治暴力方式产生的。"第一代封建地主不是小农经济的自然扩展而导致土地兼并的结果,不是以往学界所认为的那样,新兴地主阶级的产生是因生产工具变革而导致的开垦私田,并经由土地买卖而产生的结果,而是由"诸侯、卿大夫、官僚、官爵大家、豪士、豪民、豪杰这些人"转化、蜕变而来。[2]

在此基础上,刘泽华从政治权力变动来重新思考上层建筑与经济基础的关系,提出"王权支配社会"理论,以此来说明中国古代社会特质。"王权主义"概念从表述中国古代政治文化的术语演变成对整个中国古代社会核心本质的理论抽象。他在 1998 年发表的

----

[1]　刘泽华、王连升:《中国封建君主专制制度的形成及其在经济发展中的作用》,《中国史研究》1981 年第 4 期。

[2]　刘泽华:《论中国封建地主产生与再生道路及其生态特点》,《学术月刊》1984 年第 2 期。

《王权主义:中国文化的历史定位》一文中说:这种王权是基于社会经济又超乎社会经济的一种特殊存在。它是社会经济运动中非经济方式吞噬经济的产物,是武力争夺的结果……这种以武力为基础形成的王权统治的社会,就总体而言,不是经济力量决定着权力分配,而是权力分配决定着社会经济分配,社会经济关系的主体是权力分配的产物;在社会结构诸多因素中,王权体系同时又是一种社会结构,并在社会的诸种结构中居于主导地位;在社会诸种权力中,王权是最高的权力;在日常的社会运转中,王权起着枢纽作用;社会与政治动荡的结局,最终还是回复到王权秩序;王权崇拜是思想文化的核心,而"王道"则是社会理性、道德、正义、公正的体现;等等。过去我们通常用经济关系去解释社会现象,这无疑是有意义的;然而从更直接的意义上说,我认为从王权去解释传统社会更为具体,更为恰当。[1]

　　但该文也声明:"我所说的王权主义既不是指社会形态,也不限于通常所说的权力系统,而是指社会的一种控制和运行机制。大致说来又可分为三个层次:一是以王权为中心的权力系统;二是以这种权力系统为骨架形成的社会结构;三是与上述状况相应的观念体系。"尽管如此,有论者还是以为刘泽华的"王权主义"理论实际上就是一个社会形态概念,或者说是一种历史观。[2]

---

　　[1]　刘泽华:《王权主义:中国文化的历史定位》,《天津社会科学》1998年第3期。

　　[2]　李振宏:《中国政治思想史研究中的王权主义学派》,《文史哲》2013年第4期。

2008 年,刘泽华在《中国政治思想史研究之思路》一文中,对"王权主义"理论做了自我总结,除了强调王权主义的三个层次之外,又总结王权主义的具体内容为八个方面。[1] 这是对王权主义理论内涵最全面、权威的说明。

(1)关于社会形态问题,分三个层次去把握:一是以"阶级—共同体分析方法"分析社会关系形态,"基础性的社会关系即阶级关系,之外还有其他各种社会关系。是否可以这样说,社会关系大体可分为两大类:一类是基础性的阶级关系,另一类是'社会共同体',它比阶级关系更复杂,其中既有阶级关系的内容,又超越阶级关系。共同体小到一个家庭,大至民族、国家。基础性的阶级关系是其他社会关系的基础,起着制约作用,但其他社会关系又有其存在的依据,不能全进入阶级关系之中。据此,是否可以设想一种阶级—共同体分析方法?"可见他仍然相信,基础性的社会关系是由社会生产力的发展状况决定的,进而讲生产方式决定着社会的基本面貌。

二是中国传统社会最大的特点是"王权支配社会"。"王权支配社会"不限于说明政治的作用,而是可以进一步把它视为一种社会体系和结构。在长达数千年的中国传统社会中,经济利益问题主要不是通过经济方式来解决,而是通过政治方式或强力方式来实现的。这样,政治权力就走到历史舞台的中心,并在相当长的时期内

[1]　刘泽华:《中国政治思想史研究之思路》,《学术月刊》2008 年第 2 期。

成为社会控制和运动的主角。中国从有文字记载开始,即有一个最显赫的利益集团,这就是以王—贵族为中心的利益集团,以后则发展为帝王—贵族、官僚集团。这个集团的成员在不停地变动,结构却又十分稳定,正是这个集团控制着社会。这种以武力为基础形成的王权统治的社会就总体而言,不是经济力量决定着权力分配,而是权力分配决定着社会经济分配,社会经济关系的主体是权力分配与占有的产物。在王权形成的过程中,同时也形成相应的社会结构体系。王权—贵族、官僚系统既是政治系统,又是社会结构系统、社会利益系统,这个系统及其成员主要通过权力或强力控制、占有、支配大部分土地、人民和社会财富。土地集中的方式,主要不是"地租地产化",而是"权力地产化"。

三是在意识形态方面,王权主义是整个思想文化的核心。作为观念的王权主义最主要的就是王尊和臣卑的理论与社会意识。[1]

(2)君主专制帝国是政治支配经济运动的产物。"究竟什么是秦统一中国的根本原因呢? 这只能从封建生产方式的经济运动中去寻找。"刘泽华分析了秦统一的历史过程,指出:"尊主、广地、强兵",这三者就像连环套一样循环不已。战国时期犹如飞轮转动式的战争,都是围绕着争夺土地和人口展开的, 强者如果不把弱者吞并掉是绝不罢休的。当时的君主及一些思想家和游说之士曾不断

---

[1]　刘泽华:《分层研究社会形态兼论王权支配社会》,《历史研究》2000 年第 2 期。

谈到统一问题,用他们的语言来说,叫作"霸王""霸王之业""帝""一天下""定于一""天子""兼天下""尽亡天下""并诸侯""吞天下""称帝而治""跨海内制诸侯""地无四方,民无异国""天下为一",等等。这些不同的称呼反映着一个问题:各诸侯争为天下之主。诸侯们争吞天下的目的是什么呢?除了"天之所覆,地之所载,莫不尽其美,致其用"之外,不可能有别的目的。秦始皇也不例外,唯一不同的是,他比他同时代的任何人在这同样的轨道上都跑得快。顿弱说:"秦帝,即以天下恭养。"战国末年其他说客们也都很明白,秦"非尽亡天下之兵而臣海内之民,必不休矣"。尉缭甚至在秦国也直言不讳地说:如秦王"得志于天下,天下皆为虏矣"。在统一以后,秦始皇自己也说得很明白:"六合之内,皇帝之土","人迹所至,无不臣者"。这些话同统一前别人对他的分析是完全一致的。

因此,他得出结论:秦的统一和中央集权制国家的建立是权力支配经济运动的产物,经济上的兼并运动决定着统一。[1]

(3)王权与社会分层。1986年,刘泽华发表了《从春秋战国封建主形成看政治的决定作用》一文,从四个方面论述了政治权力在封建地主形成中的决定性作用。第一,从政治在土地运动中的支配作用看封建主的形成。在追逐土地中有一个特别值得注意的现象,即实现土地占有关系改变的方式不是经济的,而是政治的。也就是说,土地的运动不是通过平等交换或买卖方式进行的,而是政治和

---

[1] 刘泽华、王连升:《论秦始皇的是非功过》,《历史研究》1979年第2期。

军事行动的伴生物。于是出现了这样一个怪现象:有土地运动,却无土地市场。由于土地所有权是政治的从属物,所以土地占有关系也随着政治权力的集中而集中。如果说在春秋以前由于逐级分封制的存在,土地所有权实际表现为多级所有,那么随着战国时期泱泱大国的形成,土地所有权便集中于诸侯国家之手,从而在大范围内表现为诸侯土地国有。第二,从等级制对社会的控制看封建主的形成。等级制度无疑需要建立在一定经济基础之上,但是,等级制度本身却是由政治直接造就的。等级制度实行的宽度与广度,标志着政治权力对人身的支配程度。当等级制度不仅决定着人们的社会地位,而且也决定着人们的经济地位时,那就意味着人们很少能在政治之外获得更多的自由。人们从属于政治的成分越大,作为经济主体的可能性就越小。由此可见,春秋战国时期的等级制席卷了整个社会。居民的绝大多数都由等级制度牵动或成为等级制中的成员。等级制是由政治直接规定的,所以在等级制桎梏中,人们的经济关系从属于政治关系,不具有独立的意义,随时可能被政治改变。第三,从政治支配产品分配看封建主的形成。社会产品的分配是一个极为复杂的问题,就春秋战国时期的情况看,在分配中具有决定意义的是国家的租税、徭役和财政开支。如果说赋税是第一次分配的主要形式,那么国家开支、君主私养和官吏的俸禄则是再分配的主要内容。这个时期,在社会财产的分配和再分配中,经济原则不占主导地位,通过经济的方式上升为封建主的虽不能说绝对没有,但并不像一些史家所说的,是一条主要的道路。第四,从封建主各阶层看封建主的形成。在考察了战国时期封建主各阶层和各种成员的形成之后,他得出如下结论:中国历史上第一代封建主的成员主要是通过政治方式发展起来的。超经济的方式造就了第一代封建主,这就是中国历史上的真实情况。

专制王权掌控着农民的生死存亡。1978 年,刘泽华在《论战国"授田"制下的"公民"》一文中,论证了第一代小农主要是由国家授田产生的,而不是从所谓"开垦私田"、土地买卖途径而来。与授田制相配套而产生的一套人身控制体系一直承继下来。农民没有获得人身自主,而是国家控制的农奴。整套户籍管理和赋役制度即是把农民农奴化的保证。

(4)贪污是官僚的"生长点"。刘泽华论证了权力超越和支配经济的事实,以及贪污在社会经济中的作用。他指出,在中国封建社会,经济活动不仅仅是一种经济行为,经济运动不仅仅是个经济过程,它与政治、与权力、与超经济强制有着密切关系。在许多情况下,政治、权力在社会的经济生活中起着主导的作用。贪污就是当时社会经济运动中的一个重要环节,它所带来的影响是巨大而深远的。权力在当时可以和一切有价值的东西挂起钩来,简直可以被看成是一种最一般的等价物。[1]

(5)封建地主生态圈对整个社会的塑造。刘泽华在《论中国封

---

[1]　刘泽华、王兰仲:《论古代中国社会中的贪污》,《天津社会科学》1988 年第 3 期。

建地主产生与再生道路及其生态特点》一文中考察了封建土地所有制转移与封建地主生产和再生之间的关系,强调了封建特权在经济生活中的地位与作用。他提出,所谓"地主生态圈",就是"文人—官僚—地主三者之间形成一个生态循环圈",其核心是获得官僚权力。地租地产化无疑是封建地主扩大地产的途径之一,而官僚凭权力地产化比前者要更为有力。读书为了当官,当官则为了捞取资财名位。要想成为地主或进一步扩大产业,最有效的办法是当官,为了当官又须先读书。这样一来,文人—官僚—地主三者之间形成一个生态循环圈。这个生态循环圈把社会的经济、政治、文化贯穿为一体。文化可以直接转化为政治权力,政治权力又可以直接转化为经济。封建社会的许多现象都与这个生态循环圈有极为密切的关系。[1]

(6)君主专制是导致社会停滞的主因。刘泽华认为,正是君主专制对简单再生产规律和价值规律的破坏造成社会发展的迟滞。他撰文详细讨论了这一问题:

> 封建时代的经济规律,具体讲起来有许多,但从封建社会能否生存和发展这个根本点上来看,有两个最主要的规律:一是简单再生产的规律,一是价值规律。之所以说有两个主要规

---

[1] 刘泽华:《论中国封建地主产生与再生道路及其生态特点》,《学术月刊》1984年第2期。

律,是因为简单再生产是封建社会生存和延续的基础;价值规律的实现和作用范围的扩大是推动扩大再生产和封建经济发展的主要杠杆,是封建社会内部产生新因素的前提。从中国历史看,至迟从春秋开始,农民中的多数是以一家一户为单位进行生产的。这种生产表现为一种简单再生产。但这并不是说这种简单再生产是一成不变的,简单再生产包含着扩大再生产的因素。诸如农民扩大再生产的要求、生产工具的逐渐改善,生产经验的不断积累等等,但这些因素能不能变为现实,能不能成为推动和瓦解小生产的力量,要看社会能否提供适宜的条件。

价值规律是与商品交换同时来到人世间的。但在春秋以前,由于商品交换与商品经济在整个社会经济中所占地位甚微,所以价值规律的作用范围也极其有限。春秋以后,情况就不同了,工商业有了突飞猛进的发展,商品经济和货币经济日益发达,交换在整个社会经济中占有重要地位。从社会分工看,春秋战国时期,各行各业已经泾渭分明,纯粹的自给自足的自然经济的概念已不能完全反映当时的社会面貌。

上述两个规律在社会经济的发展中起着不同作用。农民的简单生产是社会赖以存在的基础,它本身虽然不能产生使社会变革的新因素,但随着生产的不断扩大。可以促进工商业的发展。工商业的进一步发展,价值规律的不断实现,必定会掀起社会的波澜。但是秦汉以后的历史事实和我们这种推论正相反,中国封建社会具有长期性和停滞性的特点。这个历史的罪责究竟由谁来承担呢？我们认为,这不应归咎于中国封建经济结构本身,而是由于封建君主专制制度对以上两个经济规律的抑制和破坏造成的。封建君主集权对简单再生产的破坏,主要表现在对农民征收繁重的赋税和征发沉重的徭役上。封建君主专制中央集权对价值规律的破坏主要表现在抑商政策及其行动上。

封建君主专制中央集权对封建社会中两个经济规律的破坏是极其严重的。沉重的赋税、徭役以及其他形式的剥削,常常使简单再生产不能进行,社会难以生存。抑末结果破坏了价值规律的正常运转,因而社会也就失去了发展变化的活力。这样,我国封建社会便长期处于停滞不前的状态。[1]

(7)"权力—依附"型社会结构。1999 年,刘泽华在《论中国古代的亦主亦奴社会人格》一文中,对社会结构特点做了概述指出:中国古代社会结构属于"权力—依附"型结构。这种结构广泛存在于社会生活的各个层面。在生产关系上,生产资料占有者与生产者之间有绝对的(主人与奴隶)或较强的(主人与部曲,主户与客户)隶属关系。人与人之间的经济关系是主奴或近乎主奴的关系。在政治关系上,帝王、官僚、庶民之间等级分明,君支配臣,臣支配民。官

[1]　刘泽华:《中国封建君主专制制度的形成及其在经济发展中的作用》,《中国史研究》1981 年第 4 期。

僚队伍内部也等级分明，形成上对下的支配、下对上的依附。在宗法关系上，大宗与小宗、父家长与其他家庭成员以及长辈与晚辈、兄与弟、夫与妻、嫡与庶之间，都属于支配与被支配关系。其中父与子的隶属关系更具绝对性。在其他各种社会关系中，类似的"权力—依附"关系普遍存在。如师与徒之间犹如君与臣、父与子。总之，几乎一切人与人之间的纵向关系都有明确的序位，并依序位构成"权力—依附"式的等级关系。这就使除帝王以外的一切社会角色都在不同程度上具有"奴"的属性。"尽人皆奴"是生产关系、社会关系、政治关系及相应的文化观念所共同构建的社会现实。[1]

随后，他在《王权至上观念与权力运动大势》一文中专门指出，君主专制的强化，主要不是经济的集中，与土地所有制形式和占有土地多少也没有什么直接关联。王权的集中，主要源于稳定的君主"五独"观念和兵、刑大权的强化。所谓"五独"即"天下独占、地位独尊、势位独一、权力独操、决事独断"[2]。

（8）王权与社会之间的矛盾是社会的主要矛盾。刘泽华认为，中国传统社会的主要矛盾是专制王权体系与整个社会之间的矛盾。他把这一矛盾作为主要矛盾贯穿于《专制权力与中国社会》一书的始终。书中指出：

---

[1]　刘泽华：《论中国古代的亦主亦奴社会人格》，《南开学报》1999 年第 5 期。

[2]　刘泽华：《王权至上观念与权力运动大势》，刘泽华主编：《中国传统政治哲学与社会的整合》，中国社会科学出版社，2000 年。

古代中国社会的一个重要历史事实:即政治权力在当时是比任何有形的东西更值得追求的无价宝。如果一个人能掌握国家的最高权力,成了皇上君主,便可以把全国的行政、立法、司法、赏罚以至生杀各种大权集于一身,便可以"以天下恭养",可以对天下一切人随意"生之、任之、富之、贫之、贵之、贱之"。这是古代中国社会结构最重要的一个特点。而正是由于政治权力所占据的这种突出位置,以至古代中国社会的各个方面,如土地运动、社会分配、阶级构成、思想文化,以及社会兴衰与动荡安定等等,实际上都与权力发生了密切的关系。我们认为,考察中国古代历史,不可不留意于政治权力在古代社会中的这种特殊位置与作用。[1]

古代政治权力支配着社会的一切方面,支配着社会的资源、资料和财富,支配着农、工、商业和文化、教育、科学、技术,支配着一切社会成员的得失荣辱甚至死生。在这里,从物到人,从躯体到灵魂,都程度不同地听凭政治权力的驱使。各种从理论到实践的对人的关心和对民生的重视,都是实现政治目标的手段,而不是目的。而在庞大的权力结构中,又是要求地方服从于中央,下级服从于上级,最后一切听命于君主。[2]

---

[1]　刘泽华、汪茂和、王兰仲:《专制权力与中国社会》,吉林文史出版社,第2页。

[2]　刘泽华、汪茂和、王兰仲:《专制权力与中国社会》,吉林文史出版社,第258页。

通过对"王权支配社会（王权主义）"理论三个层次、八个方面的阐释，刘泽华构建起一个关于中国历史新的解释体系。他曾说："第一，我不是从经济（地主制）入手，而是直接从政治权力入手来解析历史。君主专制体制主要不是地主制为主导的经济关系的集中，而恰恰相反，社会主要是权力由上而下的支配和控制；第二，我不用'官僚政治'这一术语，君主要实现其统治固然要使用和依靠大批官僚，但官僚不是政治的主体而只是君主的臣子、奴仆，因此不可能有独立的'官僚政治'以及其他学者提出的'学人政治''士人政治'等。君主可以有各式各样的变态，如母后、权臣、宦官等等，但其体制基本是一样的。"[1] 这一体系有别于唯物史观从经济运动解释历史的范式，突出强调政治权力对社会、经济、精神文化等各领域的支配性、决定性作用，对"经济基础→上层建筑"的成说是全新的再认识。[2] 考察中国古代历史，不可不留意政治权力在古代社会中的这种特殊位置与作用。方克立认为"刘泽华学派的基本观点是

---

[1]　刘泽华：《王权支配社会的几个基本理论》，《历史教学（上半月刊）》2018年第2期。

[2]　以往学界为了服膺生产力决定生产关系、经济基础决定上层建筑理论，将新兴地主阶级的产生归之于因生产工具变革而导致的私田开垦。如郭沫若主编的《中国史稿》第1卷中说："生产工具的变革，牛耕的推广，使耕地面积急剧增加，私田大量出现……到了春秋时代，由于荒地被大量开辟和农业生产的提高，私田的数量因而也就不断地增加。'公田'有一定的规格，私田则可以因任地形而自由摆布。'公田'是不能买卖的，私田却真正是私有财产。'公田'是要给'公家'上一定赋税的，私田在初却不必上税。就在这样的发展过程当中，有些诸侯和卿大夫们逐渐豪富起来了。"（人民出版社，1976年，第316—317页。）

在认同唯物史观的基础上强调思想与社会的互动"[1]。

近四十年来的中国史研究中,王权主义理论的核心思想——政治权力支配社会,逐渐被研究者所接受:"在秦至清这一漫长的历史时期,与现代社会不同,权力因素和文化因素的作用要大于经济因素;并着重把'国家权力'和'文化'的概念,引入到社会形态的研究和命名中,认为自秦商鞅变法之后,国家权力就成为中国古代的决定性因素,不是社会塑造国家权力,而是国家权力塑造了整个社会。"[2]

在阐发"王权支配社会"理论的过程中,刘泽华特别注意到政治权力对土地所有制的支配权,"封建国家始终握着最高的所有权和支配权,纯粹经济意义的私人土地所有权,从来也不曾获得独立的地位和达到完整的地步。……中国封建统治者从来都将人民的社会权力——其中包括对主要生产资料土地的所有权——作了最大程度的限制,土地买卖的形式虽然存在,但它始终不曾突破政治支配形态的硬壳,与自由的商品交换无法等同";"首先,私人拥有土地的数量有明确的法律限制,这就是'名田'制度。什么等级身份,可以拥有多少地产,'各为立限,不使过制'。过限地产,封建国家有剥夺之权";"其次,封建国家可以经常实行强制性的迁民以改

[1] 方克立:《甲申之年的文化反思——评大陆新儒学"浮出水面"和保守主义"儒化"论》,《中山大学学报》2005 年第 6 期。
[2] 《〈文史哲〉杂志举办"秦至清末:中国社会形态问题"高端学术论坛》,《文史哲》2010 年第 4 期。

变个人的土地占有状况。"[1]

个人土地占有是权力支配下的占有。政治支配形态下,一方面封建国家握有最高土地所有权和支配权,通过直接的政治强制,组织、管理和支配广阔的个体小农经济,构成支撑整个社会上层建筑的经济基础;一方面统治阶级成员又从国家"公"有系统中,分割出大量的农户和土地作为私有剥削对象,构成个人地主土地所有制经济中的主体部分,也是拥有特权的部分。他们包括皇室、宗藩、勋戚、中官,可称为贵族地主,包括在位的官僚和虽不在位却有政治头衔的绅衿,可称为官绅地主。他们也就是列宁所特别加以区分出来的"身份性地主"。

研究封建地主阶级,必然接触地主土地所有权的运动形式。刘泽华认为,封建地主土地所有权最终是通过政治途径实现的。在整个中国封建时代,与政权的频繁更迭和权力在个人手中的频繁转移相对应,封建地主个人地权的归属总是大集大散,处在经常的流动之中。有权则多地,权亡则地亡,地权流动的基本趋势是视权力为依归的。中国封建地主土地所有权的运动,最主要的和最大量的是非经济的方式。[2]

他进一步论述道:"作为农业经济主要生产资料的土地,封建国

---

[1] 刘泽华、汪茂和、王兰仲:《专制权力与中国社会》,吉林文史出版社,第68页。

[2] 刘泽华、汪茂和、王兰仲:《专制权力与中国社会》,吉林文史出版社,第87页。

家始终握着最高的所有权和支配权,从来没有完整经济意义上的土地私有制和自由的土地私有权。如同价值规律只有在商品经济中才起支配作用一样,法权观念只有在民主政治中才起支配作用。完整的法权必须以完整的公民权为前提。中国古代社会生活——特别是政治生活——并不由法权关系制约。因此,作为法权观念的土地所有权也只能是相对的、有限的,只能是某些人对直接生产者人身的所有权的附属品,也就是政治支配形态的附属品。"[1]

　　显然,"王权支配社会"理论也存在值得深思的问题。有论者指出,如何认识中国古代社会的基本矛盾,是王权主义理论必须面对的重大问题。"官僚阶级"能否成立,如何成立,它是一个什么样的阶级,阶级属性是什么,在社会历史中的地位如何,它与王权的关系、与社会与民众的关系,等等,都是王权主义理论应该延伸研究并回答的重大理论问题。再譬如,王权是超经济的强制性力量,王权支配经济,它本身不是经济的衍生品,于是在王权支配社会的时代,社会的基本矛盾也难以单从经济方面来解释。[2] 又如,除了王权支配经济的笼统概括,作为一种历史体系或社会形态,有哪些具体的经济内容(生产和再生产)? 否则社会财富如何增长? 应该如何界定权力斗争的性质? 在中国古代社会,政治斗争、权力斗争很多

---

　　[1]　刘泽华、汪茂和、王兰仲:《专制权力与中国社会》,吉林文史出版社,第72页。

　　[2]　李振宏:《中国政治思想史研究中的王权主义学派》,《文史哲》2013年第4期。

情况下是在统治阶层内部展开的,政治斗争难道只是统治阶层内部争权夺利的斗争? 社会的发展、文明的进步,又从何谈起? 传统中国社会结构演变的内在机制为何? 王权所代表的是什么样的生产方式? 强调政治权力的决定性作用能否说明社会变迁和社会演进? ……以这样的方式看待历史,中国历史难免总是黑漆漆的一团。

二、"官社经济体"说

张金光长期关注秦汉土地制度史研究,1983 年,他发表《试论秦自商鞅变法后的土地制度》一文,详细论证了"战国、秦实行普遍的真正的土地国有制与普遍国家份地授田制"说,奠定了其后三十多年研究的基础。文中认为:"秦自商鞅变法至秦统一前后,是普遍的真正的土地国有制确立与强化发展的时期,同时也是土地私有制的胚育时期……秦由国家'制辕田,开阡陌',到'使黔首自实田',正是秦百年间土地关系运动的两块里程碑。""制辕田,开阡陌",标志着普遍的真正的土地国有制的高度发展,而"使黔首自实田"则意味着土地私有制的确立。[1] 其研究便是沿着这一逻辑路线发展与展开的,先后发表《商鞅变法后秦的家庭制度》(《历史研究》1988年第 6 期)、《秦的乡官制度及乡、亭、里关系》(《历史研究》1997 年

---

[1] 张金光:《试论秦自商鞅变法后的土地制度》,《中国史研究》1983 年第 2 期。

第 6 期)、《银雀山汉简中的官社经济体制》(《历史研究》2001 年第
5 期)、《普遍授田制的终结与私有地权的形成》(《历史研究》2007
年第 5 期)、《秦户籍制度考》(《汉学研究》第 12 卷 1994 年第 1
期)、《关于中国古代(周至清)社会形态问题的新思维》(《文史哲》
2010 年第 5 期)、《秦制研究》(上海古籍出版社,2004 年)、《战国秦
社会经济形态新探——官社经济体制模式研究》(商务印书馆,2013
年)等论著,分别对秦的土地制度、为田制度、阡陌封疆制度、租赋徭
役制度、家庭制度、刑徒制度、居赀赎债制度、乡官制度、学吏制度、
爵赏制度、户籍制度进行了整体性的研究,提出"官社经济体制模
式"说,回归中国历史语境,建构起基于中国历史实践逻辑的理论
体系。

张金光认为,半个多世纪以来,表述中国古代社会的一些概念
和范畴大都是舶来品,有的直接来自欧洲中心论以及在其上形成的
西方学术话语体系,有的是辗转间接来自西方,或者是其仿制品。
整齐、条理、系统化的"五种生产方式"说是斯大林总结提出的,他
者如农村公社、中世、中古、庄园制,以及比较系统的"古典社会—六
朝贵族制—唐宋变革"论等,大抵是参照西方中心论及西方学术话
语体系而提出的。他主张,关于中国的研究,应力求走出西方历史
以及西方学术话语体系笼罩之困境,深入中国历史实践,通过大量
的实证分析,做出符合中国历史实际的理论模式建构。他指出,总
的来说,中国历史的进程无疑是以国家权力为中心运转的,国家权
力支配一切,由其规定、规范了中国历史的基本进程,决定并塑造了

中国社会历史的基本面貌;中国国家的核心权力是土地国家所有权。应以国家与社会间的关系,即官民对立关系来观察、认知、表达、叙述中国古代社会历史。如此才能说明中国古代社会历史的本质属性。中国古代社会阶级结构的基本格局是官民二元对立。官民之间,不仅是统治与被统治的关系,而且是一种经济关系,是剥削与被剥削的关系,它是以国家权力、政治统治、土地国有权为基础建立起来的社会生产关系。这种生产关系是国家体制式社会生产关系或叫权力型社会生产关系,亦叫国家体制式社会形态。

张金光以国家权力与地权本体及其制度为坐标体系,叙述中国古代(周—清)社会形态问题,大致可将中国古代(周—清)社会形态分为四个递进相续的时代:邑社时代、官社时代、半官社时代、国家—个体小农时代。

邑社时代(西周—春秋):西周春秋时期,土地在贵族手中,自周王而下构筑了不同层级,通过分封和赏赐造成了不同的占有层次,大小不等的若干占有圈子套叠在一起,这些层级都带有政治身份性,而最实际、最顽固不化的占有和使用者还是邑社共同体组织,它们的名号通常称作"邑""田"或"里",这是划分土地进行耕作生产的最基本的社会生产组织单位。

官社时代(战国—秦):战国的历史趋势是,随着松散虚构的"王土"制渐次进于高度发展的普遍的真正的土地国有制,而其社会生产组织亦同时自邑社共同体进展为政社合一的官社乡里制度。战国、秦时期,土地国有制高度发展,实行"普遍的真正的土地国有制",同时实行着"国家普遍授田制"。这便构成了官社经济体制的根基。

半官社时代(汉—唐):自汉文帝废止国家普遍授田制,官社的基础消失了,然前代官社之遗风尚存于世。国家虽时有计口赋民公田之举,又有北朝隋唐五朝均田制实行,然其国家授田则不如官社下严格,足量;生产管理不如以前严整;对于生产和生存条件的满足与保障力度不够强。国家均田制决定了此时府兵制度的建置。从府兵制的建置,反复言"督以耕战之务""劝课农桑"来看,其仍不离自战国以降,在普遍土地国有制及国家授田制之下确立的普遍征役(包括兵役)制之本,此仍在传统官社体制下兵农合一制之范围。

国家—个体小农时代(宋—清):至中唐,均田制破坏,建中后两税法行。从此,国家不再立田制,对民间土地占有之差距再不过问而听任之。国家所着眼计较者尽在财政税役之入。从这层意义上说,国家完全丧尽了自战国孟轲所言"制民之产"的功能,无视民之生存基地之些许保障,而纯粹变成一种聚敛机构。官民之间变成了一种更加赤裸裸的聚敛关系。国家权力的寄生性更加暴露无遗。

这四个时段中,"官社经济体制模式"在时间与空间上都具有普遍性,代表着一定历史阶段的社会形态,于是,便有"官社经济体制模式"说的产生。它是由古代农村社会共同体——邑社,向比较自由的汉代国家半官社个体小农经济支配形式过渡的普遍历史过渡形态。它的极盛时期是当战国与秦之时。

官社经济体制的经济基础,是普遍土地国有制及其普遍国家份地授田制;官社经济体制融国家政权行政、社会、政治、经济、生产、军事、精神文化等为一体,实为一以政治行政为筋骨框架的多面社会立体组织体;官社经济体制的组织形式,其首要特点为"政社合一",即是以国家基层行政为统绪,以农为本,包括农业社会生产、军事以及社会、经济、精神文化生活等在内的一切服从于国家政治、同国家政治行政一体化,其基本框架结构,乃是以政府行政系统进行编民、编农、甚至于编军,在这个"合一"体中,"政"是筋骨,是统绪,是绳贯,是支配一切、统帅一切的。在这里国家政治行政支配经济生产,进而支配一切表现得最为充分,"政社合一"制不仅表明了官社的性质,而且是区别官社与邑社的重要标志之一。中国古代社会历史之所以走到"政社合一"官社的地步,那是因为在农业社会里,国家政治权力本是支配一切、笼罩一切的。因之,在官社消亡之后,社会历史却是依然如此。这便是官社虽不存,而官民对立的社会结构格局却终未变。这就是中国历史的根本特点。[1]

由此,张金光初步构建了一个建立在历史实证基础上的、自洽的中国古代历史理论体系。这个体系具有属于自己的、独创的系列范畴、概念,主要包括"官社经济体制模式""实践历史学""国家权力中心论""中国地权本体论"等,用以概括和表达中国古代历史上一定历史时期(主要是战国秦)的一种带有普遍意义的社会经济体

---

[1]　参见张金光《秦制研究》,上海古籍出版社,2004 年,第 276—279 页;《战国秦社会经济形态新探——官社经济体制模式研究》,商务印书馆,2013 年,第 1—26 页、第 65—69 页。

制,并以此去解释和说明当时的社会、政治、经济、文化等诸多关系和现象,试图从中国历史内在的基本实践、历史发展逻辑出发,揭示中国历史自身的规律性。

1980年代以来,学界在反思"五种社会形态"理论的同时,也开始了重构中国历史体系的初步尝试。张金光从中国历史实际出发,做出了新的理论概括,提出"官社经济体制模式"说,对中国古代社会历史面貌做出了新的解释和说明,更新了传统的"五种社会形态"理论。但是,"官社经济体制"与过去长期争论不休的所谓"亚细亚生产方式"的特点(专制主义、土地国有),以及所谓的"专制主义社会""宗法社会"等,究竟有无内在联系? 其间是一种什么关系? 所谓"政社合一"的官社是否有历史依据,是否名实相符? 和各级政府职能又有何区别? 以"政社合一"的"官社经济体制"模式来解释历史,是否能够作为一种"社会形态"来涵盖中国历史某一阶段的社会总体特征? 张金光认为,在官社消亡之后,官社虽不存,而官民对立的社会结构格局却终未变。官民对立在中国历史上长期存在。社会主要矛盾既然长期存在,那么社会结构、社会性质有何质的变化? 还是长期停滞?

不管是刘泽华"王权支配社会"说,还是张金光"官社经济体制"说,都可以清楚地看到土地制度史研究在构建新的历史体系的过程中的基础性作用。刘泽华根据睡虎地秦简考证出战国时期各国普遍实行"授田制"这一事实,提出"权力地产化",从而为"王权主义"理论的建构提供了史实支持。同样,张金光认为,"研究土地国有制问题，不能简单地把它当作国家对地皮的单纯占有，而必须把它当作社会生产关系体系来进行综合分析，换言之，应首先把它看作是以土地国有权为基础的统治剥削关系。因之，不仅要确定它的法权形式，而且应确定其经济内容"，"国家掌握全国土地所有权，并且运用土地，通过各种不同形式的田宅授赐制度，使作为主要生产资料的土地与直接生产者结合起来"，[1]以索取直接生产者的土地产品。从而得出结论，在"普遍的真正的土地国有制"基础上，产生了"政社合一"的"官社经济体制"。他们撇开土地所有制形式的国有与私有的纠缠，大胆提出新说。不论他们所构建的新的历史体系的合理性与解释力如何，可以肯定地说，土地制度史是解开中国古代社会奥秘的一把钥匙。

虽然，两者都声称"五种社会形态"不符合中国历史实际，要尊重史实，旧理论模式不能直接用来架构中国历史体系。然而，否定之中蕴含着肯定的因素，两者不约而同地提出"王权支配社会""权力至上、国家权力塑造一切"，将经济基础决定上层建筑的经典理论倒置过来，却依然没有摆脱"经济基础—上层建筑"互动关系的二元框架，"经济基础↔上层建筑"共同构成了"王权支配社会"说与"官社经济体制"说的理论模式。

---

[1]　张金光：《试论秦自商鞅变法后的土地制度》，《中国史研究》1983 年第 2 期。

第七章　结　语

　　总体看来,20 世纪的中国土地制度史研究经历了三个阶段的发展变化。第一个阶段是中国土地制度史研究的发端期(1920 年代),代表性事件是"井田制有无"的论争。其中产生较大影响的是胡适的"井田论"。胡适以近代实证史学的方法,考辨井田制的相关文献,认为古代文献中关于井田制的论述随着时间的推移而愈来愈精密、完备,井田制是孟子为了托古改制而虚构的乌托邦。在胡适的影响下,1920 年代否定井田制的观点占了上风。"井田制有无"论争是近代史学方法论在实证研究中的初步实践。社会科学的理论和方法开始引入史学研究中。

　　第二个阶段是土地制度史研究的发展转向阶段(1930、1940 年代)。在 1930 年代的社会史论战中,井田制仍是讨论的热点,井田制的存在受到论战参加者的普遍肯定。这一阶段的土地制度史研究与前一阶段相比,呈现出一个明显的特点,即马克思主义社会发展理论被引入土地制度史研究。关于井田制的探讨更多地与亚细亚生产方式土地公有的特征及古代社会性质的认定联系在一起。

整个学术氛围开始向唯物史观和辩证法转向。土地制度史研究成为新兴的社会经济史研究的重要内容之一。

第三个阶段是土地制度史研究的深入开展阶段（1949 年之后），又可分为前后两个时期。前一时期是 1950、1960 年代，主要围绕封建土地所有制形式问题展开，土地所有制形式被作为中国历史的重大问题之一提出并展开研究，成为所谓"五朵金花"中的一朵，其目的是为了最终解决中国古史分期，中国封建社会结构和性质的认定，以及封建国家、地主和农民的关系等问题。后一时期是 1970 年代末至今，为繁荣发展时期，研究取得了丰硕成果。与封建社会结构和性质相关的讨论日渐消沉，研究者日益转向具体、微观的制度史研究。

战国秦汉时期在中国历史上的特殊地位，使得这一时期的土地制度史研究成为 20 世纪中国土地制度史研究的重中之重。20 世纪以来的战国秦汉土地制度史研究，以 1949 年为界，可以划分为前、后两大阶段。

1949 年之前，这一研究还处于起步阶段，整体来看，研究还比较粗浅，研究的深度亦有限，不论是理论方法或是具体结论都存在很多问题。

1949 年之后，战国秦汉土地制度史研究进入了一个新的阶段，无论是从研究的广度还是深度，都远远超越了前一阶段。这一阶段也可以分为两个时期。一是从 1949 年到 1970 年代末。这一时期秦汉土地制度史研究主要是围绕土地所有制的形式展开，进而从土地制度来判定秦汉社会的性质。其中,封建地主土地私有制是占支配地位的所有制形式的观点,在相当长的一段时期内被多数研究者所接受。二是1970年代末以来"改革开放"的新时期,战国秦汉土地制度史研究呈现出崭新的面貌。历史工作者纠正了"左倾"思潮的影响,史学观念发生了重要变化。借助大量新出土的简牍材料,许多问题得到了深化、细化。1970年代末以来,随着新材料的不断问世,出现了两次战国秦汉土地制度研究的热潮。第一次是1970年代末至1990年代。睡虎地秦简、青川秦牍、银雀山汉简等一批战国至秦统一时期的简牍材料陆续公布,改变了既往学界对这一时期土地制度的认识。在新出简牍材料的启发和支撑下,研究者普遍承认战国时期存在着国家授田制度,即由国家授予农民一定数量土地的制度。但是,关于授田制的性质、实施情况以及在当时土地所有制形式中所占的比重,学界认识有较大差距。大体上可分为两种观点:一种观点认为,授田制是战国时期各国普遍实行的基本的土地制度,从性质上说,是土地国有制;一种观点认为,战国时期的授田制是与土地私有制并存的土地制度,而非唯一的基本的制度。第二次是2001年底张家山汉简释文公布后至今。张家山汉简中的律令简,提供了前所未见的土地制度新材料。但对于新材料的解读和认识,学界也存在不同意见。大体上可分为授田制说和名田制说两种主要观点,而秦汉名田(宅)制说得到了更多研究者的认同。这些学者认为名田制是秦商鞅变法后到西汉初年的基本土地制度。名田制的基本内容是以爵位划分占有田宅的标准,以户为单位名有田宅,田宅主要通过国家授予、继承、买卖等手段获得。在名义上,国家拥有名田制下土地的最高所有权。

20世纪中国历史学发生过两次根本性的变革,一是从传统史学向近代史学转型,二是从近代史学转向马克思主义史学。从20世纪土地制度史研究的发展历程来看,土地制度史研究与中国史学的两次转型均存在着直接而密切的关联。在"井田制有无"的论争中,胡适对井田制的质疑从方法论上开启了其后轰轰烈烈的"古史辨"运动。在梁启超、胡适、顾颉刚等人的倡导和影响下,中国史学完成了从传统向近代的转型。到了1930年代,史学的内外环境都产生了变化。中国社会的性质是什么?未来的出路何在?这是当时人们心中急切关注的问题。现实逼迫着历史学对这些问题做出解答,从历史进程阐明中国社会的发展规律,指明中国社会将来的方向。一部分学者开始应用马克思主义唯物史观来划分中国历史的发展阶段,其特点之一即注重社会经济史研究,而土地制度史是其中的重要内容。这时的土地制度史研究主要与中国古代社会发展阶段及性质问题联系起来,是判明中国古代社会形态的重要论点。

新中国成立后,马克思主义史学在中国史坛占主导性地位,土地制度史也因此成为史学界热烈讨论的问题。中国自古就是农业社会,土地制度是农业社会基本的经济制度。按照"唯物史观"生产力决定生产关系、经济基础决定上层建筑的基本原理,中国历史上的土地制度被视为理解中国古代社会的经济基础及其全部上层建筑的一把钥匙,其他问题如古史分期、社会性质、社会结构的最终解决都得依赖于这一问题的解决。这是土地制度史研究成为备受瞩目的史学问题的主要背景。

伴随着 20 世纪中国史学的两次转型,土地制度史研究逐渐走向深入。1970 年代末开始的"改革开放",使土地制度史研究步入了新的繁荣发展时期。这一时期,在学术研究逐步正常化的氛围下,史学研究与社会现实要求之间维持着适当的间距。土地制度史研究取得了丰硕的成果,但这种进展本身主要是学理上的,表现在澄清了许多土地制度史的概念内涵和制度内容。这种进展是史学研究正常发展和累积的结果,其主要影响也限于史学内部。

从学术创新的角度来说,推动学术成长主要有两个方面的因素,即理论方法的创新和新材料的出现。今后战国秦汉土地制度史研究若要取得进展,仍然离不开这两个方面的突破。

从理论方法的创新看,近年来有若干研究开始引入制度经济学理论来解释先秦到战国秦汉土地产权制度的变迁。[1] 这种尝试代表了土地制度史研究中进行理论创新的努力。但是,这类研究也存在一定问题。首先是理论的适用性。源于西方近代经济制度变迁

---

[1] 冯涛、兰虹:《商周秦汉时期农地排它性公有产权向私有产权的演进》,《经济学(季刊)》2002 年第 3 期;张中秋、阮晏子:《井田制的衰亡——新制度经济学派视角下的春秋战国土地产权制度变迁》,《法商研究》2003 年第 5 期;黄涛、何炼成:《井田制研究——对先秦土地制度变迁的经济学解释》,《河南师范大学学报(哲学社会科学版)》2006 年第 5 期;陈新岗:《周秦间土地制度变迁的动力机制和主要过程——一个基于利益集团理论视角的分析》,《齐鲁学刊》2009 年第 5 期。

经验的理论是否适用于中国史实,对周秦土地制度变迁具有多大程度的解释力……这需要我们在应用这类理论时,先对研究的理论预设做一番批判性的工作。另外,这类研究的史实基础比较薄弱,对史学界土地制度史研究前沿动态的把握有一定的疏隔,这自然影响到研究结果的可靠性和说服力。由此可见,仅仅依靠理论创新,对土地制度史研究的推动作用是有限度的。

近三十余年来战国秦汉土地制度史研究的发展,更多地是受到不断发现的简牍资料的推动。这种推动力在前文所述战国授田制说和秦汉名田制说的提出、形成过程中体现得尤为突出。然而,新材料的发现可遇而不可求。我们即便"上穷碧落下黄泉",踏破铁鞋也不一定有处可寻。等待新材料的出现,不仅具有偶然性,而且也许会遥遥无期。寄望新材料的出现彻底解决战国秦汉土地制度史的实态问题,进而推动对其性质的认识,短期内来看并不现实,但我们的史学工作却不能因此而停止。

目前,我们所要做的就是在现有的基础上继续深化这一研究。关于战国秦汉时期的土地制度实态和所有制性质,至今学界还存在很大争议。各家之说对于自己的理论依据和制度内容、原理都需要做进一步的完善和充实,需要就不同说法提出的诘难做出正面回应、解答,阐明战国秦汉时期土地制度的运行实态和内在机制。在此基础上,对中国古代土地制度史的发展脉络做出系统性阐释。这就要求我们不能把自身的研究仅仅局限在战国秦汉这一历史时段,而要与先秦、魏晋、隋唐的土地制度加以比较,进行长时段研究和动态把握。也只有这样,我们才可能准确认识和把握战国秦汉时期土地制度在中国古代土地制度演变中的地位、作用和意义。

　　正如前文所说,土地制度史是探究中国历史独特发展道路的一把关键性钥匙。土地制度史研究的意义,不仅仅局限于土地制度本身,而是认识中国古代社会结构和性质的基础。同理,中国土地制度史的充分开掘和研究,也不能仅仅局限于土地制度本身,而必须重建制度所植根其中的社会经济结构,并探析社会、制度的变迁。只有通过系统综合的探讨,才能够阐明中国古代土地制度的演变规律,加深对中国古代社会独特发展道路的认识。

参考文献

一、论文

［1］安作璋:《西汉经济制度和政治制度——关于西汉社会性质问题的讨论》,《山东师范大学学报》1959 年第 05 期。

［2］鲍晓娜:《略论汉唐间户等与田产的关系——兼与唐耕耦、杨际平商榷》,《东岳论丛》1987 年第 04 期。

［3］卞直甫、冯庆余:《"井田制"与"开阡陌"》,《四平师院学报》1982 年第 02 期。

［4］蔡纯枝:《论曹魏的屯田政策》,《历史教学》1954 年第 12 期。

［5］曹金华:《刘秀"度田"史实考论》,《史学月刊》2001 年第 03 期。

［6］曹金华:《试论刘秀"度田"》,《扬州大学学报(人文社会科学版)》1986 年第 04 期。

［7］晁福林:《战国时期的土地私有化及其社会影响》,《江海学刊》1996 年第 04 期。

[8]晁福林:《战国授田制简论》,《中国历史文物》1999 年第 01 期。

[9]陈昌远:《商鞅"开阡陌"辨》,《农业考古》1986 年第 01 期。

[10]陈长琦:《秦汉魏晋南朝时期地主封建制的发展》,《史学月刊》1990 年第 05 期。

[11]陈锋:《中国古代的土地制度与田赋征收》,《清华大学学报(哲学社会科学版)》2007 年第 04 期。

[12]陈公柔、徐苹芳:《大湾出土的西汉田卒簿籍》,《考古》1963 年第 03 期。

[13]陈金凤:《略论汉武帝时期的土地问题及其解决方法》,《农业考古》2004 年第 01 期。

[14]陈连庆:《东汉的屯田制》,《东北师大学报(哲学社会科学版)》1957 年第 03 期。

[15]陈连庆:《汉代的国有土地及其经营》,《文史集林》第 3 辑,三秦出版社,1987 年。

[16]陈连庆:《孙吴的屯田制》,《社会科学辑刊》1982 年第 06 期。

[17]陈明光:《析汉代的"假税"与"八月算民"》,《中国社会经济史研究》1992 年第 02 期。

[18]陈润田:《我国古代授田制探析》,《中国农史》1994 年第 01 期。

[19]陈斯鹏:《"爰田"非即"援田"》,《学术研究》1998 年第

08 期。

[20]陈新岗:《周秦间土地制度变迁的动力机制和主要过程——一个基于利益集团理论视角的分析》,《齐鲁学刊》2009 年第 05 期。

[21]陈逸光:《〈管子〉与齐国土地制度的演变》,《管子学刊》1990 年第 01 期。

[22]陈友益:《商鞅改革秦国土地制之我见》,《湖州师范学院学报》1988 年第 02 期。

[23]陈直:《从秦汉史料中看屯田制度》,《历史研究》1955 年第 06 期。

[24]程念祺:《试论中国古代土地制度的公有、私有与国有问题》,《史林》1997 年第 03 期。

[25]程涛平:《春秋时楚国贵族对土地的占有及所受的限制》,《中国社会经济史研究》1984 年第 02 期。

[26]程应镠:《农业劳动力与三国两晋南北朝田制的变化关系》,《河北学刊》1987 年第 01 期。

[27]程有为:《论王莽改制中的"私属"身份》,《中州学刊》1983 年第 03 期。

[28]程有为:《试论王莽的王田私属制》,《史学月刊》1985 年第 02 期。

[29]丁光勋:《建国四十年来秦汉土地制度研究述评》,《高等学校文科学报文摘》1991 年第 05 期。

［30］丁光勋：《建国四十年秦汉赋税制度研究述评》，《上海师范大学学报（哲学社会科学版）》1991 年第 01 期。

［31］丁光勋：《青川郝家坪秦墓木牍研究之我见》，《历史教学问题》1986 年第 02 期。

［32］丁序：《汉代的"分田劫假"和"假税"》，《中学历史教学》1985 年第 02 期。

［33］董咸明：《试论中国封建土地制度的特点——对中国封建土地制度讨论的思考之一》，《云南民族大学学报（哲学社会科学版）》1987 年第 02 期。

［34］窦连荣：《西汉的土地兼并与限田政策》，《宁夏大学学报》1984 年第 03 期。

［35］杜绍顺：《从农作制的发展看中国古代小土地所有制的形成》，《华南师范大学学报（社会科学版）》1988 年第 04 期。

［36］杜绍顺：《关于秦代土地所有制的几个问题》，《华南师范大学学报（社会科学版）》1984 年第 03 期。

［37］杜绍顺：《汉代封君"衣食租税"辨》，《华南师范大学学报（社会科学版）》1989 年第 03 期。

［38］范志军：《西汉商品经济的发展与封建土地私有化进程》，《许昌师专学报》2002 年第 03 期。

［39］方诗铭：《从徐胜买地券论汉代"地券"的鉴别》，《文物》1973 年第 05 期。

［40］方诗铭：《再论"地券"的鉴别——答李寿冈先生》，《文

物》1979 年第 08 期。

[41]峰:《汉代的"分田劫假"是怎么回事》,《历史教学》1958年第 07 期。

[42]冯辉:《汉代封国食邑制度的性质》,《求是学刊》1983 年第 06 期。

[43]冯庆余:《井田制与商鞅的开阡陌》,《青海师范大学学报(哲学社会科学版)》1990 年第 02 期。

[44]冯涛、兰虹:《商周秦汉时期农地排它性公有产权向私有产权的演进》,《经济学(季刊)》2002 年第 03 期。

[45]高敏:《"度田"斗争与光武中兴》,《南都学坛》1996 年第01 期。

[46]高敏:《〈吏民田家莂〉中所见"馀力田"、"常限"田等名称的涵义试析——读长沙走马楼简牍札记之三》,《郑州大学学报(哲学社会科学版)》2000 年第 05 期。

[47]高敏:《长沙走马楼三国吴简中所见孙吴的屯田制度》,氏著:《中国史研究》2007 年第 02 期。

[48]高敏:《从云梦秦简看秦的土地制度》,《云梦秦简初探》,河南人民出版社,1979 年。

[49]高敏:《从张家山汉简〈二年律令〉看西汉前期的土地制度——读〈张家山汉墓竹简〉札记之三》,《中国经济史研究》2003年第 03 期。

[50]高敏:《东吴屯田制略论》,《中州学刊》1982 年第 06 期。

［51］高敏:《关于曹魏屯田制的几个问题》,《史学月刊》1981年第01期。

［52］高敏:《论曹魏屯田制的历史渊源》,《东岳论丛》1980年第02期。

［53］高敏:《论汉代"假民公田"制的两种类型》,《求索》1985年第01期。

［54］高敏:《一部自成体系的独具匠心之作——评林甘泉、童超所著〈中国封建土地制度史〉第一卷》,《史学史研究》1992年第01期。

［55］高敏:《再论关于曹魏屯田制的几个问题》,《史学月刊》1991年第04期。

［56］高尚志:《秦简律文中的"受田"》,《秦汉史论丛》第3辑,陕西人民出版社,1986年。

［57］高思栋:《齐国土地制度浅议》,《管子学刊》1998年第02期。

［58］古澎:《我国学者对中国封建土地所有制形式的看法》,《中国史研究动态》1986年第06期。

［59］谷霁光:《春秋时代"鲁用田赋"即"鲁用甸赋"说质疑——兼论当时赋役制度中丁、户、地、资的源流变化》,《南昌大学学报(人文社会科学版)》1987年第04期。

［60］谷霁光:《三国屯田制度的特点及其作用》,江西省社科联内部资料《百家集锦》1961年第04期。

［61］郭开农:《也谈"假税"在汉代财政收入中的比重》,《江西师范大学学报》1987 年第 01 期。

［62］郭人民:《"名田"解》,《光明日报》1982 年 11 月 24 日。

［63］郭豫才:《论春秋时期的社会结构——兼论我国封建制生产关系的形成过程》,《河南大学学报（社会科学版）》1985 年第 04 期。

［64］郭豫才:《论战国时期的封建土地国有制——再论我国封建制生产关系的形成过程》,《史学月刊》1987 年第 01 期。

［65］郭豫才:《南朝封建土地所有制研究》,《河南大学学报（社会科学版）》1981 年第 02 期。

［66］韩国磐:《井田制的否定及其再肯定》,《福建论坛（人文社会科学版）》1999 年第 03 期。

［67］韩连琪:《春秋战国时代土地所有制的变化和农村公社的解体》,王仲荦主编:《历史论丛》第 2 辑,齐鲁书社,1981 年。

［68］韩连琪:《东汉大土地所有制的发展和庄园制的兴起》,《山东大学文科论文集刊》1979 年第 01 期。

［69］韩连琪:《汉代的户籍和上计制度》,《文史哲》1978 年第 03 期。

［70］韩连琪:《汉代的田租口赋和繇役》,《文史哲》1956 年第 07 期。

［71］韩连琪:《西汉的土地制度和阶级关系》,《山东大学文科论文集刊》1980 年第 02 期。

[72]韩连琪:《周代的军赋及其演变》,《文史哲》1980 年第 03 期。

[73]韩连琪:《先秦的土地佔有制及其剥削形态》,《山东大学学报》1957 年第 02 期。

[74]韩连琪:《论两汉封国食邑制下的土地所有制和剥削形态》,《山东大学学报》1963 年第 01 期。

[75]韩养民:《西汉的"分田劫假"与土地兼并》,《西北大学学报》1981 年第 01 期。

[76]韩国磐:《试论春秋战国时土地制度的变化》,《厦门大学学报》1959 年第 02 期。

[77]郝建平:《战国授田制研究综述》,《阴山学刊》2003 年第 02 期。

[78]何兹全:《秦汉地主与魏晋南北朝地主的不同》,《北京师范大学学报(社会科学版)》1984 年第 02 期。

[79]贺昌群:《论西汉的土地占有形态》,《历史研究》1955 年第 02 期。

[80]侯家驹:《"开阡陌"辨》,《大陆杂志》1979 年第 59 卷第 2 期。

[81]侯绍庄:《从均田到均税——论我国封建社会前后期土地关系的变化》,《贵州民族学院学报(哲学社会科学版)》1989 年第 02 期。

[82]侯绍庄:《试论我国封建主义时期的自耕农与国家佃农的

区别》,《光明日报》1957 年 1 月 3 日。

［83］侯外庐:《封建主义生产关系的普遍原理与中国封建主义》,《新建设》1959 年第 04 期。

［84］侯外庐:《论中国封建制的形式及其法典化》,《历史研究》1956 年第 08 期。

［85］侯外庐:《中国封建社会土地所有制形式的问题》,《历史研究》1954 年第 01 期。

［86］胡澱咸:《四川青川秦墓为田律木牍考释——并略论我国古代田亩制度》,《安徽师范大学学报》1983 年第 03 期。

［87］胡如雷:《试论中国封建社会的土地所有制形式》,《光明日报》1956 年 9 月 13 日。

［88］黄今言:《汉代田税征课中若干问题的考察》,《中国史研究》1981 年第 02 期。

［89］黄景春:《王当买地券的文字考释及道教内涵解读》,《南阳师范学院学报》2003 年第 01 期。

［90］黄盛章:《青川秦牍〈田律〉争议问题总议》,《农业考古》1987 年第 02 期。

［91］黄盛璋:《青川新出秦田律木牍及其相关问题》,《文物》1982 年第 09 期。

［92］黄士斌:《河南偃师县发现汉代买田约束石券》,《文物》1982 年第 12 期。

［93］黄涛、何炼成:《井田制研究——对先秦土地制度变迁的

经济学解释》,《河南师范大学学报(哲学社会科学版)》2006 年第 05 期。

[94]吉书时:《秦末农民大起义为什么没有提出土地要求?》,《北京师范大学学报》1977 年第 06 期。

[95]贾丽英:《汉代"名田宅制"与"田宅逾制"论说》,《史学月刊》2007 年第 01 期。

[96]江淳:《从赐田制度的变化看秦汉间土地制度的演变》,《广西师范学院学报(哲学社会科学版)》1987 年第 02 期。

[97]江泉:《试论汉代的土地所有制形式》,《文史哲》1957 年第 09 期。

[98]姜玉梅:《略述青川郝家坪木牍之研究》,《江西省语言学会 2007 年年会论文集》。

[99]姜镇庆:《简介战后日本对先秦到秦汉时期土地制度史的研究》,《中国史研究动态》1984 年第 04 期。

[100]康德文:《关于"假田"的几个问题》,《陕西师范大学学报(哲学社会科学版)》1998 年第 02 期。

[101]孔祥军:《秦简牍所载农田形制与管理研究》,《南京农业大学学报(社会科学版)》2009 年第 01 期。

[102]冷鹏飞:《汉代名田蓄奴婢制度考论》,《湖南师范大学社会科学学报》1995 年第 03 期。

[103]李大生:《"使黔首自实田"辨析》,《史学集刊》1981 年复刊号。

[104]李福泉:《秦代实行过"使黔首自实田"的土地政策吗》,《天津社会科学》1986 年第 02 期。

[105]李根蟠:《"周人百亩而彻"解》,《中国社会经济史研究》1999 年第 04 期。

[106]李根蟠:《从〈齐语〉和〈小匡〉看周代的士农关系——"西周士为自由农民"说质疑》,《中国经济史研究》1999 年第 04 期。

[107]李根蟠:《读〈中国封建土地制度史〉第一卷》,《中国经济史研究》1992 年第 02 期。

[108]李根蟠:《对战国秦汉小农耕织结合程度的估计》,《中国社会经济史研究》1996 年第 04 期。

[109]李根蟠:《井田制及相关诸问题》,《中国经济史研究》1989 年第 02 期。

[110]李根蟠:《中国"封建"概念的演变和"封建地主制"理论的形成》,《历史研究》2004 年第 03 期。

[111]李根蟠:《中国古代耕作制度的若干问题》,《古今农业》1989 年第 01 期。

[112]李恒全、李天石:《铁农具和牛耕导致春秋战国土地制度变革说质疑》,《中国社会经济史研究》2005 年第 04 期。

[113]李恒全、李天石:《重新认识生产力在春秋战国土地制度变革中的作用》,《烟台大学学报(哲学社会科学版)》2006 年第 02 期。

[114]李恒全:《从家族公社私有制到个体家庭私有制的嬗

变——先秦秦汉土地所有制变化的轨迹》,《学海》2005 年第 04 期。

[115]李恒全:《汉初限田制和田税征收方式——对张家山汉简再研究》,《中国经济史研究》2007 年第 01 期。

[116]李恒全:《汉代限田制说》,《史学月刊》2007 年第 09 期。

[117]李恒全:《论先秦秦汉土地所有制变革的动力问题》,《江海学刊》2005 年第 04 期。

[118]李衡梅:《"相地而衰征"考辨》,《管子学刊》1989 年第 02 期。

[119]李解民:《"开阡陌"辨正》,《文史》第 11 辑,中华书局,1981 年。

[120]李玲崧:《秦汉时期的土地买卖对社会扩大再生产物质基础的影响》,《中山大学学报论丛》1999 年第 02 期。

[121]李零:《论秦阡陌制度的复原及其形成线索》,《中华文史论丛》1987 年第 01 期。

[122]李孟存、常金仓:《对〈晋作爰田考略〉的异议》,《晋阳学刊》1982 年第 05 期。

[123]李民立:《晋"作爰田"析——兼及秦"制辕田"》,《复旦学报(社会科学版)》1986 年第 01 期。

[124]李民立:《评段玉裁释"田"》,《复旦学报(社会科学版)》1987 年第 02 期。

[125]李民立:《中国封建社会自耕农的土地所有权问题》,《史学月刊》1987 年第 05 期。

［126］李庆东:《建国以来井田制研究述评》,《史学集刊》1989年第01期。

［127］李瑞兰:《战国时代国家授田制的由来、特征及作用》,《天津师范大学学报(社会科学版)》1985年第03期。

［128］李埏:《论我国的"封建的土地国有制"》,《历史研究》1956年第08期。

［129］李寿冈:《也谈"地券"的鉴别》,《文物》1978年第07期。

［130］李文:《先秦时期的生产力和土地制度》,《中国社会科学院研究生院学报》1984年第06期。

［131］李修松:《"初税亩"辨析》,《安徽大学学报(哲学社会科学版)》1989年第04期。

［132］李修松:《春秋战国时期亩积的扩大——兼谈田的形制的变化》,《中国农史》1987年第01期。

［133］李修松:《简析周代的亩与田》,《农业考古》1987年第01期。

［134］李修松:《井田制属周代军赋征收制度》,《历史教学》1987年第08期。

［135］李学勤:《包山楚简中的土地买卖》,《中国文物报》1992年3月22日。

［136］李学勤:《青川郝家坪木牍研究》,《文物》1982年第10期。

［137］李元:《秦土地改革运动论》,《求是学刊》1998年第

04 期。

[138]李则鸣:《耤田还原》,《求索》1987 年第 03 期。

[139]李则鸣:《孟轲井田说及其相关诸问题探源》,《武汉大学学报(哲学社会科学版)》1987 年第 05 期。

[140]李则鸣:《耦耕新探》,《岳阳师专学报》1985 年第 04 期。

[141]李昭和、莫洪贵、于采芑:《青川县出土秦更修田律木牍——四川青川县战国墓发掘简报》,《文物》1982 年第 01 期。

[142]李昭和:《青川出土木牍文字简考》,《文物》1982 年第 01 期。

[143]李振宏:《两汉地价补论》,《史学月刊》1990 年第 03 期。

[144]李振宏:《两汉地价初探》,《中国史研究》1981 年第 02 期。

[145]李正图:《论汉代土地所有制的结构和运动》,《安徽史学》2006 年第 06 期。

[146]李祖德:《西汉的屯田》,《复旦学报》1964 年第 01 期。

[147]林甘泉:《汉代的土地继承与土地买卖》,《中国历史博物馆馆刊》1989 年第 13—14 期。

[148]林甘泉:《中国封建土地所有制的形成》,《历史研究》1963 年第 01 期。

[149]林甘泉:《中国古代土地私有化的具体途径》,《文物考古论集》,文物出版社,1986 年。

[150]林剑鸣:《井田和爰田》,《人文杂志》1979 年第 01 期。

［151］林剑鸣:《青川秦墓木牍内容探讨》,《考古与文物》1982年第 06 期。

［152］林木:《汉代地主收租图与地租剥削》,《中原文物》1986年第 04 期。

［153］刘奉光:《秦墓〈为田律〉文学译解》,《新疆大学学报(社会科学版)》2002 年第 02 期。

［154］刘光华:《对"西汉初期的土地问题"的两点意见》,《史学月刊》1957 年第 02 期。

［155］刘汉:《漫淡秦的土地所有制》,《重庆三峡学院学报》1999 年第 03 期。

［156］刘汉东:《汉代西北屯田及其土地形态演化探论》,《郑州大学学报(哲学社会科学版)》1989 年第 05 期。

［157］刘华祝:《关于两汉的地租与地税》,《北京大学学报(哲学社会科学版)》1981 年第 04 期。

［158］刘华祝:《汉代的"假民公田"》,《电大语文》1982 年第 09 期。

［159］刘家贵:《战国时期土地国有制的瓦解与土地私有制的发展》,《中国经济史研究》1988 年第 04 期。

［160］刘信芳、梁柱:《云梦龙岗秦简综述》,《江汉考古》1990年第 03 期。

［161］刘旭东:《从汉代私有土地来源考察其土地私有制特点》,《涪陵师范学院学报》2003 年第 02 期。

[162]刘玉堂:《楚国井田制度管窥》,《湖北大学学报(哲学社会科学版)》1995 年第 02 期。

[163]刘玉堂:《楚国土地制度综议》,《湖北大学学报(哲学社会科学版)》1996 年第 03 期。

[164]刘泽华:《论战国"授田"制下的公民》,《南开大学学报》1978 年第 02 期。

[165]柳春藩、赵国斌:《评中国封建社会不存在土地私有制的观点——对侯外庐〈关于封建主义生产关系的一些普遍原理〉一文的意见》,《吉林大学学报》1960 年第 04 期。

[166]柳春藩:《东汉的封国食邑制度》,《史学集刊》1984 年第 01 期。

[167]柳春藩:《关于曹魏屯田的规模问题》,《史学集刊》1990 年第 02 期。

[168]柳春藩:《关于汉代食封制度的性质问题》,《历史教学》1964 年第 08 期。

[169]柳春藩:《论汉代"公田"的"假税"》,《中国史研究》1983 年第 02 期。

[170]柳春藩:《评贺昌群著〈汉唐间封建的国有土地制与均田制〉》,《吉林大学学报》1959 年第 01 期。

[171]柳春藩:《西汉的食邑制度》,《南充师范学院学报》1984 年第 02 期。

[172]柳春藩:《西汉土地制度的几个问题》,《史学集刊》1988

年第 01 期。

［173］柳春藩：《西汉徙民实边屯田说质疑》，《中国史研究》1988 年第 02 期。

［174］鲁波：《汉代徐胜买地铅券简介》，《文物》1972 年第 05 期。

［175］吕苏生：《"分田劫假"析》，《人文杂志》1981 年第 02 期。

［176］吕振羽：《中世纪和近代土地契约形式及土地所有权性质问题》，《史学集刊》1982 年第 02 期。

［177］吕志峰：《东汉买地券著录与研究概述》，《南都学坛》2003 年第 02 期。

［178］罗军：《论西汉屯田的历史背景及社会影响》，《青海社会科学》1992 年第 01 期。

［179］罗开玉：《青川秦牍〈为田律〉所规定的"为田"制》，《考古》1988 年第 08 期。

［180］罗庆康：《东汉后期限田论辨析》，《湘潭师范学院学报》1995 年第 01 期。

［181］罗庆康：《评刘邦的土地政策》，《零陵师专学报》1993 年第 01 期。

［182］罗庆康：《浅论汉代"假税"的阶级实质》，《益阳师专学报（哲科版）》1984 年第 04 期。

［183］罗庆康：《西汉限田政策的演变与发展》，《益阳师专学报（哲科版）》1985 年第 03 期。

［184］罗义俊：《汉代的名田、公田和假田——兼论商鞅的田制改革和秦名田》，平准学刊编委会编《平准学刊——中国社会经济史研究论集》第3辑下册，中国商业出版社，1986年。

［185］罗元贞：《论晋国的爰田与州兵》，《运城师专学报》1985年第01期。

［186］罗镇岳：《秦国授田制的几点辨析》，《求索》1985年第01期。

［187］马新：《论汉代土地占有形态及其矛盾运动》，《东岳论丛》2004年第02期。

［188］孟聚：《从"王田制"的演变过程看王莽的土地思想》，《商丘师范学院学报》1992年第03期。

［189］孟聚：《王田制是以限田为目的的原始均田制》，《许昌师专学报（哲学社会科学版）》1987年第04期。

［190］孟素卿：《谈谈东汉初年的度田骚动》，《秦汉史论丛》第3辑，陕西人民出版社，1986年。

［191］缪钺：《蜀汉的土地制度》，《成都日报》1964年8月22日。

［192］宁可：《关于〈汉侍廷里父老僤买田约束石券〉》，《文物》1982年第12期。

［193］潘策：《从睡虎地秦墓竹简看秦的土地制度》，《历史教学与研究》1982年第02期。

［194］逄振镐：《秦汉土地制度与农民起义的几个问题》，《东岳

论丛》1984 年第 02 期。

[195]逄振镐:《试论秦汉土地制度的基本特点》,《中国史研究》1986 年第 03 期。

[196]彭卫:《"仟伯"新诠》,《人文杂志》1984 年第 02 期。

[197]彭益林:《晋作辕田辨析》,《华中师范大学学报》1982 年第 01 期。

[198]戚其章:《汉代租佃制度是个别的例外吗? ——与金兆梓先生商榷》,《学术月刊》1957 年第 10 期。

[199]齐振翚:《试论战国封建土地所有制的主要形式》,《辽宁大学学报》1982 年第 04 期。

[200]钱宁峰:《中国古代国家土地所有权的变动方式》,《云南社会科学》2001 年第 03 期。

[201]秦晖:《古典租佃制初探——汉代与罗马租佃制度比较研究》,《中国经济史研究》1992 年第 04 期。

[202]邱汉生:《中国历史上的农村公社问题》,《历史教学》1958 年第 07 期。

[203]邱永明、谭毅:《汉代庄园经营方式新探》,《湘潭大学学报(社会科学版)》1991 年第 04 期。

[204]邱永明、杨誉平:《试论王莽改制中的王田》,《历史教学问题》1985 年第 06 期。

[205]秋农:《春秋战国时期农村公社土地公有制是怎样逐渐瓦解的?》,《历史教学》1960 年第 01 期。

[206]秋涛:《秦汉以前的公社、田制和赋税》,《历史教学问题》1957 年第 04 期。

[207]屈友贤:《"作爰田"注释新探》,《学术研究》1997 年第 08 期。

[208]任再衡:《"使黔首自实田"解》,《求是学刊》1975 年第 01 期。

[209]尚友萍:《论"初税亩"》,《河北大学学报(哲学社会科学版)》2000 年第 06 期。

[210]邵鸿:《略论战国时期的土地私有制》,《江西师范大学学报(哲学社会科学版)》1992 年第 02 期。

[211]沈长云:《从银雀山竹书〈守法〉、〈守令〉等十三篇论及战国时期的爰田制》,《中国社会经济史研究》1991 年第 02 期。

[212]沈振辉:《从少府制的形成看周秦间土地私有观的发展》,《复旦学报(社会科学版)》1998 年第 06 期。

[213]施伟青:《春秋时期国人的斗争与井田制的崩溃》,《厦门大学学报》1983 年第 04 期。

[214]施伟青:《关于运用秦简材料研究土地制度的若干问题》,《厦门大学学报(哲学社会科学版)》1992 年第 04 期。

[215]施伟青:《也论秦自商鞅变法后的土地制度——与张金光同志商榷》,《中国社会经济史研究》1986 年第 04 期。

[216]石卓义:《论西汉的"名田宅制"》,南京师范大学 2006 年硕士学位论文,2006 年。

［217］史介：《关于秦汉土地制度的几种看法》，《山东师范大学学报(人文社会科学版)》1985 年第 02 期。

［218］束世澂：《曹魏田制考实》，《学术月刊》1959 年第 09 期。

［219］束世澂：《曹魏屯田制》，《学术月刊》1959 年第 08 期。

［220］束世澂：《爵名释例——西周封建制探索之一》，《学术月刊》1961 年第 04 期。

［221］束世澂：《论汉以后公有土地分配制的存留——从汉到北魏土地制度演变的说明》，《历史教学问题》1957 年第 05 期。

［222］束世澂：《土地制度原理述略》，《学术月刊》1961 年第 06 期。

［223］斯维至：《古代土地所有制问题辨疑》，《陕西师大学报)》1982 年第 02 期。

［224］斯维至：《释宗族——关于父家长家庭公社及土地私有制的产生》，《思想战线》1978 年第 01 期。

［225］宋杰：《汉代私人徭役析论》，《中国经济史研究》2001 年第 02 期。

［226］宋敏：《试论秦的土地国有制》，《求是学刊》1980 年第 04 期。

［227］宋治民：《居延汉简中所见西汉屯田二、三事》，《四川大学学报(哲学社会科学版)》1981 年第 02 期。

［228］苏诚鑑：《"天下之民不乐为秦民"——试探秦始皇"更名民曰黔首"的历史渊源》，《安徽师大学报》1981 年第 03 期。

[229]苏诚鑑:《"名田宅"、"专地盗土"与"分田劫假"——战国秦汉三百六十年间土地制度的演变及其特点》,《中国经济史研究》1986 年第 03 期。

[230]孙达人:《秦末农民战争后的社会和汉初生产力的发展》,《陕西师范大学学报》1978 年第 02 期。

[231]唐明礼:《商鞅"开阡陌封疆"并不意味着土地所有制的改变》,《南都学坛》1983 年第 02 期。

[232]唐赞功:《云梦秦简所涉及土地所有制形式问题初探》,《云梦秦简研究》,中华书局,1981 年。

[233]陶磊:《试论春秋列国的土地所有制》,《徐州师范大学学报(哲学社会科学版)》1997 年第 03 期。

[234]田宜超、刘钊:《秦田律考释》,《考古》1983 年第 06 期。

[235]田泽滨:《汉代的"更赋"、"赀算"与"户赋"》,《东北师大学报(哲学社会科学版)》1984 年第 06 期。

[236]田泽滨:《汉唐间的土地买卖问题——兼论封建土地所有权》,《学术月刊》1980 年第 02 期。

[237]田泽滨:《试论商鞅的税制改革》,《东北师大学报(哲学社会科学版)》1983 年第 05 期。

[238]汪锡鹏:《从汉唐间限田思想的发展变化看王莽的王田制》,《齐鲁学刊》1988 年第 01 期。

[239]王爱清:《"私属"新探》,《史学月刊》2007 年第 02 期。

[240]王恩田:《〈管子·四时〉的"复亡人"与齐国的土地制

度》,《管子学刊》1995 年第 01 期。

[241]王恩田:《临沂竹书〈田法〉与爰田制》,《中国史研究》1989 年第 02 期。

[242]王贵钧:《释"爰田"——读史札记》,《宁夏大学学报(人文社会科学版)》1987 年第 02 期。

[243]王剑英:《汉代的屯田》,《历史教学》1956 年第 09 期。

[244]王明阁:《从卜辞中"田"的记载看殷代土地王权所有制》,《北方论丛》1981 年第 04 期。

[245]王明阁:《试论先秦土地制度的演变》,《北方论丛》1979 年第 01 期。

[246]王思治:《论汉代的"公田"及其性质》,《教学与研究》1961 年第 02 期。

[247]王煦华:《战国到西汉未曾实行"提封田"的田亩制度》,《历史研究》1986 年第 04 期。

[248]王彦辉:《"间田"非"王田"辨——兼评王莽王田》,《东北师大学报(哲学社会科学版)》1993 年第 03 期。

[249]王彦辉:《〈二年律令·户律〉与高祖五年诏书的关系》,《湖南大学学报(社会科学版)》2007 年第 01 期。

[250]王彦辉:《汉代的"分田劫假"与豪民兼并》,《东北师大学报(哲学社会科学版)》2000 年第 05 期。

[251]王彦辉:《论汉代的分户析产》,《中国史研究》2006 年第 04 期。

[252]王彦辉:《论张家山汉简中的军功名田宅制度》,《东北师大学报(哲学社会科学版)》2004 年第 04 期。

[253]王毓铨:《爰田(辕田)解》,《历史研究》1957 年第 04 期。

[254]王忠全:《汉初"大、小亩并行"辨》,《河南大学学报(社会科学版)》1984 年第 04 期。

[255]王忠全:《西汉亩产量管见》,《农业考古》1986 年第 01 期。

[256]王忠全:《也谈曹魏屯田史上的"分田之术"》,《农业考古》1987 年第 02 期。

[257]王仲荦:《春秋战国之际的村公社与休耕制度》,《文史哲》1954 年第 04 期。

[258]魏克威:《近十年先秦土地制度研究述评》,《中国史研究动态》1989 年第 04 期。

[259]魏天安、葛金芳:《中国古代土地制度的发展特点和趋势》,《中州学刊》1990 年第 04 期。

[260]魏天安:《"阡陌"与"顷畔"释义辨析》,《河南大学学报(社会科学版)》1989 年第 04 期。

[261]魏天安:《从模糊到明晰:中国古代土地产权制度之变迁》,《中国农史》2003 年第 4 期。

[262]魏天安:《再谈"阡陌与顷畔"——答袁林同志》,《河南大学学报(社会科学版)》1992 年第 04 期。

[263]闻人军:《中国古代里亩制度概述》,《杭州大学学报(哲

学社会科学版)》1989 年第 03 期。

[264]吴刚:《论东晋南朝的"土断"和"开山泽之禁"》,《史林》1991 年第 01 期。

[265]吴刚:《论中国封建社会初期的自耕农土地所有制》,《史林》1989 年第 02 期。

[266]吴刚:《中国封建土地所有制的形态及其关系》,《学术月刊》1987 年第 03 期。

[267]吴荣曾:《战国授田制研究》,《思想战线》1989 年第 03 期。

[268]吴天颖:《汉代买地券考》,《考古学报》1982 年第 01 期。

[269]吴玉章:《秦改变土地制度对中国社会经济发展的影响》,《历史文集》1963 年第 10 期。

[270]武建国:《汉代名田和授田析论》,《思想战线》1993 年第 04 期。

[271]武建国:《建国以来均田制研究综述》,《云南社会科学》1984 年第 02 期。

[272]武守志:《汉代河西屯田简论》,《甘肃社会科学》1981 年第 02 期。

[273]项观奇:《"作爰田"新解》,《中国社会科学院报》2009 年 2 月 10 日。

[274]萧立岩:《略论王莽及其改制》,《齐鲁学刊》1981 年第 06 期。

[275]谢桂华:《百年来的简帛发现与简帛学的发展》,《光明日报》2001年9月4日。

[276]谢忠樑:《关于两汉食封制度的几个问题》,《四川大学学报》1959年第03期。

[277]谢忠樑:《两汉的食封制度》,《文史哲》1958年第03期。

[278]熊铁基、王瑞明:《秦代的封建土地所有制》,《云梦秦简研究》,中华书局,1981年。

[279]徐喜辰:《"籍田"即"国"中"公田"说》,《东北师大学报(哲学社会科学版)》1964年第02期。

[280]徐喜辰:《"开阡陌"辨析》,《吉林大学学报(社会科学版)》1986年第02期。

[281]徐喜辰:《贡助彻论释》,《东北师大学报》1979年第01期。

[282]徐喜辰:《论国野、乡里与郡县的出现》,《社会科学战线》1987年第03期。

[283]徐喜辰:《论井田制度的崩坏——中国古代公社的解体》,《东北师大学报》1957年第03期。

[284]徐喜辰:《试论西周时期的"国""野"区别》,《东北师大学报》1978年第02期。

[285]徐扬杰:《汉代的农业生产水平问题浅探》,《史学月刊》1982年第03期。

[286]徐扬杰:《汉代雇佣劳动的几个问题》,《江汉论坛》1982

年第 01 期。

［287］徐扬杰:《战国两汉地主占田的最低限》,《中国社会经济史研究》1983 年第 02 期。

［288］徐志祥:《关于"王田"制的所有制形式和性质——答竺培升同志》,《齐鲁学刊》1984 年第 06 期。

［289］徐志祥:《秦汉时期土地所有制形式的再探讨》,《齐鲁学刊》1990 年第 06 期。

［290］徐中舒:《试论周代田制及其社会性质——并批判胡适井田辨观点和方法的错误》,《四川大学学报》1955 年第 02 期。

［291］宣兆琦:《试谈齐国的土地制度》,《管子学刊》1992 年第 01 期。

［292］闫桂梅:《近五十年来秦汉土地制度研究综述》,《中国史研究动态》2007 年第 07 期。

［293］严宾:《商鞅授田制研究》,《复旦学报(社会科学版)》1991 年第 05 期。

［294］严宾:《商鞅辕田制研究》,《河北学刊》1988 年第 06 期。

［295］杨际平:《从东海郡〈集簿〉看汉代的亩制、亩产与汉魏田租额》,《中国经济史研究》1998 年第 02 期。

［296］杨际平:《西汉屯田的几个问题》,《中国社会经济史研究》1991 年第 04 期。

［297］杨际平:《再谈汉代的亩制、亩产——与吴慧先生商榷》,《中国社会经济史研究》2000 年第 02 期。

［298］杨静婉：《关于汉代"假民公田"与"赋民公田"的几个问题——与高敏先生商榷》,《湘潭大学学报(社会科学版)》1987 年第 02 期。

［299］杨静婉：《汉代"田宅逾制"初探》,《湘潭大学学报(哲学社会科学版)》1988 年第 04 期。

［300］杨军：《西汉土地制度与爵位制度关系之研究》,陕西师范大学硕士学位论文,2006 年。

［301］杨宽：《释青川秦牍的田亩制度》,《文物》1982 年第 07 期。

［302］杨宽：《云梦秦简所反映的土地制度和农业政策》,《上海博物馆集刊》1983 年第 02 期。

［303］杨善群：《"爰田"是什么样的土地制度? ——兼论银雀山竹书〈田法〉》,《学习与探索》2009 年第 01 期。

［304］杨善群：《"爰田"释义辨正》,《人文杂志》1983 年第 05 期。

［305］杨善群：《商鞅"允许土地买卖"说质疑》,《陕西师范大学学报(哲学社会科学版)》1983 年第 01 期。

［306］杨生民：《汉代地主在农业上使用佃农与奴婢经济效益的比较》,《首都师范大学学报(社会科学版)》1992 年第 05 期。

［307］杨生民：《汉代土地所有制两重性诸问题试探》,《中国史研究》1990 年第 04 期。

［308］杨生民：《侯外庐先生在封建土地所有制形式研究中的

卓越贡献》,《晋阳学刊》1994 年第 01 期。

[309]杨师群:《春秋土地私有制问题的商榷》,《学术月刊》1993 年第 03 期。

[310]杨师群:《从云梦秦简看秦的国有制经济》,《史学月刊》1995 年第 04 期。

[311]杨寿川:《西汉屯田制度及其对后世的影响》,《思想战线》1989 年第 03 期。

[312]杨兆荣:《"爰(趄、辕)田"新解》,《思想战线》2001 年第 02 期。

[313]杨振红:《秦汉"名田宅制"说——从张家山汉简看战国秦汉的土地制度》,《中国史研究》2003 年第 03 期。

[314]杨作龙:《晋"作爰田"辨析》,《农业考古》1995 年第 01 期。

[315]杨作龙:《秦商鞅变法后田制问题商榷》,《中国史研究》1989 年第 01 期。

[316]杨向奎:《试论先秦时代齐国的经济制度(上)》,《文史哲》1954 年第 11 期。

[317]杨向奎:《试论先秦时代齐国的经济制度(下)》,《文史哲》1954 年第 12 期。

[318]姚澄宇:《论秦汉土地所有制形式》,《南京师大学报(社会科学版)》1980 年第 04 期。

[319]叶茂:《"作爰田"辨》,《中国经济史研究》1992 年第

01 期。

[320]叶茂强:《土地兼并是秦末农民起义的根本原因》,《江西师范大学学报(哲学社会科学版)》1978 年第 03 期。

[321]殷崇浩:《春秋战国时楚国土地制的变革》,《江汉论坛》1985 年第 04 期。

[322]殷崇浩:《汉代名田制与限名田管见》,《江汉论坛》1987 年第 07 期。

[323]尹湘豪:《西汉初期的土地问题》,《史学月刊》1955 年第 08 期。

[324]尹协理:《秦汉的名田、假田与土地所有制》,《历史教学》1989 年第 10 期。

[325]于豪亮:《释青川秦墓木牍》,《文物》1982 年第 01 期。

[326]于琨奇:《井田制、爰田制新探》,《安徽师范大学学报(人文社会科学版)》1986 年第 03 期。

[327]于琨奇:《论春秋战国时期土地所有制关系的变化》,《北京师范大学学报(人文社会科学版)》2001 年第 05 期。

[328]于琨奇:《秦汉小农与小农经济》,北京师范大学博士学位论文,1988 年。

[329]于振波:《从张家山汉简看汉名田制与唐均田制之异同》,《湖南城市学院学报》2005 年第 01 期。

[330]于振波:《简牍所见秦名田制蠡测》,《湖南大学学报(社会科学版)》2004 年第 02 期。

［331］于振波:《张家山汉简中的名田制及其在汉代的实施情况》,《中国史研究》2004 年第 01 期。

［332］余行迈:《驳"四人帮"关于秦代"黔首"和农民税役负担问题的谬论》,《苏州大学学报》1977 年第 02 期。

［333］余也非:《战国秦汉的地租制度(续)》,《重庆师范大学学报(哲学社会科学版)》1988 年第 04 期。

［334］余也非:《战国秦汉的地租制度》,《重庆师范大学学报(哲学社会科学版)》1988 年第 03 期。

［335］俞敏声:《春秋战国时期土地制度的演变》,《社会科学战线》1987 年第 02 期。

［336］袁林:《"使黔首自实田"新解》,《天津师范大学学报(社会科学版)》1987 年第 05 期。

［337］袁林:《"爰田(辕田)"新解》,《中国农史》1998 年第 03 期。

［338］袁林:《〈管子〉所反映的土地制度》,《管子学刊》1989 年第 04 期。

［339］袁林:《从战国授田制看所谓"井田制"》,《历史教学》1987 年第 08 期。

［340］袁林:《秦〈为田律〉农田规划制度再释》,《历史研究》1992 年第 04 期。

［341］袁林:《析"更名民曰黔首"》,《兰州大学学报(社会科学版)》1992 年第 02 期。

[342]袁林:《析"阡陌封埒"——同魏天安同志讨论》,《河南大学学报(社会科学版)》1992 年第 04 期。

[343]袁林:《析"田"》,《贵州大学学报(社会科学版)》1993 年第 04 期。

[344]袁林:《战国授田制试论》,《甘肃社会科学》1983 年第 06 期。

[345]袁祖亮、高凯:《略论先秦秦汉时期的制土分民思想》,《郑州大学学报(哲学社会科学版)》1998 年第 03 期。

[346]袁祖亮:《汉代〈徐胜买地券〉真伪考》,《郑州大学学报》1984 年第 01 期。

[347]臧知非:《汉唐土地、赋役制度与农民历史命运变迁——兼谈古代农民问题的研究视角》,《苏州大学学报(哲学社会科学版)》2005 年第 04 期。

[348]臧知非:《刘秀"度田"新探》,《苏州大学学报(哲学社会科学版)》1997 年第 02 期。

[349]臧知非:《试论战国山林管理制度与私营工商业的发展》,《苏州大学学报(哲学社会科学版)》1994 年第 02 期。

[350]臧知非:《西汉授田制度与田税征收方式新论——对张家山汉简的初步研究》,《江海学刊》2003 年第 03 期。

[351]曾庆鑑:《中国封建土地所有制形态问题的探讨》,《中山大学学报(社会科学版)》1960 年第 04 期。

[352]张传玺:《"更名民曰黔首"的历史考察》,《北京大学学

报》1980 年第 01 期。

［353］张传玺:《汉以前封建地主土地所有制的发生和确立》,《北京大学学报》1961 年第 02 期。

［354］张传玺:《两汉地主土地所有制的发展》,《北京大学学报》1961 年第 03 期。

［355］张传玺:《论中国封建社会土地所有权的法律观念》,《北京大学学报》1980 年第 06 期。

［356］张传玺:《论中国古代土地私有制形成的三个阶段》,《北京大学学报》1978 年第 02 期。

［357］张传玺:《战国秦汉三国时期的国有土地问题》,王仲荦主编:《历史论丛》第 2 辑,齐鲁书社,1981 年。

［358］张金光:《从银雀山竹书〈田法〉等篇中看国家授田制》,《管子学刊》1990 年第 04 期。

［359］张金光:《对〈秦商鞅变法后田制问题商榷〉的商榷》,《中国史研究》1991 年第 03 期。

［360］张金光:《论汉代的乡村社会组织——弹》,《史学月刊》2006 年第 03 期。

［361］张金光:《论秦自商鞅变法后的普遍土地国有制——对〈秦商鞅变法后田制问题商榷〉的商榷》,《山东大学学报(哲学社会科学版)》1990 年第 04 期。

［362］张金光:《论青川秦牍中的"为田"制度》,《文史哲》1985 年第 06 期。

［363］张金光:《论中国古代的阡陌封疆制度》,《农业考古》1991 年第 01 期。

［364］张金光:《普遍授田制的终结与私有地权的形成——张家山汉简与秦简比较研究之一》,《历史研究》2007 年第 05 期。

［365］张金光:《秦自商鞅变法后的租赋徭役制度》,《文史哲》1983 年第 01 期。

［366］张金光:《青川秦牍〈更修为田律〉适用范围管见》,《四川文物》1993 年第 05 期。

［367］张金光:《试论秦自商鞅变法后的土地制度》,《中国史研究》1982 年第 02 期。

［368］张俊民:《汉代居延屯田小考——以甲渠候官出土文书为中心》,《西北史地》1996 年第 03 期。

［369］张荣芳:《论两汉的“公田”》,《中山大学学报(社会科学版)》1985 年第 01 期。

［370］张世德:《西汉封建土地所有制的几种形式》,《历史教学问题》1985 年第 02 期。

［371］张锡忠:《“分田劫假”辨析》,《新疆大学学报》1982 年第 04 期。

［372］张玉勤:《“战国土地买卖”辩》,《史学理论研究》1994 年第 02 期。

［373］张玉勤:《晋作爰田探讨》,《晋阳学刊》1984 年第 02 期。

［374］张玉勤:《论战国时期的国家授田制》,《山西师大学报

（社会科学版）》1989 年第 04 期。

［375］张玉勤:《战国土地买卖说异议》,《山西师大学报（社会科学版）》1988 年第 03 期。

［376］张在义:《〈左传〉"爰田"试析》,《古籍整理研究学刊》1994 年第 04 期。

［377］张中秋、阮晏子:《井田制的衰亡——新制度经济学派视角下的春秋战国土地产权制度变迁》,《法商研究》2003 年第 05 期。

［378］张中秋:《"耐刑""完刑"考辨》,《辽宁大学学报（哲学社会科学版）》1987 年第 01 期。

［379］张竹云:《汉代田庄与西欧庄园比较研究》,《史学集刊》2002 年第 02 期。

［380］赵冈:《租税制度与土地分配》,《中国农史》2002 年第 03 期。

［381］赵克尧、许道勋:《略论曹魏的士家屯田》,《中国社会经济史研究》1984 年第 01 期。

［382］赵克尧:《论西汉的限田与徙陵政策的关系》,《学术月刊》1986 年第 05 期。

［383］赵克尧:《自耕农土地所有权的探索——兼与郭庠林同志商榷》,《学术月刊》1982 年第 12 期。

［384］赵理平:《"使黔首自实田"新解》,《秦文化论丛》第 13 辑,三秦出版社,2006 年。

［385］赵俪生:《从土地所有制角度来理解农民战争的几个问

题——兼论历史前进的动力》,《兰州大学学报》1981 年第 02 期。

[386]赵俪生:《从亚细亚生产方式看中国古史上的井田制度》,《社会科学战线》1982 年第 03 期。

[387]赵俪生:《汉屯田劳动者所受剥削之性质与数额上的差异》,《西北师大学报(社会科学版)》1982 年第 02 期。

[388]赵俪生:《试论两汉的土地所有制和社会经济结构》,《文史哲》1982 年第 05 期。

[389]赵俪生:《试论我国中古自然经济及其下的田制》,《东岳论丛》1983 年第 04 期。

[390]赵梦涵:《试论王莽改革中的王田问题》,《文史哲》1985 年第 04 期。

[391]赵沛:《两汉的宗族土地所有制与宗族的生产组织职能》,《学习与探索》2008 年第 06 期。

[392]赵炜:《土地私有合法化进程中的中央集权政体的确立》,《晋阳学刊》2005 年第 05 期。

[393]赵占银:《从云梦秦简看秦土地所有制形式演变》,《泰安教育学院学报岱宗学刊》2007 年第 04 期。

[394]郑昌淦:《井田制的破坏和农民的分化(兼论商鞅变法的性质及其作用)》,《历史研究》1979 年第 07 期。

[395]郑昌淦:《论中国历史上的封建土地所有制》,《教学与研究》1961 年第 01 期。

[396]周鼎初:《从封建生产方式的发展看西汉地主阶级的土

地兼并》,《贵州文史丛刊》1989 年第 02 期。

[397]周士龙:《论中央集权的专制统治与土地国有制的关系——兼论中国古代社会土地制度的性质》,《天津师范大学学报（社会科学版)》1988 年第 03 期。

[398]周望森:《西周的"贮田"与土地关系》,《中国经济史研究》1991 年第 01 期。

[399]周兴春:《论光武帝刘秀度田并没有失败——兼论东汉前期土地政策》,《德州学院学报》1998 年第 03 期。

[400]周秀女:《租约试探》,《浙江师范大学学报（社会科学版)》1987 年第 01 期。

[401]朱红林:《从张家山汉律看汉初国家授田制度的几个特点》,《江汉考古》2004 年第 03 期。

[402]朱活:《从魏晋史料探索三国屯田制度》,《史学月刊》1956 年第 09 期。

[403]朱活:《关于三国屯田中曹魏田官设置问题的观察》,《史学月刊》1957 年第 12 期。

[404]朱江:《四件没有发表过的地券》,《文物》1964 年第 12 期。

[405]朱绍侯:《"名田"浅论》,《中国古代史论丛》第 1 辑,福建人民出版社,1981 年。

[406]朱绍侯:《从户籍和里伍制度中看东晋南朝的阶级关系和士族地位的变化》,《开封师范学院学报》1962 年第 03 期。

［407］朱绍侯:《从户籍制度中看汉代的阶级关系》,《开封师范学院学报》1963 年第 02 期。

［408］朱绍侯:《关于西晋的田制与租调制》,《江汉论坛》1958年第 02 期。

［409］朱绍侯:《关于中国封建土地所有制问题的讨论》,《史学月刊》1957 年第 04 期。

［410］朱绍侯:《两汉的假田制与假税制》,《学术研究辑刊》1979 年第 01 期。

［411］朱绍侯:《吕后二年赐田宅制度试探——〈二年律令〉与军功爵制研究之二》,《史学月刊》2002 年第 12 期。

［412］朱绍侯:《论汉代的名田(受田)制及其破坏》,《河南大学学报(社会科学版)》2004 年第 01 期。

［413］朱绍侯:《秦汉时代的奴隶、依附农民和其他劳动者——秦汉土地制度和阶级关系研究》,《秦汉史论丛》第 1 辑,陕西人民出版社,1981 年。

［414］朱绍侯:《秦汉时代土地制度与生产关系》,《许昌师专学报》1960 年第 01 期。

［415］朱绍侯:《商鞅变法所建立的土地制度》,《教学通讯》1983 年第 10 期。

［416］朱绍侯:《试论名田制与军功爵制的关系》,《许昌师专学报》1985 年第 01 期。

［417］朱贤枚:《试论秦汉时期土地占有形态和农民起义的性

质》，《中国古代分期问题讨论集》，江西人民出版社，1962年。

［418］朱贤枚：《中国历代田制概述》，《赣南师范学院学报》1982年第03期。

［419］竺培升：《"王田"不同"限田"》，《齐鲁学刊》1983年第06期。

［420］竺培升：《关于"王田"、"私属"制的几个问题——与张志哲、徐志祥、萧立岩等同志商榷》，《湖北师范学院学报》1984年第01期。

［421］竺培升：《王莽"王田"制的实质》，《中南民族大学学报》1983年第01期。

［422］祝马鑫：《匡衡"兼并"土地辨》，《武汉大学学报（哲学社会科学版）》1987年第03期。

［423］祝瑞开：《汉代的公田和假税——附说秦的"受田"和"租""赋"》，《西北大学学报》1980年第02期。

［424］祝中熹：《"废井田，开阡陌"刍议》，《青海社会科学》1985年第06期。

［425］祝中熹：《青川秦牍田制考辨》，李学勤主编：《简帛研究》第2辑，法律出版社，1996年。

［426］邹昌林：《"作爰田"和小土地占有制的兴起》，《史林》1988年第03期。

［427］胡平生：《青川秦墓木牍"为田律"所反映的田亩制度》，《文史》第19辑，中华书局，1983年。

[428]罗开玉:《青川秦牍〈为田律〉研究》第 2 辑,甘肃省文物考古研究所、西北师范大学历史系编《简牍学研究》第 2 辑,甘肃人民出版社,1998 年。

[429]徐中舒、伍士谦:《青川木牍简论》,《古文字研究》第 19 辑,中华书局,1992 年。

二、著作

[1]胡培翚:《仪礼正义》,江苏古籍出版社,1993 年。

[2]孙希旦:《礼记集解》,中华书局,1989 年。

[3]蒋礼鸿:《商君书锥指》,中华书局,2001 年。

[4]司马迁:《史记》,中华书局,1959 年。

[5]班固:《汉书》,中华书局,1962 年。

[6]范晔:《后汉书》,中华书局,1965 年。

[7]陈寿:《三国志》,中华书局,1959 年。

[8]何宁:《淮南子集释》,中华书局,1998 年。

[9]洪适:《隶释》,中华书局,1985 年。

[10]王先谦:《汉书补注》,中华书局,1983 年影印本。

[11]吴树平:《风俗通义校释》,天津人民出版社,1980 年。

[12]长孙无忌:《唐律疏议》,中华书局,1989 年。

[13]程树德:《九朝律考》,中华书局,1988 年。

[14]王利器:《盐铁论校注》,中华书局,1992 年。

[15]徐天麟:《西汉会要》,中华书局,1955 年。

［16］徐天麟：《东汉会要》，中华书局，1955 年。

［17］杜预注，孔疑达疏：《春秋左传正义》，李学勤主编：《十三经注疏》标点本，北京大学出版社，2000 年。

［18］上海师范大学古籍研究所点校：《国语》，上海古籍出版社，1988 年。

［19］许慎撰，段玉裁注：《说文解字注》，上海古籍出版社，1981 年。

［20］高亨：《商君书注译》，中华书局，1974 年。

［21］郭沫若、闻一多、许维遹：《管子集校》，科学出版社，1954 年。

［22］马非百：《管子轻重篇新诠》，中华书局，1979 年。

［23］王利器：《风俗通义校注》，中华书局，1981 年。

［24］睡虎地秦墓竹简整理小组：《睡虎地秦墓竹简》，文物出版社，1978 年。

［25］林梅村、李均明：《疏勒河流域出土汉简》，文物出版社，1984 年。

［26］谢桂华、李均明、朱国炤：《居延汉简释文合校》，文物出版社，1987 年。

［27］甘肃省文物考古研究所、甘肃省博物馆、文化部古文献研究室、中国社会科学院历史研究所编：《居延新简》，文物出版社，1990 年。

［28］中国文物研究所、湖北省文物考古研究所编：《龙岗秦

简》,中华书局,2001 年。

[29]张家山二四七号汉墓竹简整理小组:《张家山汉墓竹简（二四七号墓）》,文物出版社,2001 年。

[30]《马克思恩格斯选集》,人民出版社,1995 年。

[31]马克思:《资本论》,人民出版社,1975 年。

[32]《列宁全集》,人民出版社,1972 年。

[33]《马克思恩格斯全集》,人民出版社,1972 年。

[34]马克思:《1844 年经济学哲学手稿》,人民出版社,1979 年。

[35]胡汉民:《唯物史观与伦理之研究》,民智书局,1925 年。

[36]《中国共产党第六次代表大会文件》,《中共中央文件选集》第 4 册(1928 年),中共中央党校出版社,1984 年。

[37]《中国史研究》编辑部编:《中国古代史研究概述》,江苏古籍出版社,1985 年。

[38]卜宪群:《秦汉官僚制度》,社会科学文献出版社,2002 年。

[39]蔡万进:《张家山汉简〈奏谳书〉研究》,广西师范大学出版社,2006 年。

[40]曹旅宁:《秦律新探》,中国社会科学出版社,2002 年。

[41]长野郎著,强我译:《中国土地制度的研究》,神州国光社,1932 年。

[42]陈登原:《中国土地制度》,商务印书馆,1932 年。

[43]陈高华、张彤主编:《20 世纪中国社会科学·历史学卷》,

广东教育出版社,2006年。

[44]陈连庆:《中国古代史研究——陈连庆教授学术论文集》,吉林文史出版社,1991年。

[45]陈守实:《中国古代土地关系史稿》,上海人民出版社,1984年。

[46]陈直:《居延汉简研究》,天津古籍出版社,1986年。

[47]德里克著,翁贺凯译:《革命与历史》,江苏人民出版社,2008年。

[48]樊树志:《中国封建土地关系发展史》,人民出版社,1988年。

[49]范文澜:《中国通史简编》,人民出版社,1964年。

[50]冯天瑜:《"封建"考论》,武汉大学出版社,2006年。

[51]高军等编:《五四运动前马克思主义在中国的介绍与传播》,湖南人民出版社,1986年。

[52]高敏:《云梦秦简初探》,河南人民出版社,1979年。

[53]高敏:《秦汉史论集》,中州书画社,1982年。

[54]顾颉刚:《当代中国史学》,上海古籍出版社,2006年。

[55]顾颉刚:《古史辨》,河北教育出版社,2000年。

[56]郭沫若:《奴隶制时代》,人民出版社,1954年。

[57]郭沫若:《中国古代社会研究》,河北教育出版社,2000年。

[58]郭沫若主编:《中国史稿》,人民出版社,1979年。

[59]郭湛波:《近五十年中国思想史》,山东人民出版社,

1997年。

[60]何干之:《中国社会史问题论战》,收入《何干之文集》,中国人民大学出版社,1989年。

[61]贺昌群:《汉唐间封建的土地国有制与均田制》,上海人民出版社,1958年。

[62]贺昌群:《汉唐间封建土地所有制形式研究》,上海人民出版社,1964年。

[63]侯绍庄:《中国古代土地关系史》,贵州人民出版社,1997年。

[64]侯外庐:《中国古代社会史论》,河北教育出版社,2003年。

[65]侯外庐:《中国思想通史》第2卷,人民出版社,1957年。

[66]侯外庐:《侯外庐集》,中国社会科学出版社,2001年。

[67]胡逢祥、张文建:《中国近代史学思潮与流派》,华东师范大学出版社,1991年。

[68]胡适:《胡适文存二集》,《民国丛书》第1编第94册,上海书店出版社,1990年。

[69]胡适等:《井田制度有无之研究》,上海华通书局,1930年。

[70]黄今言:《秦汉赋役制度研究》,江西教育出版社,1988年。

[71]黄敏兰:《20世纪百年学案:历史学卷》,陕西人民教育出版社,2002年。

[72]霍俊江:《中唐土地制度演变研究》,暨南大学出版社,2000年。

［73］翦伯赞:《中国史纲》第 2 卷《秦汉史》,大孚出版公司, 1947 年。

［74］翦伯赞:《中国史纲要》,北京大学出版社,1983 年。

［75］姜义华主编:《胡适学术文集(哲学与文化)》,中华书局, 2001 年。

［76］瞿同祖:《中国封建社会》,上海人民出版社,2003 年。

［77］柯金著,岑纪译:《中国古代社会》,黎明书局,1933 年。

［78］李季:《中国社会史论战批判》,《民国丛书》第 5 编第 61 册,上海书店出版社,1990 年。

［79］李埏、武建国:《中国古代土地国有制史》,云南人民出版社,1997 年。

［80］李学勤:《古文献丛论》,上海远东出版社,1996 年。

［81］李振宏:《居延汉简与汉代社会》,中华书局,2003 年。

［82］《历史研究》编辑部编:《中国历代土地制度问题讨论集》,生活·读书·新知三联书店,1957 年。

［83］梁启超:《中国历史研究法》,上海商务印书馆,1922 年。

［84］林甘泉、田人隆、李祖德:《中国古代史分期讨论五十年》,上海人民出版社,1982 年。

［85］林甘泉主编:《中国封建土地制度史》第 1 卷,中国社会科学出版社,1990 年。

［86］林甘泉:《林甘泉文集》,上海辞书出版社,2005 年。

［87］林剑鸣:《秦汉史》,上海人民出版社,1989 年。

[88]柳春藩:《秦汉封国食邑赐爵制》,辽宁人民出版社, 1984年。

[89]吕振羽:《殷周时代的中国社会》,生活·读书·新知三联书店,1962年。

[90]罗庆康:《西汉财政官制史稿》,河南大学出版社,1989年。

[91]罗新慧:《二十世纪中国古史分期问题论辩》,百花洲文艺出版社,2004年。

[92]罗振玉、王国维编著:《流沙坠简》,中华书局,1993年。

[93]罗志田主编:《20世纪的中国:学术与社会·史学卷》,山东人民出版社,2000年。

[94]马新:《两汉乡村社会史》,齐鲁书社,1997年。

[95]马怡、唐宗瑜编:《秦汉赋役资料辑录》,山西人民出版社, 1990年。

[96]孟祥才:《先秦秦汉史论》,山东大学出版社,2001年。

[97]南开大学历史系中国古代史教研组编:《中国封建社会土地所有制形式问题讨论集》,生活·读书·新知三联书店,1962年。

[98]聂国青:《中国土地问题之史的发展》,上海华通书局, 1930年。

[99]彭卫、杨振红:《中国风俗通史·秦汉卷》,上海文艺出版社,2002年。

[100]裘锡圭:《古代文史研究新探》,江苏古籍出版社, 1992年。

［101］三联书店编:《胡适思想批判》第 1—8 辑,生活·读书·新知三联书店,1955 年。

［102］宋杰:《〈九章算术〉与汉代社会经济》,首都师范大学出版社,1994 年。

［103］孙家洲:《两汉政治文化窥要》,泰山出版社,2001 年。

［104］孙筱:《两汉经学与社会》,中国社会科学出版社,2002 年。

［105］陶希圣:《中国社会之史的分析》,辽宁教育出版社,1998 年。

［106］田昌五:《中国古代社会发展史论》,齐鲁书社,1992 年。

［107］万国鼎:《中国田制史》,正中书局,1934 年。

［108］王恒编著:《汉代土地制度》,正中书局,1947 年。

［109］王礼锡、陆晶清:《中国社会史的论战》,《民国丛书》第 2 编第 80 册,上海书店出版社,1990 年。

［110］王思治:《两汉社会性质问题及其他》,生活·读书·新知三联书店,1980 年。

［111］王学典:《20 世纪中国史学评论》,山东人民出版社,2002 年。

［112］王彦辉:《汉代豪民研究》,东北师范大学出版社,2001 版。

［113］王玉德、姚伟钧编:《新时期中国史研究争鸣集》,华中师范大学出版社,1988 年。

［114］王子今:《秦汉区域文化研究》,四川人民出版社,1998 年。

［115］温乐群:《二三十年代中国社会性质和社会史论战》,百花洲文艺出版社,2004 年。

［116］乌廷玉:《中国历代土地制度史纲》,吉林大学出版社,1987 年。

［117］吴荣曾:《先秦两汉史研究》,中华书局,1995 年。

［118］吴小强:《秦简日书集释》,岳麓书社,2000 年。

［119］吴玉章:《历史文集》,人民出版社,1963 年。

［120］伍丹戈:《明代土地制度和赋役制度的发展》,福建人民出版社,1982 年。

［121］西嶋定生著,武尚清译:《中国古代帝国的形成与结构——二十等爵制研究》,中华书局,2004 年。

［122］肖黎主编:《20 世纪史学重大问题论争》,北京师范大学出版社,2007 年。

［123］谢保成:《中国史学史》,中国社会科学出版社,2008 年。

［124］熊得山:《中国社会史论》,上海书店出版社,2007 年。

［125］徐复观:《两汉思想史》第 1、2、3 卷,华东师范大学出版社,2001 年。

［126］徐士圭:《中国田制史略》,中华学艺社,1935 年。

［127］许倬云著,程农、张鸣译:《汉代农业:早期中国农业经济的形成》,江苏人民出版社,1998 年。

［128］杨宽:《杨宽古史论文选集》,上海人民出版社,2003 年。

［129］杨宽:《战国史》,上海人民出版社,1983 年。

［130］杨师群:《东周秦汉社会转型研究》,上海古籍出版社,2003 年。

［131］杨兆荣:《并存与消长——春秋至东汉土地所有制研究》,云南大学出版社,1993 年。

［132］杨振红:《出土简牍与秦汉社会》,广西师范大学出版社,2009 年。

［133］姚素昉编著:《中国古代土地制度研究》,建华书局,1933 年。

［134］于琨奇:《秦汉小农与小农经济》,黄山书社,1991 年。

［135］于振波:《秦汉法律与社会》,湖南人民出版社,2000 年。

［136］袁林:《两周土地制度新论》,东北师范大学出版社,2000 年。

［137］岳琛等编著:《中国土地制度史》,中国国际广播出版社,1990 年。

［138］岳庆平:《汉代家庭与家族》,大象出版社,1997 年。

［139］张传玺主编:《中国历代契约会编考释》,北京大学出版社,1995 年。

［140］张传玺:《秦汉问题研究》,北京大学出版社,1985 年。

［141］张金光:《秦制研究》,上海古籍出版社,2004 年。

［142］张书学:《中国现代史学思潮研究》,湖南教育出版社,

1998 年。

[143] 张涛:《经学与汉代社会》,河北人民出版社,2001 年。

[144] 赵冈、陈钟毅:《中国土地制度史》,新星出版社,2006 年。

[145] 赵冈:《历史上的土地制度与地权分配》,中国农业出版社,2003 年。

[146] 赵光贤:《周代社会辨析》,人民出版社,1980 年。

[147] 赵俪生:《中国土地制度史》,齐鲁书社,1984 年。

[148] 郑学稼:《社会史论战简史》,黎明文化事业公司,1978 年。

[149] 中国秦汉史研究会编:《秦汉史论丛》第 3 辑,陕西人民出版社,1986 年。

[150] 中华书局编辑:《云梦秦简研究》,中华书局,1981 年。

[151] 钟离蒙、杨凤麟主编:《中国现代哲学史资料汇编》第 2 集第 4 册《中国社会史论战(上)》,辽宁大学哲学系内部出版,1982 年。

[152] 钟离蒙、杨凤麟主编:《中国现代哲学史资料汇编》第 2 集第 5 册《中国社会史论战(下)》,辽宁大学哲学系内部出版,1982 年。

[153] 钟离蒙、杨凤麟主编:《中国现代哲学史资料汇编续集》第 13 册《社会史和社会性质论战(上)》,辽宁大学哲学系内部出版,1984 年。

[154] 钟离蒙、杨凤麟主编:《中国现代哲学史资料汇编续集》

第 14 册《社会史和社会性质论战（下）》，辽宁大学哲学系内部出版，1984 年。

［155］朱绍侯：《秦汉土地制度与阶级关系》，中州古籍出版社，1985 年。

［156］朱绍侯主编：《中国古代史》，福建人民出版社，1985 年。

［157］朱绍侯：《雏飞集》，河南大学出版社，1988 年。

［158］朱绍侯：《军功爵制研究》，上海人民出版社，1990 年。

［159］邹兆辰等著：《新时期中国史学思潮》，当代中国出版社，2001 年。

后　记

如唯物史观所认为的，经济基础对上层建筑起决定作用，人们只有在物质资料生产的基础上才能进行其他活动。与一般的经济史观不同，唯物史观认为，一定的生产力发展水平及与它相适应的生产关系的总和，构成了经济基础。人们在生产中所处的位置及其相互关系，即生产资料的所有制决定了经济基础的性质。土地制度是社会生产中的基础性要素。20世纪，土地制度史是中国史学所提出的充满争议性的领域之一。对土地制度史的探究，代表了人们对深层的、结构性的历史认识的一种渴求，人们希望透过历史的表层，从纷繁复杂的历史现象中抓住那些决定历史进程的规律性因素。本书力图呈现20世纪中国历史学者对此所做的努力，即对"历史根底"的探询。

作为一个史学从业者，常常被问及，我们从历史中可以学到什么？黑格尔曾说，"人类从历史中学到的唯一的教训，就是没有从历史中吸取到任何教训。"这几乎意味着直接宣布历史无用论,取消了历史学科的存在价值。不管有多不情愿,不得不承认黑格尔的话击中要害。看看当下所发生的,十七年过去了,我们学到了什么?人们总是希冀可以从历史中学到些什么,期望历史可以指导现实,预测未来。这是历史学不能承受之重。历史并不通向光明的未来,历史学也不一定指引人们避免重蹈覆辙。汲取历史经验并不取决于提供它的人,而在于占有位置、有能力使用它的人。

这个社会会好吗?历史的进步要由历史活动的主体——人来推动。国家的现代化,关键在人的现代化。这并非新论。然而几十年过去了,呈现在我们面前的是"饭圈文化"的迷弟迷妹,民粹、极端行为屡见不鲜。没有人的精神的现代化,"崛起、复兴"只是建立在流沙之上的楼阁。历史知识首先是一种客观性知识,真实是历史学的第一要义。无论"老话""新话",构建历史学话语体系首要的是构建一个讲真话的话语体系,这是为无数过去和当下惨痛事实所验证了的。无论多少自信,真正的自信应该是全面、客观、真实地看待自身,顺应时代的潮流,不糊涂、不折腾,不与世界脱节。这就是历史告诉我们的。

最后,感谢我的老师彭卫先生耐心的教诲和悉心的指导,也向每一位鼓励、督促、帮助本书面世的师长、朋友致以深深的谢意。

略赘数语,以抒己见。是为后记。

2020 年 1 月